DAS
COISAS
AO REDOR

CB006265

MARCOS BECCARI

DAS COISAS AO REDOR

DISCURSO E VISUALIDADE A PARTIR DE FOUCAULT

DAS COISAS AO REDOR
DISCURSO E VISUALIDADE A PARTIR DE FOUCAULT
© Almedina, 2020

AUTOR Marcos Beccari

EDITOR DE AQUISIÇÃO Marco Pace

REVISÃO Marco Rigobelli

PROJETO GRÁFICO Marcos Beccari

CAPA Leandro Catapam *after* Saul Leiter (behance.net/leandrocatapam)

ISBN 9786586618143

Dados internacionais de catalogação na Publicação (CIP)
(Câmara Brasileira do Livro, SP, Brasil)

Beccari, Marcos
Das coisas ao redor : discurso e visualidade a partir de Foucault / Marcos Beccari. -- São Paulo : Almedina, 2020.

Bibliografia.
ISBN 978-65-86618-14-3

1. Design 2. Discursos 3. Filosofia 4. Flusser, Vilém, 1920-1991 5. Foucault, Michel, 1926-1984 I. Título.

20-38525   CDD-745.4

Índices para catálogo sistemático:
1. Design visual : Artes 745.4
Cibele Maria Dias - Bibliotecária - CRB-8/9427

Este livro segue as regras do novo Acordo Ortográfico da Língua Portuguesa (1990).

Todos os direitos reservados. Nenhuma parte deste livro, protegido por copyright, pode ser reproduzida, armazenada ou transmitida de alguma forma ou por algum meio, seja eletrônico ou mecânico, inclusive fotocópia, gravação ou qualquer sistema de armazenagem de informações, sem a permissão expressa e por escrito da editora.

Setembro, 2020

EDITORA: Almedina Brasil
Rua José Maria Lisboa, 860, Conj. 131 e 132, Jardim Paulista | 01423-001 São Paulo | Brasil
editora@almedina.com.br
www.almedina.com.br

Introdução 7

1 Um horizonte foucaultiano 17
2 Língua e discurso, Flusser e Foucault 29
3 Política e visualidade 45
4 Contra-visualidades 57
5 Do ornamento ao design 75
6 Arte e design sob outros critérios 95
7 Terreno baldio 119
8 A dispersão de Fausto 133
9 O espelho de Drácula 153
10 A dissimulação de DFW 169
11 Design e a tecnologia sexual 185

Coordenadas para além dos arredores 201

Introdução

Jacques-Alain Miller: Não estou muito satisfeito com os conceitos abrangentes que você está utilizando; eles parecerem se diluir quando olhamos as coisas mais de perto.

Michel Foucault: Mas tudo isso é feito para ser diluído [...].[1]

O que vemos ao redor são as coisas que nos circundam? Ora, as coisas não podem ser vistas todas ao mesmo tempo. Mas, embora dois corpos não possam ocupar um mesmo espaço, é certo que um mesmo espaço possa conter vários olhares em disputa. Bem, talvez fosse mais fácil falar sobre o dentro e o fora, ou simplesmente sobre certas leis discursivo-visuais. Ocorre que nunca há um "dentro" (eu não consigo vê-lo), tampouco leis que só alguns dizem ver (também não as vejo). O que há, então, para se ver?

Há somente o que está fora, ao redor, o que se dá a ver. E esse "ao redor" é cinza. É um mundo de coisas ditas e embaralhadas, apagadas, reescritas várias vezes — de modo que ver é confrontar o que se dá a ver. Pois não há, como se diz, um consenso possível entre miradas ou posições dadas. Há, antes, diferentes focos, circunstâncias e ocasiões em que é possível entrever alguma regularidade em curso. Uma regularidade que se mostra como tal mediante o que dela se distingue, o que nela resta de irregular, o que, ao redor dela, a constitui. Eis o que há para ser aqui confrontado.

[1] Foucault, Michel. *Microfísica do Poder*. Rio de Janeiro: Paz e Terra, 2018, p. 390.

Até porque também é o que nos enfrenta. Tenho em mente um enquadramento específico: em 16 de janeiro de 2020, o então secretário da cultura Roberto Alvim apropriou-se diretamente, em pronunciamento oficial, de enunciados proferidos em 1933 por ninguém menos que Joseph Goebbels. Diante da rápida repercussão negativa, o secretário foi exonerado pelo presidente. A princípio, pois, viu-se uma "irregularidade": ele passou do ponto, atravessou a linha do aceitável. Feita a "correção" (como, ao menos, o governo quis mostrar), retomou-se a "ordem democrática". Mas foi uma nova *regularidade* o que então se explicitou: a de ultrapassar um limite como estratégia de afrouxar outros limites. A cada ultrapassagem, atenua-se aos poucos a reação pública, como que em doses homeopáticas, até que, sem nos darmos conta, o que antes nos parecia intolerável se torne tolerável, previsível, natural, nada demais.

Este estranho modo irregular de regularidade — ou o inverso, modo regular de irregularidade — é o que impulsiona e o que está em jogo no discurso e na visualidade. O que vemos e pensamos depende das coisas ao redor do que se mostra visível, discernível, pensável (no caso acima, o que resta ao redor é todo um *impensável* já naturalizado, onde só não se pode citar Goebbels). Não que tudo esteja coordenado. Como nos ensina Foucault, a real estratégia é a que não pressupõe um estrategista[2]. Pois as estratégias nunca são meramente "inventadas", mas se delineiam nos arredores muito antes de aparecerem sob alguma forma de coerência. Decerto há sempre uma articulação — entre, por exemplo, família, escola, medicina e legislação para que se saiba o que é uma "criança normal" — que, todavia, não implica discursos e visões homogêneas. A regularidade se estabelece por entre enfrentamentos, alusões, controvérsias e concessões que permitem que cada olhar tenha, ou queira ter, os seus próprios pontos de vista.

Com efeito, o discurso e a visualidade não coincidem entre si, mas engendram uma complexa articulação por meio da qual uma regularidade torna-se legível, a despeito de sua incoerência inerente. Daí que o discurso não é feito de palavras, enunciados e proposições, e a visualidade não se reduz a imagens e ao que é visível. Ambos são formações regulares que se constituem a partir do que há ao redor deles. Por sua vez, a regularidade não equivale a um modelo, uma estrutura, uma ordem determinante. Porque nela caminham juntas causa e implicação, sujeição e subversão,

[2] Foucault chega a essa noção ao concluir que, nos anos 1830, não teria sido a classe burguesa, como sujeito pré-constituído, que concebeu a estratégia de explorar a classe operária; antes, essa própria estratégia teria sido incorporada pela ideologia burguesa. Isso ilustra, de modo geral, a dinâmica da "micropolítica": as relações de poder não são uma simples projeção do poder central, mas se ancoram em práticas locais, frequentemente díspares, que pouco a pouco congregam uma estratégia sem que ninguém a tenha elaborado individualmente. Ver, a esse respeito: Foucault, Michel. "O jogo de Michel Foucault". ___. *Ditos e Escritos IX*: Genealogia da Ética, Subjetividade e Sexualidade. Rio de Janeiro: Forense Universitária, 2014, p. 52-58.

convergência e dispersão. Tudo o que há de regular, normal, razoável aparece como efeito de determinada disposição de forças irregulares que se situam em níveis bem diversos, nisso que estou chamando de "ao redor" ou naquilo que Foucault chamava de "micropolítica": inúmeros condicionantes, focos de resistência, posições e modos de conversão.

A regularidade é difusa e, no entanto, mantém-se estável na maior parte do tempo. De sorte que quando uma nova regularidade aparece, nunca é de repente, com uma frase ou uma imagem, mas como que em finas camadas sobrepostas, com o deslocamento e a reativação de antigos valores que subsistem sob as novas regras. Há uma longa distância entre, por exemplo, a "desrazão" medieval e a "delinquência" atual, mas em ambas resta nítida uma lógica excludente que consiste em responsabilizar certas pessoas (pobres, doentes, desempregadas etc.) por sua própria condição.

É desse modo que, nos termos de Foucault, vivemos em uma sociedade "que fala prolixamente de seu próprio silêncio, obstina-se em detalhar o que não diz, denuncia os poderes que exerce e promete libertar-se das leis que a fazem funcionar".[3] Disso importa reter que as "exceções" — o não-dito e o que não se quer ver — derivam da regularidade tanto quanto esta só existe a partir daquelas. Mas a definição de uma exceção não depende da noção prévia de uma norma? Claro que só pode haver "roubo", por exemplo, a partir da ideia de "propriedade", mas antes disso há o ato de apropriar-se que, em si mesmo, não é diferente do que faz o ladrão. Significa que toda norma vem a responder alguma prática existente, nomeando-a como regular ou desviante. Um desvio, portanto, não só decorre da norma que o classifica como tal, mas também a antecede e de certa maneira a possibilita. Dito de outro modo, se não há regularidade que não *pressuponha* o irregular, tal pressuposto vem primeiro e, por extensão, o que é visto ou dito como "verdadeiro" está condicionado ao que esse olhar ou dizer suprime.

Todo modo de ver, em suma, só se "estabiliza" a partir do que instavelmente se dispõe ao seu redor. Por um lado, não se pode ver o que quer que seja sem que haja uma moldura prévia. Por outro, nenhum enquadramento se dá a ver de uma vez por todas. Logo, tratar de discurso e visualidade implica uma abordagem não-linear e com focos situados, buscando antes o desenho provisório de um mosaico do que a coesão e a coerência de um modelo. É menos, então, uma questão de método que de atitude: assumir um olhar não somente enviesado, como também já implicado em tudo o que lhe escapa.

---

[3] Foucault, Michel. *História da sexualidade I*: A vontade de saber. São Paulo: Graal, 2005, p. 14.

****

Um interesse dividido entre a filosofia e a pintura foi o que me levou ao design gráfico; ao que parece, pois, um dia acreditei que ali encontraria um norte ou uma saída. Não houve saída e, hoje, como professor, continuo a procurar um norte, mas insistindo em olhar para o que está ao redor, em certas margens ou adjacências do design gráfico, como os estudos do discurso e os da visualidade. Por sorte, encontrei algumas pessoas que também transitavam pelos arredores do que viemos a chamar de "Grupo de Estudos Discursivos em Arte e Design".[4] Este livro resulta da primeira pesquisa[5] que eu desenvolvi junto a esse grupo, uma investigação inicialmente restrita ao terreno teórico do design, mas que ali não se deteve — pois, como nos ficou claro em outra publicação atrelada ao grupo, "é nas fissuras entre as paredes que os meios brotam e pedem passagem".[6]

Quanto a Foucault, parece-me dispensável falar sobre a importância de um dos filósofos mais lidos e citados do século XX. A pergunta que poderia ser feita é: o que um professor de design teria a dizer sobre uma filosofia que não lhe diz muito respeito? Acho curioso, de imediato, lembrar que Foucault era indagado de maneira inversa, mas similar: por que se ocupar de temáticas que dizem mais respeito a outros campos, como a medicina, a economia e a história? O que me remete, por conseguinte, ao inquietante riso que Foucault descreve no prefácio de *As palavras e as coisas*, referindo-se à classificação dos animais de uma enciclopédia chinesa que figura num texto de Jorge Luis Borges[7]. O que ali faz rir é que se tenha justaposto num suposto lugar comum o que efetivamente carece de lugar comum. Gosto de pensar que há também na filosofia de Foucault o esforço de encontrar um lugar comum para o que não parece o ter — o que não contradiz, como ele próprio assinalava com frequência, o caráter hipotético de seu trabalho, sua recusa em elaborar teorias acabadas, sua aversão à sistematicidade filosófica.

Mais que isso, penso que a potência de seu pensamento reside menos em suas teorias que em sua maneira de problematizar e se relacionar com outras teorias. Ao considerar, afinal, a sua própria obra como uma "caixa de

[4] Ver: http://nedad.ufpr.br/. Devo registrar que, desde 2018 até o momento (2020), não nos foi permitido formalizar o grupo junto ao diretório do CNPq. Isso porque, aos olhos da Pró-reitoria de Pesquisa e Pós-graduação da UFPR (responsável pelo cadastro de grupos de pesquisa), não há clareza de que nossas pesquisas sejam científicas, uma vez que ainda não foram financiadas por órgãos de fomento.
[5] Projeto "Discursos do e por meio do Design: Fundamentos Teóricos para Estudos Discursivos em Design", homologado sob processo Nº 23075.025515/2019-62 junto ao Comitê Setorial de Pesquisa do Setor de Artes, Comunicação e Design da UFPR. Também julgo pertinente registrar que, a despeito de 3 pleitos realizados, esse projeto não recebeu apoio de nenhum órgão de fomento à pesquisa.
[6] Rozestraten, Artur; Beccari, Marcos; Almeida, Rogério de (orgs.). *Imaginários intempestivos*: arquitetura, design, arte & educação. São Paulo: FEUSP, 2019, p. 13.
[7] O texto de Borges chama-se *El idioma analítico de John Wilkins*. Ver: Foucault, Michel. *As palavras e as coisas*: uma arqueologia das ciências humanas. São Paulo: Martins Fontes, 2000, p. ix-xxii.

ferramentas", Foucault sugeria que nenhuma teoria tem valor por si mesma, para além dos usos que lhe são outorgados — o que significa algo como "diz-me o que fazes com um pensamento e te direi o valor desse pensamento", numa espécie de pragmática interpretativa.

E foi um pouco nesse sentido que este livro se desvia da pesquisa inicial que o precede, em que eu propunha organizar fundamentos teóricos para a investigação da esfera discursiva do design. Por esse caminho, seria inevitável ter de lidar com certa predileção geral dos designers em valorizar o próprio campo, com suas definições próprias, sua história específica e sua autocrítica reguladora[8]. Percebi então que, por mais que eu pudesse destacar algumas vozes dissonantes, eu permanecia nesta mesma toada redutora ao direcionar a minha pesquisa ao escopo teórico do design. Não é este, enfim, o uso que eu desejava fazer de Foucault, que nos adverte com clareza:

> [...] não transformar o discurso em um jogo de significações prévias; não imaginar que o mundo nos apresenta uma face legível que teríamos que decifrar apenas; ele não é cúmplice de nosso conhecimento; não há providência pré-discursiva que o disponha a nosso favor. Deve-se conceber o discurso como uma violência que fazemos às coisas, como uma prática que lhes impomos em todo caso; e é nesta prática que os acontecimentos do discurso encontram o princípio de sua regularidade.[9]

Todo discurso que se faça, inclusive sobre os discursos, já está discursivamente comprometido. Mas o discurso foucaultiano, ao se recusar a fornecer respostas a todas as questões, leva-nos, em vez disso, a navegar como que sem âncoras, num deslocamento que favorece um olhar às bordas e aos nuances, insinuando outras visibilidades sobre qualquer tema ou problema em que se queira transitar. Hoje há alguns trabalhos, por exemplo, acerca das questões do espaço (arquitetônico, geográfico etc.) a partir de Foucault[10], problemática que o filósofo nunca abordou detidamente. E mesmo no design a sua filosofia já fora explorada, como no curso da *Cranbrook Academy of Art* durante os anos 1970-80, sob a direção de Katherine McCoy, ou nas discussões levantadas por Ellen Lupton e Abbott Miller, ou ainda na tese *The*

---

[8] Isso se deve, obviamente, à necessidade dos designers em preservar os seus círculos profissionais. E, nas palavras de Rick Poynor, "a gente poderia achar que 'Ah, a academia, com sua percepção implacável', mas, na verdade, quando se trata de design gráfico, os comentários acadêmicos são muitas vezes protegidos por muita cautela e tato". In: Heller, Steven; Pettit, Elinor. *Design em diálogo*: 24 entrevistas. São Paulo: Cosac Naify, 2013, p. 145. Exploro mais essa questão no capítulo 5 deste livro.

[9] Foucault, Michel. *A ordem do discurso*: Aula inaugural no Collège de France pronunciada em 2 de dezembro de 1970. São Paulo: Loyola, 1996, p. 53.

[10] Ver, por exemplo: Júnior, Durval Muniz de Albuquerque; Veiga-Neto, Alfredo; Filho, Alípio de Souza (orgs.). *Cartografias de Foucault*. Belo Horizonte: Autêntica, 2008; Prado, Tomás. *Foucault e a linguagem do espaço*. São Paulo: Perspectiva, 2019.

design of our own lives de Steven Dorrestijn[11] — sem falar da ampla influência que Foucault ainda exerce nas artes visuais, como nos debates que a revista *October* tem difundido desde 1976. Não se trata, nesses casos, de mera "aplicação" dos conceitos foucaultianos, tampouco de uma busca pelo "interdisciplinar". São, antes de tudo, formas abalizadas de fazer uso do ferramental foucaultiano para se localizar em determinado campo, para se posicionar nesse lugar e para, somente a partir disso, abrir espaço para novas discussões.

Assim, o presente trabalho aborda o discurso e a visualidade não *em* Foucault, mas *a partir* dele, com o objetivo geral de traçar, de modo heurístico e ensaístico, algumas coordenadas de investigação em arte e design. Não que esses campos tenham algum privilégio sobre aqueles domínios; este é um dos objetos de problematização que, acredito, alvitram a pertinência das coordenadas propostas.

É preciso ter claro, de saída, que o discurso e a visualidade não são aqui entendidos como domínios isoláveis, tampouco opostos a algum outro, como o "concreto" ou o "material" — como se houvesse, de um lado, o mundo dos signos e da fabricação do sentido e, do outro, o da transformação do real e da dominação dos meios de produção[12]. Todo discurso e toda visualidade são materiais na medida em que a produção e a circulação de elementos significantes produzem efeitos, previsíveis ou não, intencionais ou não, sobre pessoas e realidades. Ademais, a noção geral de "materialismo" não se reduz a objetos materiais, mas traduz a contingência histórica como um efeito de densidade, atrito e resistência "materiais" — concepção com a qual Foucault mantinha certo distanciamento e, no lugar, preferia pensar em termos de *acontecimento*:

> [Acontecimento] não é imaterial; é sempre no âmbito da materialidade que ele se efetiva; que é efeito; ele possui seu lugar e consiste na relação, coexistência, dispersão, recorte, acumulação, seleção de elementos materiais; não é o ato nem a propriedade de um corpo; produz-se como efeito de e em uma dispersão material.[13]

Se penso em discurso e visualidade enquanto "domínios" é, portanto, presumindo que estejam sempre embara-

11 Ver, respectivamente: McCoy, Katherine. *Cranbrook Design*: The New Discourse. New York: Rizzoli, 1990; Lupton, Ellen; Miller, Abbott. *Design escrita pesquisa*: a escrita no design gráfico. Porto Alegre: Bookman, 2011; Dorrestijn, Steven. *The design of our own lives*: Technical mediation and subjectivation after Foucault. Enschede: Universiteit Twente, 2012.

12 Não surpreende, na esteira deste tipo tacanho de dicotomia, que um comentário escrito em 1996 pelo crítico de arte Hal Foster permaneça incisivamente atual: "Tais são os méritos da campanha da direita: enquanto a esquerda falava da importância política da cultura, a direita a *praticava*. Seus filósofos tiveram êxito onde os leitores de Marx não obtiveram — eles transformaram o mundo, e será preciso um grande esforço para transformá-lo novamente". Foster, Hal. *O retorno do real*: A vanguarda no final do século XX. São Paulo: Cosac Naify, 2014, p. 15, grifo no original.

13 Foucault, Michel. *A ordem do discurso*, op. cit., p. 57-58.

lhados entre si, apoiando-se mutuamente e, enfim, implicados um no outro como acontecimentos. Quando um profissional, por exemplo, é premiado ou homenageado por seus pares, o que aí se passa não é puramente o reconhecimento de seus feitos e esforços; o encadeamento entre estes é elaborado por meio de uma organização valorativa (quanto ao mérito, ao bom caráter etc.) que se sustenta como contraparte de uma série de imagens negativas — o profissional preguiçoso, o indolente, o ressentido etc. Por mais que tais valores e imagens não tenham, *per se*, uma existência material, é por meio deles que o que existe passa a "acontecer" — o que equivale a dizer, noutros termos, que o discurso e a visualidade "materializam" o acontecimento.

Note-se, quanto a isso, como a observação microscópica foi por muito tempo (até por volta de 1880) considerada uma visão anedótica, isto é, sem qualquer função além de revelar detalhes inúteis[14]. Para que pudesse existir, então, algo como a epidemiologia moderna, não bastava um aparelho que tornasse visível o invisível; foi preciso toda uma rede discursiva para tornar material o imaterial.

Por sua vez, a fotografia emerge no século XIX não só como um "avanço" técnico (na esteira da câmera escura e demais aparatos de projeção)[15], mas antes de modo a materializar uma nova regularidade visual: para documentar patologias, registrar evidências criminais, distinguir anatomias normais e anormais, revelar o exotismo dos povos "nativos" etc. A fotografia só se tornou possível na medida em que ela própria tornava possível uma ampla gama de práticas de vigilância e categorização.

Reconhecer esse duplo condicionamento implica, nos termos de Foucault, "não mais tratar os discursos [e, acrescento, as visualidades] como conjuntos de signos (elementos significantes que remetem a conteúdos ou a representações), mas como práticas que formam sistematicamente os objetos de que falam [e fazem ver]".[16] São as práticas, afinal, o que nos situa no mundo; uma situação que, no entanto, nunca se furta da dispersão e da dissonância que se impõem nos arredores discursivo-visuais. Encarar tais arredores como condições de possibilidade de toda prática e materialidade é o ponto de partida necessário a uma tarefa crítica como a que este livro propõe: a de perscrutar algumas inclinações e propensões, quiçá vagas coordenadas, que se fazem imiscuir ou eclodir na contemporânea trama do discurso e da visualidade.

---

14 Ver, a este respeito: Foucault, Michel. *O nascimento da clínica*. Rio de Janeiro: Forense Universitária, 2001, p. 191.

15 Jonathan Crary argumenta que a fotografia, em vez de dar continuidade, é parte de uma ruptura epistêmica em relação à câmera escura e os discursos que a sustentam. Ver: Crary, Jonathan. *Técnicas do observador*: visão e modernidade no século XIX. Rio de Janeiro: Contraponto, 2012.

16 Foucault, Michel. *A arqueologia do saber*. Rio de Janeiro: Forense Universitária, 2014, p. 60.

****

Em vez de tentar organizar exaustivamente todos os aspectos possíveis de serem estudados nas esferas do discurso e da visualidade, escolhi abordar o tema por meio de série de ensaios que, como creio, sustentam-se sozinhos, e que em conjunto dimensionam algumas das questões e coordenadas que estão em jogo nas produções discursivo-visuais em arte e design. A maioria dos capítulos que se seguem são versões revisadas e ampliadas de alguns dos mais de 20 artigos resultantes de meu atual projeto de pesquisa, iniciado em 2018 e que se encerra com este trabalho. Os capítulos foram escritos, ademais, em meio a relatórios, aulas, orientações e encontros do supracitado grupo de estudos — o que, a meu ver, tem a vantagem de cultivar o espírito das discussões acadêmicas e, sobretudo, de manter em aberto o diálogo com a/o leitora/o que venha a se servir deste trabalho conforme seus interesses e inquietações.

No primeiro capítulo, delineio um panorama introdutório sobre Foucault, algo como um "motor de busca" com vistas ao leitor e à leitora não familiarizados. Meu intuito com isso é apresentar a minha leitura e, talvez, tornar menos intrincados os conceitos e raciocínios empregados ao longo do livro.

No segundo capítulo, traço uma aproximação entre Flusser e Foucault com o intuito de contrastar e fazer confluir os seus respectivos conceitos de língua e discurso. Sustento que ambos partem de uma visão sofística da palavra enquanto matéria irredutível do pensamento e da própria realidade.

No terceiro capítulo, abordo o fato de que, embora Foucault não tenha feito nenhum estudo voltado detidamente à visualidade, é notável a sua influência nos chamados estudos em cultura visual. Isso porque a obra foucaultiana situa a visualidade em um lugar indissociável do horizonte político-discursivo.

No quarto capítulo, traço um recuo teórico em torno da noção de "direito de olhar" enquanto reivindicação de contra-visualidades nas lutas de como ver. Para tanto, reviso criticamente dois textos que impugnam Foucault: *Pode o subalterno falar?*, de Gayatri Spivak, e *Necropolítica*, de Achille Mbembe.

No quinto capítulo, retomo a polêmica em torno de *Design e crime*, de Hal Foster, para sustentar que, na contramão das narrativas que expõem o design como superação do ornamento, o design segue operando à guisa de uma racionalidade ornamental atrelada a uma conduta do "designer de si".

No sexto capítulo, debruço-me sobre outros valores, expectativas e conexões que orbitam ao redor da arte e do design, para com isso fazer ver a força discursiva que ambos exercem (ou melhor, que se exerce sobre ambos) na esfera da visualidade — e isso graças ao domínio do entretenimento, esse lugar por excelência de uma arte para não-artistas e de um design para não-designers.

No sétimo capítulo, tomo o atual cenário político brasileiro como enquadramento do excesso de verdades que transbordam em uma topografia sem centro. Se nesse *terreno baldio* já não restam coordenadas de localização, argumento que não é mais por falta de clareza, mas por clareza em demasia.

No oitavo capítulo, delineio as correspondências entre a figura de Fausto e a racionalidade liberal. Concluo apontando que, a despeito do atual triunfo da lógica neoliberal, ainda prevalece um velho imperativo subjetivo-governamental que incita a liberdade como prerrogativa de responsabilização.

No nono capítulo, esboço uma genealogia dos discursos que compõem a figura de Drácula. Sustento que a imagem do vampiro funciona como contraparte constitutiva da individualidade burguesa, consolidando um mal não identificável que justifica o disciplinamento dos corpos e a gestão populacional.

No décimo capítulo, analiso David Foster Wallace não como autor, mas como personagem que toma forma após o suicídio do autor. A partir do filme *O fim da turnê*, destaco a estratégia discursiva da dissimulação que engendra uma ambiguidade entre performar e contradizer o que a personagem diz ser.

No décimo primeiro capítulo, recorro a Paul B. Preciado para abordar a dimensão tecnológica da sexualidade, terreno em que o design aciona uma via de "mão-dupla": pela manutenção e reforço da heteronormatividade, possibilita, paradoxalmente, a subversão da sexualidade assim construída.

Encerro este livro com *Coordenadas para além dos arredores*, onde eu sumarizo os nortes conceituais que balizaram os capítulos precedentes. À diferença do primeiro capítulo, trata-se aqui de propor um "modo de usar" o arsenal foucaultiano, situando-o nos estudos do discurso e da visualidade.

****

Dedico este livro a três amigos, como tentativa de retribuir à interlocução sem a qual este trabalho não existiria — o que obviamente não os torna responsáveis pelos inevitáveis deslizes aqui cometidos: Daniel B. Portugal, professor da ESDI-UERJ e bússola virtuosa neste intrincado condado brasileiro do design; Rogério de Almeida, professor da FEUSP, orientador e confidente de minhas inquietações indisciplinares; Felipe Prando, professor de Artes Visuais da UFPR, vice-líder do Grupo de Estudos Discursivos em Arte e Design UFPR e cúmplice raro de meus esforços em direção ao que, talvez, com sorte e otimismo, possa ainda haver de melhor na vida acadêmica: um espaço de sobrevida ao pensamento à margem dos departamentos. No mesmo espírito, gostaria de agradecer ao apoio de nosso grupo — em especial Yasmin Fabris, Anderson Bogéa e Milla Jung — e de meus orientandos/as no período em que este livro foi escrito: Mariana Provenzi, Estêvão Chromiec, Bianca Rati, Maurício Perin e Manita Menezes. Estou em dívida com Artur Freitas e Rosane Kaminski, a quem sou grato pelo espaço aberto a mim no Núcleo de Artes Visuais da UFPR. Também agradeço aos amigos anti-designers Ivan Mizankuk, Gustavot Diaz, Rafael Ancara, Almir Mirabeau e Ricardo Cunha Lima. Estendo minha gratidão aos colegas e alunos da UFPR, aos amigos acadêmicos e artistas — nomes demais a listar! — e sobretudo à minha família Lara, Rochele, Jerônimo, Catarina e Carine. Por fim, sou grato a Leandro Catapam pela capa contundente; e especialmente a Marco Pace e à editora Almedina pela confiança e iniciativa de publicar este livro.

Marcos N. Beccari
Junho de 2020

Daí, a maneira precavida, claudicante deste texto: a cada instante, ele se distancia, estabelece suas medidas de um lado e de outro, tateia em direção a seus limites, se choca com o que não quer dizer, cava fossos para definir seu próprio caminho. Declina sua identidade, não sem dizer previamente: não sou isto nem aquilo. Não se trata de uma crítica, na maior parte do tempo; nem de uma maneira de dizer que todo mundo se enganou a torto e a direito; mas sim de definir uma posição singular *pela exterioridade de suas vizinhanças* [...].

— Michel Foucault

1   Um horizonte foucaultiano[1]

> Cada nova obra altera profundamente os termos de pensamento que eu havia alcançado com a obra anterior. Nesse sentido, considero-me mais um experimentador do que um teórico [...]. Quando escrevo, faço-o, acima de tudo, para mudar a mim mesmo, e não para pensar a mesma coisa que antes. — Michel Foucalt [2]

Foucault foi um filósofo disposto a pensar diferente do que ele mesmo pensava. Não construiu sua obra como um projeto unitário, formado de vários desdobramentos em torno das mesmas premissas (por mais que os termos e temas sejam recorrentes), e sim como uma tentativa permanente de *recomeçar* uma vez mais. O invariante, então, é a pergunta: como certos conceitos, práticas e valores nos levaram a ser o que somos, a fazer o que fazemos e a pensar como pensamos? E em cada livro vemos uma nova tentativa de identificar as condições a partir das quais as nossas formas correntes de conhecimento e moralidade emergiram, e que continuam a legitimar essas formas. Ou seja, cada livro apresenta uma resposta diferente àquela mesma pergunta. Por isso que, como assinala Roberto Machado (que estudou diretamente com Foucault), "ser foucaultiano", no sentido de tomá-lo como cânone e manter-se fiel às suas conclusões, "é se distanciar da transformação que ele desejava que seus livros produzissem nos outros, como produziram nele próprio".[3]

---

[1] Este capítulo é uma versão revisada e expandida de: Beccari, Marcos N. "O que significa ser foucaultiano/a?". *Revista Não Obstante*, v. 4, n. 1, p. 6-17, jan./jun. 2019.

[2] Foucault, Michel. "How an 'Experience Book' is Born". In: _____ . *Remarks on Marx*. Nova York: Semiotext(e), 1991, p. 27. Esta e as próximas citações, ao longo deste livro, originalmente de língua estrangeira foram por mim livremente traduzidas.

[3] Machado, Roberto. *Impressões de Michel Foucault*. São Paulo: n-1, 2017, p. 107.

Nos estudos acadêmicos, costuma-se dividir a obra foucaultiana em três fases: da arqueologia dos saberes, da genealogia dos poderes e da genealogia da subjetividade. No entanto, dentro de uma mesma fase não é fácil assimilar a continuidade entre um livro e outro (a não ser, talvez, entre o segundo e o terceiro volumes da *História da sexualidade*) — o que não significa, inversamente, que haja sempre uma ruptura. A questão é que novos caminhos só se tornam visíveis a partir daqueles já percorridos. Um termo como "arqueologia", por exemplo, era explicitamente provisório, a ponto de ser sempre apresentado de modos distintos[4]. E um livro como *A arqueologia do saber*, de 1969, embora pretenda esclarecer o método de suas pesquisas "arqueológicas", propõe novas bases que, contudo, não mais seriam retomadas nos livros seguintes[5].

No decorrer de sua obra, enfim, Foucault nunca volta a falar do mesmo modo sobre os mesmos temas. Há, no entanto, um aspecto constante que não se resume ao interesse pelo aparecimento das ideias centrais (como verdade e sujeito) e por suas transformações no tempo. Trata-se de certa exigência por uma história descontínua (posto que sempre vista no presente) e, por conseguinte, por uma rigorosa fluidez de pensamento. Acredito que a sua assumida influência nietzschiana se dava principalmente neste sentido: o importante para Foucault não era o desenvolvimento continuado de suas próprias ideias, mas o uso delas como instrumentos — sempre provisórios, dispersos, imprevistos — para que outros se apropriem deles e os reelaborem.

AS CONDIÇÕES DE APARIÇÃO

Certamente a história há muito tempo não procura mais compreender os acontecimentos por um jogo de causas e efeitos na unidade informe de um grande devir, vagamente homogêneo ou rigidamente hierarquizado; mas não é para reencontrar estruturas anteriores, estranhas, hostis ao acontecimento. É para estabelecer as séries diversas, entrecruzadas, divergentes muitas vezes, mas não autônomas, que permitem circunscrever o "lugar" do acontecimento, as margens de sua contingência, as condições de sua aparição.[6]

O primeiro livro que li de Foucault foi *As palavras e as coisas*. Mesmo sem entender boa parte dos argumentos, via com clareza a profundidade da tese ali defendida: a de que o

4 Como "arqueologia da percepção" em *História da loucura* (1961), "arqueologia do olhar" em *Nascimento da clínica* (1963) e, finalmente, como "arqueologia do saber" em *As palavras em as coisas* (1966).

5 Exceto na segunda edição, publicada em 1972, de *Nascimento da clínica*, onde Foucault eliminou expressões associadas ao conceito de "estrutura" (termo que aparece várias vezes em *História da loucura*, seu primeiro livro). No lugar dessa palavra, a noção de "saber" foi introduzida com o intuito de homogeneizar a terminologia proposta em *A arqueologia do saber*.

6 Foucault, Michel. *A ordem do discurso*, op. cit., p. 56.

homem (ou ser humano, num vocabulário não-sexista) é uma invenção recente, cujo fim talvez esteja próximo. Ou, como enunciam as últimas páginas do livro: se as disposições do saber moderno viessem a desaparecer, "o homem se desvaneceria, como, na beira do mar, um rosto de areia". Foucault não esconde, aqui, sua inspiração na "morte de Deus" nietzschiana[7], e a leva adiante com a possibilidade da "morte do homem", isto é, do humanismo que procurou ocupar o lugar dos valores absolutos (é o que ele chama de "sono antropológico" numa paródia ao "sono dogmático" de Kant). A partir dessa hipótese, Foucault mapeia longamente o aparecimento dos saberes sobre o homem na modernidade e, *pari passu*, o possível curso de seu desaparecimento.

Mas não foi uma leitura fácil. Primeiro porque eu ainda não entendia se Foucault era filósofo ou historiador. Sua motivação não era a de reconstruir "fatos", tampouco a de seguir ou propor um sistema de pensamento, e sim a de levantar questões filosóficas por meio de análises históricas. Ou, em seus próprios termos:

> [...] o que faço não é, afinal de contas, nem história, nem sociologia, nem economia. É uma coisa que [...] tem a ver com a filosofia, isto é, com a política da verdade, porque não vejo muitas outras definições para a palavra "filosofia" além dessa. Trata-se da política da verdade. Pois bem, na medida em que se trata disso, e não de sociologia, não de história nem de economia, vocês veem que a análise dos mecanismos de poder, essa análise tem, no meu entender, o papel de mostrar quais são os efeitos de saber que são produzidos em nossa sociedade pelas lutas, os choques, os combates que nela se desenrolam, e pelas táticas de poder que são os elementos dessa luta.[8]

O que ele queria fazer era, basicamente, mostrar que aquilo que hoje existe (como a ideia de humano) nem sempre existiu, questionando assim as evidências lógicas e os valores estabelecidos que fundamentam nossos modos de agir e pensar. O que denominamos "loucura", por exemplo, surgiu (e desapareceu) em diversas épocas e setores como lampejo/castigo divino, desrazão, doença, delinquência e outras tantas designações. Foucault até chega a afirmar que "a loucura 'não existe', mas isso não quer dizer que ela não é nada".[9] Pois ela existe como objeto de saberes e práticas que remetem a um mesmo sistema discursivo (entrelaçando o discurso clínico, o jurídico, o econômico etc.) que, por sua

---

7 Grosso modo, é a ideia de que a modernidade significa o desaparecimento dos valores absolutos e o aparecimento de valores humanos, "demasiado humanos": substituição da autoridade de Deus pela autoridade do humano considerado como sujeito transcendental; substituição do desejo de eternidade pelos projetos de futuro e de progresso; substituição de uma beatitude celeste por um bem-estar terreno.

8 Foucault, Michel. *Segurança, território, população*: Curso dado no Collège de France (1977-1978). São Paulo: Martins Fontes, 2008, p. 5.

9 Ibidem, p. 158.

vez, circunscreve o humano na condição de sujeito que trabalha, pensa e vive de acordo com determinados preceitos e valores que o constituem enquanto tal.

Ocorre que, em *As palavras e as coisas*, Foucault não parece muito preocupado em elucidar os princípios a partir dos quais seus argumentos foram construídos. Nietzsche é, nesse sentido, fundamental para a compreensão de que por trás de todo valor e conhecimento está em jogo um embate de forças. Os valores não têm uma existência em si, não existem fatos morais, há apenas interpretações que resultam de uma produção, de uma criação humana[10] — ou, em termos foucaultianos, os domínios do saber são formados a partir das práticas sociais e, portanto, das relações de poder.

Sob esse viés, a arqueologia com a qual Foucault procurou explicar o aparecimento dos saberes sobre o homem não é tão diferente da genealogia pela qual, ao longo da década de 1970, tais saberes serão reconsiderados como peças de dispositivos mais amplos, definidos pelas relações de poder. Se a arqueologia é como uma história sobre os *valores* da verdade (uma vez que a verdade, para Nietzsche, nasce no bojo da moral), a genealogia é como uma história das diversas instâncias que produzem os valores.

As novidades dessa abordagem, não obstante, foram muitas: a noção de poder não apenas como repressivo e reprodutivo, mas também como *produtivo* e constitutivo das relações sociais; a importância das redes de micropoderes que não derivam de um poder central e se estendem por toda a sociedade (escola, prisão, hospital etc.); o aspecto disciplinar do poder exercido na modernidade, que torna populações inteiras economicamente úteis e politicamente dóceis, feitas de trabalhadores obedientes. Tal abordagem só começa a ser delineada com mais clareza a partir do primeiro volume de *História da sexualidade*, intitulado *A vontade de saber*:[11]

> [...] as relações de poder não se encontram em posição de exterioridade com respeito a outros tipos de relações (processos econômicos, relações de conhecimentos, relações sexuais), mas lhes são *imanentes*; [...] não há, no princípio das relações de poder, e como matriz geral, uma oposição binária e global entre os dominadores e os dominados; [...] a rede das relações de poder acaba formando um tecido espesso que atravessa os aparelhos e as instituições, *sem se localizar exatamente neles* [...].[12]

10 "Tudo o que tem algum *valor* no mundo atual não o tem em si, não o tem por sua natureza — a natureza é sempre sem valor — mas um dia ganhou valor, como um dom, e *nós* somos os doadores. Fomos nós que criamos o mundo que diz respeito ao homem!". Nietzsche, Friedrich. *A gaia ciência*. São Paulo: Companhia das Letras, 2012, § 301, grifos no original.

11 Ver também: Foucault, M. "Sobre a história da sexualidade". In: _____. *Microfísica do poder*, op. cit., p. 363-406.

12 Foucault, M. *História da sexualidade I*, op. cit., p. 102-105, grifos meus.

A vontade de saber apresenta-se como uma introdução geral à sua pesquisa sobre a sexualidade (retomada somente oito anos depois)[13], mas pauta-se ainda na concepção de um poder disciplinar para criticar a ideia de que o sexo, após ter "vivido em liberdade", teria sido reprimido pelo capitalismo. Contra tal axioma de sua época, Foucault defende que a formação histórica do capitalismo dependeu em larga medida da legitimação, em vez da repressão, dos saberes sobre o sexo. Mas o que começou como uma pesquisa sobre a constituição moderna do desejo enquanto lugar da verdade, da normalidade e das práticas de sujeição se converterá, nos dois volumes seguintes de *História da sexualidade*, numa investigação bem diferente, direcionada aos modos de subjetivação. Entre sujeição e subjetivação há um salto conceitual: Foucault passa a considerar o sujeito não apenas como efeito de normas e práticas sociais, mas, conforme ele depreende da "estética da existência" que balizava a ética na Antiguidade, também como alguém que se constitui a partir da relação consigo mesmo. Pois enquanto a moral cristã, mais próxima da moderna, dependia estritamente de códigos normativos atrelados a recompensas e castigos[14], a moral greco-romana atribuía maior peso às técnicas de si nas formas de subjetivação.

Por isso que, na última citação, eu grifei a afirmação de que as relações de poder não se localizam exatamente nos dispositivos que elas atravessam. Quero crer que, nesse trecho pontual, Foucault deixava em aberto um caminho novo a ser percorrido: aquele de uma genealogia não somente da sexualidade e dos dispositivos de saber/poder que a constituem, mas dos meios pelos quais o indivíduo se converte em sujeito moral. Em certa medida, portanto, o percurso do pensamento foucaultiano seguiu na direção de camadas de interpretação cada vez mais densas e abrangentes: primeiro, com o aparecimento (e possível desaparecimento) do homem nos estratos de saber; depois, com o mapeamento das relações de poder que estão em jogo na produção dos saberes; por fim, com os processos de subjetivação enquanto, simultaneamente, condições e efeitos da articulação entre a produção dos saberes e os exercícios de poder.

Não significa, todavia, que Foucault quisesse encontrar algum sentido oculto que atravessasse as emergências históricas. Pelo contrário, ele "escavava" os arquivos da cultura ocidental tal como arqueólogo procurando não por

---

13   Após *A vontade de saber*, publicada em 1976, Foucault ministra muitos cursos e conferências ainda focados nos dispositivos de poder. É apenas a partir da década de 1980 que podemos ver mais claramente o interesse de Foucault pela gênese do sujeito, culminando nos dois últimos volumes de *História da Sexualidade*, ambos publicados em 1984 (ano de sua morte).

14   Entretanto, não se pode perder de vista que, conforme Foucault salienta no curso *Do governo dos vivos*, a direção espiritual cristã reinscreve constantemente uma "livre vontade" nos indivíduos a serem conduzidos. Ver, a este respeito: Foucault, Michel. *Do governo dos vivos*: Curso no Collège de France, 1979-1980 (excertos). São Paulo: Centro de Cultura Social; Rio de Janeiro: Achiamé, 2011, p. 97-100.

regularidades abstratas, mas por estratificações dispersas e fraturadas sobre as quais se assenta o solo do presente. Noutros termos, Foucault sempre "escavou" o presente. Seu desejo era o de lançar luz sobre o emaranhado jogo de forças que produz e sustenta nossas práticas, lógicas, valores e modos de ser vigentes. E se ele preferia interpretar e lançar hipóteses em vez de adotar algum método pretensamente neutro e objetivo, era por não acreditar que os documentos históricos possam falar por si mesmos. Não existe uma razão histórica por trás da sucessão dos acontecimentos. Cada tipo de acontecimento remonta uma história própria, e toda história é feita de tensões — não no sentido de antagonismos, mas de *agonismos*, isto é, de interações diversas entre sujeitos, saberes e dispositivos de poder em meio a aparecimentos e desaparecimentos de diagramas sem centro. Desse modo, como sintetiza Esther Díaz,

> Antes de perseguir totalidades, Foucault escolheu deslizar-se por uma trama modificável de elementos transversais, opostos, convergentes, paralelos. Concebeu a realidade como uma filigrana de acontecimentos que se aproximam, bifurcam-se, cortam-se e ignoram-se. Somente pretendeu capturar fragmentos. Esses fragmentos são penetrados e enlaçados por uma preocupação recorrente: saber quem somos.[15]

UM CÉTICO MARCIAL

Foucault foi um dos últimos céticos de nosso tempo, no sentido de não admitir nenhuma transcendência fundadora. E isso nada tem a ver com niilismo: cultivava abertamente suas convicções, lutas e posicionamentos, mas não fazia disso verdades universais. Ao mesmo tempo, nada é mais distante de Foucault que o relativismo, pois ele nunca recorria ao corolário facilitador de que os múltiplos pontos de vista se equivalem no horizonte. Pelo contrário, Foucault sabia que, mediante as perspectivações ininterruptas que se abrem a cada nova investigação, é preciso fazer escolhas e assumir uma posição. Isso ao menos para se deslocar, para não permanecer no mesmo lugar. Com efeito, Foucault foi algo como um "cético marcial", na medida em que sabia converter a força dos discursos contra a verdade que eles produzem.

Pensemos em quando Foucault publicou seu primeiro livro, *História da loucura*, cuja tese não fora recebida como inédita[16]. Não era nova, afinal, a ideia geral de que a

15 Díaz, Esther. *A filosofia de Michel Foucault*. São Paulo: Ed. Unesp, 2012, p. 217.
16 Ver, a esse respeito: Veyne, Paul. *Foucault*: Seu pensamento, sua pessoa. Rio de Janeiro: Civilização Brasileira, 2014, p. 43-46.

"loucura" variou bastante ao longo dos séculos, bem como a premissa de que não há invariantes históricos, nem essências, nem objetos naturais. Mas tudo se passava como se aquelas práticas medievais descritas por Foucault fossem apenas "erros naturais" do passado, ou "de acordo com as concepções da época", e que agora nós já teríamos um entendimento mais claro acerca dos transtornos mentais. Ora, com que direito se poderia fazer tal julgamento? Eis a pergunta de fundo deste primeiro livro. O que implica dizer que nossas convicções de hoje não serão as mesmas de amanhã, e que, portanto, nunca houve a loucura em si. É esse tipo de problematização que, desde então, Foucault adotava como objeto de estudo e, ao mesmo tempo, como modo de trabalho:

> [...] o que eu pretendo analisar, na maior parte do meu trabalho, não foi nem o comportamento das pessoas do passado (que é algo que pertence ao campo da história social), nem as ideias no seu valor representativo. O que eu tentei fazer, desde o início, foi analisar o processo de "problematização" — isto é: como e por que certas coisas (comportamentos, fenômenos, processos) se tornam um *problema*. Por que, por exemplo, certas formas de comportamento foram caracterizadas e classificadas como "loucura", enquanto outras formas similares foram completamente negligenciadas em um dado momento histórico; o mesmo com o crime e a delinquência, a mesma questão da problematização com a sexualidade.[17]

O que em todo caso Foucault problematiza é a *verdade* — não apenas como certas ideias tornam-se "verdadeiras", mas antes por que é necessário que assim o sejam. Sendo este o objeto de estudo, todo trabalho de Foucault consiste em investigar por que e em que medida "foi preciso toda uma rede de instituições, de práticas, para chegar ao que constitui essa espécie de ponto ideal, de lugar, a partir do qual os homens deveriam pousar sobre o mundo um olhar de pura observação".[18] Trata-se de investigar as maneiras pelas quais a verdade se constitui como disputa, prática, acontecimento — em uma palavra, como *regime* —, portanto sempre como condicionante e resultante de um jogo de forças conjugado através de dispositivos de saber/poder e tecnologias de sujeição/subjetivação[19].

Dessa maneira, o ceticismo de Foucault não se confunde com um duvidar de tudo de maneira inconsequente. Ele duvidava "tão somente" da verdade e suas derivações, como os sentidos essenciais das coisas, o sujeito funda-

---

17   Foucault, Michel. *Fearless Speech*: Lectures at the University of California. Los Angeles: Semiotext(e), 2001, p. 171, grifo no original.
18   Foucault, Michel. *A verdade e as formas jurídicas*. Rio de Janeiro: Nau, 2013, p. 134.
19   Sobre a relação entre os regimes de verdade e os processos de sujeição e subjetivação, ver: Lorenzini, Daniele. "Foucault, Regimes of Truth and the Making of the Subject". In: Cremonesi, Laura; Irrera, Orazio; Lorenzini, Daniele; Tazzioli, Martina (eds.). *Foucault and the Making of Subjects*. London: Rowman & Littlefield, 2016, p. 63-75.

dor por trás dos eventos, a ordem motora da história. Foucault acreditava, no entanto, nos efeitos concretos dessas crenças, na singularidade dos acontecimentos históricos, nas evidências materiais das lutas sobre as quais a verdade se sustenta. Nesse sentido, sua obra pode ser descrita como uma descontínua história das *condições* da verdade.

> Ali onde se estaria bastante tentado a se referir a uma constante histórica, ou a um traço antropológico imediato, ou ainda a uma evidência se impondo da mesma maneira para todos, trata-se de fazer surgir uma "singularidade". Mostrar que não era "tão necessário assim": não era tão evidente que os loucos fossem reconhecidos como doentes mentais; não era tão evidente que a única coisa a fazer com um delinquente fosse interná-lo, não era tão evidente que as causas da doença devessem ser buscadas no exame individual do corpo etc. Ruptura das evidências, essas evidências sobre as quais se apoiam nosso saber, nossos consentimentos, nossas práticas.[20]

INDAGAÇÕES SOLITÁRIAS

Como Nietzsche, Foucault foi um filósofo sem muitos aliados. Em vida, fora alvo de críticas de intelectuais próximos a ele, como Sartre, Derrida, Baudrillard e Deleuze. Após sua morte, outros pensadores (como Habermas, Charles Taylor, Nancy Fraser e Marshall Sahlins) sustentaram, de modo geral, que o teor estritamente crítico de Foucault se manteve ao largo das limitações próprias de sua filosofia. Habermas, por exemplo, sugere que Foucault retornou aos gregos em sua última fase por não saber lidar com a contradição de suas análises que nada propõem: "Talvez a força dessa contradição tenha envolvido completamente Foucault, atraindo-o novamente para o círculo do discurso filosófico da Modernidade que ele pensava poder explodir".[21]

Essas críticas provêm, em parte, de uma leitura equivocada da noção de poder em Foucault, ao considerarem que o argumento de que "o poder está em toda parte" anula a prática emancipatória. Ora, essa lógica concebe o poder apenas em sua forma soberana, "repressiva", vinculada às leis e às autoridades (o contrário da trama disciplinar que Foucault salienta nos micropoderes). Esses críticos pensam no poder, sobretudo, como restrição de uma condição originalmente "livre", ao passo que, para Foucault, tal condição

20 Foucault, Michel. "Mesa-redonda em 20 de maio de 1978". In: _____ . *Ditos e Escritos IV*: Estratégia, Poder-Saber. Rio de Janeiro: Forense Universitária, 2003, p. 339.
21 Habermas, Jurgen. "Taking Aim at the Heart of the Present". In: Hoy, David C. (ed.). *Foucault*: A Critical Reader. Oxford/Cambridge: Blackwell, 1996, p. 108.

é, ela própria, instaurada pelo poder. Não no sentido de uma superestrutura que em tudo penetra, mas em referência à própria trama das relações sociais, de onde surgem certos papéis e condutas que se definem em nome de uma pretensa liberdade. Logo, são as relações de poder que produzem essa ideia de liberdade como uma natureza dada de antemão, relações que essa mesma ideia ajuda a sustentar — ela não é mero efeito de uma causa totalizante, mas um elemento discursivo que, junto a muitos outros elementos, atua de maneira difusa para sustentar a trama das relações de poder que os engendra.

No fundo, porém, o que mais aflige os críticos de Foucault parece ser o fato de que sua filosofia não oferece "alternativas" e exige muito de nós. Afinal, em vez de nos dizer o que devemos pensar e fazer, Foucault nos encoraja a refletir criticamente sobre por que desejamos tanto que alguém nos diga o que pensar e o que fazer, ou por que acreditamos que devemos ter normas e padrões que ditem nossos pensamentos e ações. Com efeito, isso que os críticos de Foucault encaram como uma incapacidade de fornecer alternativas deve ser visto, antes de tudo, como uma recusa em fazê-lo. Pois apontar um norte a ser seguido é exatamente o que minaria o potencial emancipatório de sua filosofia, que consiste em apresentar "ferramentas" em vez de rumos e prescrições. Descobrir o uso dessas ferramentas é a "dura" exigência que Foucault nos impõe — eis como sua obsessão por pensar diferente de si mesmo começa a fazer sentido, e também como a dimensão ética e política da sua obra começa a tomar forma.

> Foucault não oferece resposta alguma, nenhuma solução. Mas é justamente aí que é preciso buscar sua maior atualidade. O projeto foucaultiano é justamente fazer de modo que seus leitores não saibam mais o que fazer. É nesse exato momento que os atos, os gestos, os discursos que parecem patentes se tornam problemáticos, perigosos, difíceis.[22]

TORNAR-SE DIFERENTE PARA TORNAR-SE O QUE SE É

Foucault escrevia para pensar diferente. "Se lançava uma hipótese [...], já não estava mais lá quando as pessoas começavam a falar dela. Já não se interessava mais por aquilo, já encontrava outra maneira de pensar".[23] Ao mesmo tempo, se ele estava sempre em movimento, sem saber o que pensaria no dia seguinte, é porque ele buscava se

---

22 Bert, Jean-François. *Pensar com Michel Foucault*. São Paulo: Parábola, 2013, p. 188.
23 Machado, Roberto. *Impressões de Michel Foucault*, op. cit., p. 71.

diferenciar não dos outros, mas antes de si mesmo. A começar pela rejeição ao nome do pai, Paul, que é também o primeiro nome de Foucault — mas ele preferia ser chamado de Michel, seu segundo nome, escolhido pela mãe. Sua família esperava que ele se tornasse médico, como o pai; em vez disso, um de seus primeiros livros, *Nascimento da clínica*, explicita os precedentes coercitivos da prática médica. Foucault também foi, desde a juventude, repreendido por sua orientação homossexual, além de ter sofrido intervenções médicas por causa de duas tentativas de suicídio. Não é por acaso, portanto, o seu interesse em descrever as condições que tornam possíveis as práticas sociais que coagem os sujeitos, e através das quais chegamos a ser o que somos.

Mas Foucault nos ensina que, embora tais práticas nos sujeitem, elas não nos determinam. Essa coragem de tornar-se diferente para, com isso, *tornar-se quem se é* (no adágio de Píndaro, enaltecido por Nietzsche) parece-me um traço crucial de Foucault — e também a questão de fundo de seu interesse tardio pela moral antiga, assinalando certa reconciliação do filósofo com sua própria filosofia. Na introdução de *O uso dos prazeres*, Foucault explica brevemente o percurso de sua obra: "sua articulação foi a de saber em que medida o trabalho de pensar sua própria história pode liberar o pensamento daquilo que ele pensa silenciosamente, e permitir-lhe pensar diferentemente".[24]

Foucault buscou *repensar* a história do mundo ocidental para entender a de si mesmo. Se ele prosseguiu reavaliando o passado, era por insistir em encará-lo como novo, como uma redescrição do presente a partir do silêncio de tudo o que permanece impensado. E o fazia não como uma busca por algum sentido profundo, mas, ao contrário, para desfazer as tessituras dos sentidos, para desrealizar o mundo, desatando sua naturalidade em prol de novas configurações, lógicas e modos de vida. Foucault não pretendia, enfim, explicar a existência, mas mostrar como o possível e o impossível, o existente e o inexistente se definem reciprocamente — bem como o que é considerado válido ou aceitável em relação ao que é desviante ou inaceitável —, conformando assim uma realidade "normal" dentre inúmeras outras possíveis.

Ser foucaultiano, portanto, não significa percorrer o mesmo caminho que ele, repetindo suas teorias e conclusões. Significa partir de seu itinerário intelectual e suas ferramentas filosóficas para reinterpretar o que somos, o que não somos e o que podemos ser. Afinal, se Foucault parecia estar sempre um passo à frente de suas próprias ideias, era porque seus textos o empurravam para outros lugares, num processo em que todo ponto de chegada se desdobra em infinitos pontos

24 Foucault, Michel. *História da sexualidade II*: O uso dos prazeres. Rio de Janeiro: Graal, 1998, p. 14.

de partida. O fio condutor desse fluxo não é outro senão a vida — não uma vida abstrata, vivida genericamente por todos, mas a sua própria. Com efeito, ser foucaultiano é também uma experimentação constante, é ter coragem de repensar indefinidamente o mundo e a si mesmo mediante as várias linhas que se cruzam e se desprendem deste novelo que é o tempo presente.

> O principal interesse na vida e no trabalho é tornar-se alguém que você não era no início. Se você soubesse, quando começou um livro, o que você diria no final, você acha que teria coragem de escrevê-lo? O que é verdadeiro para a escrita e para uma relação amorosa é verdadeiro também para a vida. O jogo vale a pena na medida em que não sabemos qual será o fim.[25]

---

[25] Foucault, Michel. "Truth, Power, Self: An Interview with Michel Foucault". In: Martin, Luther H.; Gutman, Huck; Hutton, Patrick H. (eds.). *Technologies of the Self*: A Seminar with Michel Foucault. Amherst: University of Massachusetts Press, 1988, p. 9.

2 Língua e discurso, Flusser e Foucault[1]

> Decisivo, na relação com a arte, é estar disposto a destruir tudo que se achava que sabia. Mas renunciando também à ideia de um saber mais profundo ou elevado, supostamente localizado além desse achar-saber. O que existe é o chão.
> — Eduardo Sterzi

Propor um diálogo entre Flusser e Foucault implica, de saída, tentar contornar uma questão intransponível: tais pensadores não apenas apresentam interesses distintos, trajetórias peculiares e vocabulários demarcatórios, mas antes de tudo modos singulares de escrita e expressão. O valor da tentativa, no entanto, consiste em revelar que tais diferenças, se postas em perspectiva, coadunam-se em torno de uma prerrogativa em comum, algo que Deleuze e Parnet certa vez assim assinalaram: "As relações são exteriores a seus termos".[2] Flusser e Foucault buscaram demonstrar, cada qual ao seu modo, a exterioridade das relações que perfazem as conjunções heterogêneas entre palavras, modelos, práticas etc. Tal esfera relacional opera deslocando os termos e os reenviando a uma dispersão de fundo que lhes é imanente.

A aproximação ora ensaiada detém-se nas reflexões em torno da linguagem e do discurso que marcaram, na França, os primeiros livros de Foucault e, no Brasil, a inserção de Flusser no debate filosófico, com a publicação de *Língua e Realidade*. Nesse livro inaugural, o autor desvia-se deliberadamente do velho problema da relação da linguagem para com uma realidade referencial — problema que,

---

[1] Este capítulo é uma versão revisada e expandida de: Beccari, Marcos N. "Língua e discurso em Flusser e Foucault: um diálogo à espreita?". *Intexto*, v. 46, n. 1, p. 1-18, 2019.
[2] Deleuze, Gilles; Parnet, Claire. *Diálogos*. São Paulo: Escuta, 1998, p. 69.

de Platão à Wittgenstein, é constitutivo da filosofia ocidental. Não interessava a Flusser resolver, por exemplo, a questão nominalista segundo a qual a linguagem é inapta a explicar sua relação com o mundo, uma vez que não podemos sair nem da linguagem nem do mundo para observar como se relacionam. Essa contenda pressupõe que a língua de algum modo *se refere* à realidade, ao passo que, para o filósofo tcheco-brasileiro, a língua *é* realidade. Eis como as relações são, em Flusser, exteriores a seus termos: o mundo não pode ser separado da língua que o enreda e que, ao mesmo tempo, nos permite conhecê-lo[3].

Por sua vez, Foucault conduzia uma "ontologia do presente", isto é, sobre as condições a partir das quais emergem e se atualizam as formas vigentes de pensamento e moralidade. Assim, em vez de se indagar acerca da referencialidade entre linguagem e realidade, Foucault localiza essa questão no seio do pensamento clássico: "Tais modos de decifração provêm de uma situação clássica da linguagem — aquela que reinou no século XVII, quando o regime dos signos se tornou binário e quando a significação foi refletida na forma da representação".[4] Importa-nos pontuar que, assim como Flusser, Foucault não se servia de qualquer princípio último, nem mesmo da contingência histórica, para explicar determinado estado de coisas; em vez disso, seu pensamento se delineava em busca de conexões possíveis entre enunciados dispersos. Afinal, sabendo que todo discurso forja seus próprios termos e critérios, Foucault gostava de evidenciar esse ato forjador (no duplo sentido que o termo comporta: inventivo e enganador) enquanto gesto indissociável dos modos pelos quais compreendemos as coisas.

Embora Flusser tenha se posicionado filosoficamente como *Bodenlos* (sem chão, sem descendência) devido ao desenraizamento em relação à sua cultura materna, é notável que, ao publicar seu primeiro livro, *Língua e Realidade*, em 1963, ele sabia em que chão estaria a pisar, considerando o panorama europeu e norte-americano dos estudos linguísticos e literários no início da década de 1960. Já se encontrava difundida a noção estrutural segunda a qual a língua pode não servir apenas para descrever o mundo, sendo antes o que, a partir de sua estrutura, o constitui. Com efeito, o que estava em jogo era, de um lado, o apogeu da linguística

[3] O problema metafísico, por exemplo, que conduz à dúvida cartesiana sobre como saber se nossos pensamentos se adequam às coisas tal como elas são em si mesmas só faz sentido porque pressupõe desde o início a cisão entre *res cogitans* (coisa pensante) e *res extensa* (coisa externa), como se fossem duas substâncias independentes. Já para Flusser, se a língua/intelecto e a realidade/extensão são o mesmo, elas não podem não se adequar, e o problema da referencialidade é substituído pela "correspondência entre frases ou pensamentos, resultando das regras da língua". Flusser, Vilém. *Língua e Realidade*. São Paulo: Annablume, 2007, p. 46.

[4] Foucault, Michel. *As palavras e as coisas*, op. cit., p. 61. Em contraste a tal regime representacional, Foucault salienta, dentre outras coisas, o estatuto paradoxal que doravante a literatura moderna atribuiria à língua, colocando-se como problema ao pensamento contemporâneo: "Eis por que, cada vez mais, a literatura aparece como o que deve ser pensado; mas também, e pela mesma razão, como o que não poderá em nenhum caso ser pensado a partir de uma teoria da significação". Ibidem.

saussuriana e, de outro, particularmente no cerne do debate intelectual francês, as possibilidades de ruptura contra ela[5] — o que no campo das artes se projetava como prova constante de desestabilização da linguagem e, ao mesmo tempo, como esforço de ultrapassá-la por meio da ressignificação dos significantes[6]. Nesse período, Foucault já se debruçava, ainda que "de uma forma bastante hesitante e, sobretudo no início, sem controle métodico suficiente",[7] sobre suas primeiras investigações arqueológicas, isto é, voltadas às tramas histórico-discursivas dos saberes — tais como *História da loucura*, *O nascimento da clínica* (publicado no mesmo ano que *Língua e Realidade*) e *As palavras e as coisas*.

Uma vez delineado brevemente o cenário intelectual ao qual Flusser e Foucault buscavam responder, apresento a seguir quatro blocos temáticos que enquadram um diálogo que nunca existiu — ou que não fora registrado[8]. O primeiro trata da imagem recorrente do gesto de tecer; o segundo, do entrelaçamento epistemológico entre duas maneiras de pensar o "como pensar"; o terceiro, do horizonte ontológico da língua; o quarto, do devir demiúrgico pleiteado por ambos os pensadores. O diálogo é então traçado em torno da noção da *palavra* enquanto matéria irredutível a partir da qual o pensamento e a realidade podem se dar. Por fim, sustento que Flusser e Foucault traçaram caminhos distintos de um mesmo fluxo de desnaturalização e retradução do mundo.

A IMAGEM DA TESSITURA

Ciente do debate intelectual vigente, Flusser publicou, um ano antes de seu livro inaugural, o "Ensaio para um estudo do significado ontológico da língua" na *Revista Brasileira de Filosofia*, onde o intelectual estreante faz coro ao que identifica como um clamor contemporâneo por uma "visão integral da realidade".[9] Se o argumento central do artigo ainda se alinhava ao mote estruturalista segundo o qual a realidade não pode ser pensada sem o recurso da língua, Flusser avança consideravelmente em *Língua e Realidade*, cuja tese passa ser a de que cada língua, ao realizar-se, realiza a rea-

---

5 Barthes figurou um nome emblemático nesse contexto: ele ganha visibilidade, inicialmente, enquanto intelectual estruturalista ligado ao pensamento de Saussure; mas sua trajetória é marcada por uma reviravolta no decorrer da década de 1950, passando então a ser enquadrado no rol dos críticos pós-estruturalistas. Tal vertente, por sua vez, costuma ser associada ao seguinte texto inaugural que Derrida publicara em 1960: "A estrutura, o signo e o jogo no discurso das ciências humanas". In: Derrida, Jacques. *A Escritura e a Diferença*. São Paulo: Perspectiva, 2009, p. 229-249.

6 Ver, a este respeito: Foster, Hal. *O retorno do real*, op. cit., p. 79-98.

7 Foucault, Michel. *A arqueologia do saber*, op. cit., p. 77.

8 Bento Prado Júnior relatou que Flusser estava presente nas aulas que Foucault ministrara na USP, em 1965, acerca de *As palavras e as coisas* (publicada no ano seguinte). Mas, por falta de outras informações ao meu alcance, assumo que o diálogo entre Flusser e Foucault nunca existiu. Ver, a este respeito: Bernardo, Gustavo. *A dúvida de Flusser*: filosofia e literatura. São Paulo: Globo, 2002, p. 36.

9 Flusser, Vilém. "Ensaio para um estudo do significado ontológico da língua". *Revista Brasileira de Filosofia*, v. 12, n. 45, p. 69-90, jan./mar. 1962, p. 70. Disponível em: <http://www.flusserbrasil.com/art487.pdf>. Acesso em maio de 2020.

lidade. Significa que tudo se torna real ao se *realizar*, isto é, ao ser apreendido (em alusão ao verbo anglofônico *to realize*) pelos intelectos que participam da realidade. O ensaio que precede o livro, outrossim, já continha uma pista incisiva: após mencionar o fato de a raiz latina *res* ("coisa") ter se perdido na língua portuguesa, Flusser recorre ao termo *wirklichkeit*, que "quer dizer 'realidade' em alemão", e assinala que, embora também signifique "surtir efeito" e "funcionar", originalmente denotava "tecer".[10] Haveria, então, um vínculo perdido entre o realizar, o instaurar realidades e a tessitura, analogia que reaparece em *Língua e Realidade*, quando Flusser compara o intelecto a "uma fiação que transforma algodão bruto (dados dos sentidos) em fios (palavras). A maioria da matéria-prima, porém, já vem em forma de fios".[11]

No âmbito dos estudos linguísticos já apartados, nos anos 1960, do estruturalismo, tornou-se corrente a metáfora da "rede de nós", ou de uma "malha do discurso", ou ainda de um emaranhado de fios que se cruzam[12]. Em diversos momentos, com efeito, Foucault também lançava mão dessa imagem — como em *As palavras e as coisas*, ao referir-se ao pensamento clássico como "aquele que trama todos os fios entrecruzados da 'representação em quadro' [e que] jamais se encontra lá presente";[13] ou em *A arqueologia do saber*, ao definir o enunciado "como um grão que aparece na superfície de um tecido de que é o elemento constituinte".[14] No imaginário épico, diga-se de passagem, a imagem de um entrelaçamento por meio do qual se enredam o mundo, os sujeitos e os sentidos remonta o fazer de Penélope (da *Odisseia*) que, diante das suposições da morte de seu marido em batalha e das pressões para que se casasse novamente, estabeleceu, como condição para um novo enlace, a infindável tessitura de um tapete a ser tecido durante o dia e desfeito durante a noite.

A sutura do mundo enquanto linguagem também desponta em Nietzsche, que teria sido, segundo Foucault, "o primeiro a aproximar a tarefa filosófica de uma reflexão radical sobre a linguagem".[15] Em seu texto *Sobre a verdade e a mentira*, de 1876, Nietzsche argumenta que a linguagem não procede de uma adequação entre palavras e coisas, mas engendra um processo metafórico que é posto em movimento antes mesmo do gesto de dar nome às coisas[16]. Essa textualidade do mundo humano presume uma base poética imanente, uma vontade inventiva que opera no fundo de

10   Ibidem, p. 74-75.
11   Flusser, Vilém. *Língua e Realidade*, op. cit., p. 49.
12   De acordo com Maria Cristina L. Ferreira, "já se tornou lugar comum usar a expressão 'tecido discursivo' ou 'tessitura' para falar-se de discurso", metáfora que "abre lugar para o não-sistêmico, o não-representável". Ferreira, Maria Cristina L. "O quadro atual da análise de discurso no Brasil". *Letras*: Revista do Programa de Pós-Graduação em Letras da UFSM, n. 27, p. 39-46, 2003, p. 44.
13   Foucault, Michel. *As palavras e as coisas*, op. cit., p. 425.
14   Foucault, Michel. *A arqueologia do saber*, op. cit., p. 96.
15   Foucault, Michel. *As palavras e as coisas*, op. cit., p. 420.
16   Ver: Nietzsche, Friedrich. *Sobre a verdade e a mentira*. São Paulo: Hedra, 2007.

cada palavra ou discurso e que constitui uma dimensão anterior às significações e aos modelos de representação entranhados na linguagem. Enquanto convenção, por sua vez, a língua se institui a partir do momento em que o intelecto se esquece desse vínculo metafórico com o mundo e, com a aquisição e a manutenção de hábitos seculares, admite como natural aquilo que, em sua gênese, teria sido o produto de uma vontade. É com esse raciocínio que Nietzsche consegue deslocar a língua de qualquer essencialidade e situar sua imanência na tessitura do real — deslocamento que vigora tanto no pensamento de Foucault quanto no de Flusser.[17]

DUAS MANEIRAS DE PENSAR O "COMO PENSAR"

Como se sabe, a ideia de que não podemos conhecer diretamente a realidade é recorrente na tradição filosófica. Pode ser associada, por exemplo, à crítica kantiana da razão, isto é, à restrição dos fenômenos ao que pode ser pensado pelo sujeito. Para Flusser, porém, não há um sujeito transcendental, com suas formas *a priori* de conhecimento que filtram e configuram as coisas, pois o sujeito sequer se constituiria sem a mediação de uma língua: "No íntimo sentimos que somos possuídos por ela [a língua], que não somos nós que a formulamos, mas que é ela que nos formula".[18] Na epistemologia flusseriana, portanto, não se trata mais de saber o que significa o sujeito, mas o modo (ou modos) pelo qual ele se constitui — abandono do "que(m)" e "por que" em favor do "como". E se Kant postulara que o pensamento está sempre pressuposto na percepção dos fenômenos, Foucault, por sua vez, interpretou a manobra kantiana como a maior tentativa de realizar o sonho da cultura moderna de encontrar na razão humana o fundamento do próprio humano. O pensador francês então "inverte", grosso modo, a manobra kantiana contra si mesma, mostrando como o sujeito do conhecimento e as próprias formas do conhecimento também são pressupostos *a priori*.

[...] atemo-nos a esse sujeito de conhecimento, a este sujeito da representação, como ponto de origem a partir do qual o conhecimento é possível e a verdade aparece. Seria interessante tentar ver [em vez desse sujeito] como se dá, através da história, a constituição de um sujeito que não é dado definitivamente, que não é aquilo a partir do que a verdade se

---

17   Sobre a assimilação de Nietzsche por Flusser, ver o posfácio de Daniel B. Portugal na mais recente edição de *Língua e realidade*, a ser ainda publicada em 2020 pela É Realizações na coleção "Biblioteca Vilém Flusser".
18   Flusser, Vilém. *Língua e Realidade*, op. cit., p. 37.

dá na história, mas de um sujeito que se constitui no interior mesmo da história, e que é a cada instante fundado e refundado pela história. É na direção desta crítica radical do sujeito humano pela história que devemos nos dirigir.[19]

Foucault depurou inicialmente a premissa clássica segundo a qual, para que exista um "sujeito" (um eu, uma identidade), é preciso que o mesmo esteja representado[20]. E quando esse sujeito se depara com sua própria representação, com "os olhares aos quais ela se oferece, os rostos que torna invisíveis, os gestos que a fazem nascer",[21] ele percebe que o conhecimento de si e de todas as coisas não remete a um dado prévio ao próprio conhecimento — eis a virada para a epistéme moderna.

Para Flusser, vimos que não há sujeito anterior à língua, mas sua tese parece radicalizar a questão, a ponto de igualar a realidade à língua, ou, melhor, às diversas línguas: "a língua [...] é igual à totalidade daquilo que é apreendido e compreendido, isto é, a totalidade da realidade".[22] Não porque a realidade seja determinada ou ordenada linguisticamente e, portanto, que a língua seja algo de transcendente, mas porque o mundo é vivido em forma de língua, isto é, como conjunto de símbolos que podem ser apreendidos e compreendidos por nós, humanos. Em seu ensaio que precede *Língua e Realidade*, Flusser já oferecia um esboço geral dessa tese:

> Não quero afirmar, "a priori", que a "realidade" está dentro da língua e exclusivamente dentro dela. Afirmo, isto sim, que a realidade aparece exclusivamente em forma de língua. A língua, venha ela de fora ou de dentro, significa a realidade, pois, ela é, em seu conjunto, um sistema de símbolos que significam a realidade. Tudo o que os sentidos externos e o sentido introspectivo nos fornecem precisa vestir-se em trajes linguísticos para ser apreendido e compreendido.[23]

Ocorre, é claro, que Flusser e Foucault não falavam da mesma coisa: o primeiro compreendia a língua como dimensão que possibilita ontologicamente todos os processos de significação, enquanto Foucault tinha em mente algo anterior à língua, algo que a circunscreve e a regula — o discurso. Tal noção foucaultiana designa basicamente todas as condições necessárias para que algo tenha valor/significado, de modo que as diversas formas de linguagem (verbal, tex-

19 Foucault, Michel. *A verdade e as formas jurídicas*, op. cit., p. 20.
20 Esta é a problemática que abre *As palavras e as coisas*, quando Foucault analisa a pintura Las Meninas de Velázquez: nesse quadro, o pintor nos observa na medida em que nos encontramos no lugar de seu modelo, e o que era para ser só observado passa a observar quem o observa. Ver: Foucault, Michel. *As palavras e as coisas*, op. cit., p. 3-21.
21 Ibidem, p. 20.
22 Flusser, Vilém. *Língua e Realidade*, op. cit., p. 201.
23 Flusser, Vilém. "Ensaio para um estudo do significado ontológico da língua", op. cit., p. 71.

tual, visual etc.), seus elementos estruturais e recursos retóricos são entendidos como dados discursivos. Pressupõe-se, assim, que valores e significados não preexistem aos discursos; são os discursos que produzem um objeto significativo, situando-o em relação a outros objetos, valores e significados.

> [Trata-se de] interrogar a linguagem, não na direção a que ela remete, mas na dimensão que a produz; negligenciar o poder que ela tem de designar, de nomear, de mostrar, de fazer aparecer, de ser o lugar do sentido ou da verdade e, em compensação, de se deter no momento — logo solidificado, logo envolvido no jogo do significante e do significado — que determina sua existência singular e limitada. Trata-se de suspender, no exame da linguagem, não apenas o ponto de vista do significado (o que já é comum agora), mas também o do significante, para fazer surgir o fato de que em ambos existe linguagem, de acordo com domínios de objetos e sujeitos possíveis, de acordo com outras formulações e reutilizações eventuais.[24]

Sob esse prisma, não há, de um lado, língua e, de outro, os fatos, tomados como entes verdadeiros em si próprios, mas apenas proposições de "verdade" em permanente disputa. É uma visada, portanto, que se opõe ao chamado núcleo rígido da Linguística e da Semiótica na medida em que não pressupõe, para os processos de significação, um conjunto sistemático de regras e propriedades formais[25]. Por sua vez, a concepção flusseriana de língua nada tem a ver com uma tal urdidura[26]. Flusser oscila, não obstante, entre um sentido mais estrito e outro mais dilatado de "língua": refere-se, por exemplo, tanto a idiomas flexionais e aglutinantes quanto a uma dimensão ontológica que funda realidades. E, nesse aspecto ampliado, não resta qualquer dicotomia entre ser e não-ser, mas somente a fluidez de um *vir-a-ser* concomitante à língua, ao intelecto e à realidade. Ou seja, em última instância não interessava tanto a Flusser definir com precisão níveis ontológicos — o real, o indizível, a poesia, a conversação etc. —, mas sim o modo como tais níveis coexistem e estão correlacionados.

Convém assinalar ainda que, nos termos de Debora P. Ferreira, tanto para Nietzsche quanto para Flusser (e, acrescento, também para Foucault) "a vontade humana [...] cria o mundo e depois interessa-se por conhecer sua obra, descobrindo, por fim, a si mesma no fundo do mundo. Ela também

---

[24] Foucault, Michel. *A arqueologia do saber*, op. cit., p. 126.
[25] De acordo com Denise Maldidier, a perspectiva de geral da chamada Análise de Discurso, desde o seu surgimento no quadro epistemológico francês, "repousa sobre a intuição muito forte de que [os discursos] não podem visar às sistematicidades da língua como um contínuo de níveis". Maldidier, Denise. *A inquietação do discurso*: (re)ler Michel Pêcheux hoje. Campinas: Pontes, 2003, p. 31.
[26] Ver, a este respeito: Júnior, Rafael M.; Capela, Carlos E. S. "Entre língua e realidade: Vilém Flusser no reverso de uma urdidura estruturalista". *Revista Eco Pós*, v. 19, n. 1, 2016, p. 56-70.

cria o intelecto e depois o analisa, descobrindo a si mesma no fundo do intelecto".[27] Por isso que, em *A história do diabo*, de 1965, Flusser propõe uma analogia entre a vontade humana e uma aranha que secreta, como teia, a língua-realidade[28]. No caso de Foucault, essa questão aparece com mais clareza a partir de *A hermenêutica do sujeito*, curso de 1981, em que a genealogia do governo dos outros conjuga-se com a do governo de si[29]. Ou seja, Foucault passa a refletir sobre certas práticas, denominadas "técnicas de si", pelas quais os sujeitos se relacionam consigo mesmos e, assim, se constituem como agentes morais — identificando-se como quem vive como louco, como trabalhador, como culpado etc. Essas práticas que nos sujeitam, mas que não nos determinam, revelam que a vontade humana não apenas advém como produto das redes de saber/poder, mas antes as instaura em sua torção íntima, proporcionando tanto os jogos de verdade quanto um lugar de invenção de si.

Nota-se, pelo exposto, que Flusser e Foucault podem suscitar, por caminhos díspares, algumas conclusões convergentes. Quais sejam: (1) toda realidade supõe certa concepção do que é a realidade e de como é possível pensá-la; (2) as tramas linguístico-discursivas são ao mesmo tempo a causa e o efeito de um intelecto capaz de conhecer, organizar e se situar no mundo; (3) a investigação ou explicitação desse processo não é alheio a ele, mas inerente; (4) é a vontade humana que nos leva a forjar realidades, tanto quanto a indagar como tais realidades foram forjadas. Ainda assim, considerando o escopo específico de *Língua e Realidade* e da chamada fase arqueológica de Foucault, o paralelo até aqui projetado pode soar forçado, uma vez que as duas perspectivas, por mais que se alinhem em certos aspectos, contrastam em muitos outros — sobretudo no que tange ao interesse dos autores. De um lado, Foucault queria pensar de outro modo como chegamos a ser o que somos; de outro, Flusser buscava compreender o que é que nos permite pensar de outro modo.

---

27 Ferreira, Debora P. "Vilém Flusser, um filósofo da linguagem brasileiro". *Trans/Form/Ação*, v. 41, n. 2, p. 37-54, abr./jun. 2018, p. 49.
28 Flusser, Vilém. *A história do diabo*. São Paulo: Annablume, 2012, p. 158-159.
29 O método investigativo de Foucault foi por ele inicialmente denominado "arqueologia", quando mirava a produção dos saberes, e depois "genealogia", quando focou o poder. Nessa segunda fase, a partir dos anos 1970, o exercício do poder passa a explicar a produção dos saberes. Mais do que uma forma de coerção ou repressão, o poder é o que, por meio de dispositivos discursivos e não discursivos, *produz* os saberes — o saber jurídico, por exemplo, ao realizar as práticas penais, como o inquérito, produz verdades acerca do indivíduo culpado. A "verdade dos fatos" é, por conseguinte, o produto discursivo do poder de distinguir "fatos verdadeiros". Mas, a partir da década de 1980, Foucault desloca a análise do poder para os modos de subjetivação, revelando-os como condicionantes da relação saber-poder. Ver, a esse respeito: Foucault, Michel. "As Técnicas de Si". In: *Ditos e Escritos IX*, op. cit., p. 264-296.

DUAS FACES DE UM MESMO HORIZONTE ONTOLÓGICO

Claro está que, enquanto o estruturalismo pretendia descobrir universalidades subjacentes (na linguagem, na cultura, no inconsciente etc.), Flusser descartara desde o início a existência de qualquer estrutura de fundo. Pensava a língua, antes, em termos de um agenciamento disperso de realidades. Do mesmo modo, Foucault nunca pretendeu identificar uma força oculta que atravessasse os estratos de saber e as relações de poder. Suas questões, afinal, não aludiam a totalidades, mas justamente a singularidades: por que em determinada época e lugar emergiram certas práticas e não outras? Que enunciados específicos possibilitaram a produção de determinados saberes? Quais são os saberes que autorizam esta ou aquela prática? Portanto, ali onde outros pensadores buscaram depreender ordens, estruturas e naturezas, Foucault e Flusser viam nada mais que construções humanas que ora emergem ora desaparecem.

Mas os dois pensadores se opunham ao estruturalismo de maneiras distintas. De um lado, Foucault procurava reconstruir atrás dos "fatos" toda uma rede de discursos, poderes, estratégias e práticas, operando assim uma desnaturalização do mundo. De outro, Flusser mirou na potência fabuladora que instaura nossa experiência de mundo — por isso sua concepção positiva da língua, algo como uma atividade plástica: no lugar do *eidos* (essência, estrutura), o *plásma*, a elaboração, a fabricação.

Demarcada tal distinção, *Língua e Realidade*, embora se distancie da empresa arqueológica[30], dialoga parcialmente com o interesse pontual que Foucault dedicara à linguagem literária, assunto que logo abandonaria[31]. Numa conferência de 1964, Foucault define a linguagem como "o murmúrio de tudo que é pronunciado [...] [abrangendo] tanto o fato das palavras acumuladas na história quanto o próprio sistema da língua", sendo a literatura "o lugar essencial da linguagem, sua origem sempre repetível".[32] No geral, Foucault sublinha o caráter repetível da literatura — como "repetição contínua da biblioteca, da impureza já letal da palavra", onde "se ouve o infinito do murmúrio, o amontoamento das palavras já ditas" — e conclui afirmando que:

---

30 Do ponto de vista de *As palavras e as coisas*, por exemplo, pode-se dizer que a tese de Flusser sobre a língua não retoma a episteme clássica, pois não encara a língua como ordenação e representação direta do mundo; e também não permanece no regime discursivo do pensamento moderno, pois não se ampara em um sujeito transcendental como *a priori* a partir do qual é possível pensar o mundo.

31 Em entrevista de 1975, Foucault explica que, na década anterior, ainda sob influência de Blanchot e Raymond Roussel, a literatura lhe parecia ser a expressão de algo que os outros discursos eram incapazes de formular, levando-o à ideia de que a linguagem literária só pode ser analisada a partir de si própria. Após *A arqueologia do saber*, contudo, Foucault passa a valorizar os discursos não-literários, direcionando-se depois aos dispositivos não-discursivos. Ver: Pol-Droit, Roger. *Entrevistas con Michel Foucault*. Buenos Aires: Paidós, 2008, p. 61-69.

32 Foucault, Michel. "Linguagem e literatura". In: Machado, Roberto. *Foucault, a filosofia e a literatura*. Rio de Janeiro: Jorge Zahar, 2005, p. 137-174.

> [...] a linguagem é talvez o único ser absolutamente repetível que existe no mundo. [...] Sem dúvida, um dia será preciso fazer a análise de todas as formas de repetição possíveis que há na linguagem. E talvez seja na análise dessas formas de repetição que se poderá esboçar algo como uma ontologia da linguagem. Digamos agora simplesmente que a linguagem não cessa de se repetir.[33]

Flusser, em contrapartida, enquanto imigrante que pensava e escrevia em múltiplas línguas, preocupava-se menos com as repetições e mais com as metamorfoses *entre* as línguas, o que o fez considerar a tradução como um problema filosófico fundamental. É nesse sentido que em *Língua e Realidade* vemos tantos exemplos de não-equivalência entre termos e expressões que supostamente designariam uma mesma coisa. Trata-se de mostrar que as diferentes línguas (incluindo suas variantes musicais, literárias etc.) constituem cada qual um universo próprio, ao mesmo tempo em que, todavia, podem dialogar e se expandir num mesmo horizonte poroso de conversação.

Ao situar, aliás, a conversação num "horizonte geográfico", Flusser não queria agrupar as línguas em termos de uniformidade (todas no mesmo nível), mas sim como realidades que, em suas singularidades, alastram-se pela permeabilidade da tradução, passando ao largo da verticalidade linguístico-estrutural. Essa horizontalidade da conversação parece-me análoga ao que Deleuze e Guattari chamaram de *rizoma* (as múltiplas raízes de uma planta), como noção relacional daquilo que se encontra no meio, entre as coisas: "Entre as coisas não designa uma correlação localizável que vai de uma para outra e reciprocamente, mas uma direção perpendicular, um movimento transversal que as carrega uma e outra".[34] Em outros termos, o rizoma designa as conexões (entre o solo e a árvore, por exemplo) e não uma estrutura ou um conjunto delimitado, do mesmo modo que a conversação desenhada por Flusser demarca um entremeio ou um interstício entre as línguas, e não algum tipo de paridade ou totalidade.

O DEVIR DEMIÚRGICO

O que interessa a Flusser, com efeito, são as conexões que se produzem no próprio devir da língua, um devir demiúrgico, engendrador de realidades. Pois a língua cria o mundo não apenas no sentido de organizá-lo, significá-lo ou dissimulá-lo, mas antes como fluxo incessante de realida-

[33] Ibidem, p. 160. Paginação dos trechos anteriormente citados, respectivamente: p. 140, p. 174, p. 146, p. 153.
[34] Deleuze, Gilles; Guattari, Félix. *Mil platôs* — Vol. 1. São Paulo: Ed. 34, 1995, p. 36.

des distintas. Logo, o que há para ser apreendido, dito e compreendido sobre o mundo é o próprio modo pelo qual nos relacionamos com ele, ou seja, as realidades que as línguas tecem e engendram. Não é que nossa relação com o mundo resulte da língua, mas sim que tal relação é a própria língua, como artifício que instaura realidades simultaneamente singulares e plurais.

Tal propriedade demiúrgica que Flusser atribui à língua remete ao que Barbara Cassin, em seu estudo sobre os sofistas, chamou de *efeito-mundo*: "o ser da ontologia nada mais é do que um efeito do dizer".[35] Nesse sentido, não seria ocioso lembrar que, nos termos de Olivier Reboul, a retórica sofística "não argumenta a partir do verdadeiro, mas do verossímil (*eikos*)".[36] Admitindo a verdade como resultado provisório de um consenso, um efeito de discurso, a prática dos sofistas (enquanto logógrafos, espécie de escrivães públicos) pode ser associada aos aspectos que entendemos hoje por literários, uma vez que a arte sofística incorporava elementos que antes eram próprios da poesia: figuras de linguagem, prosa narrativa, recursos de persuasão etc. Ora, é curioso observar ainda que, de acordo com Foucault, em sua supracitada conferência de 1964, a retórica teria se apagado em prol do aparecimento literário: "ao mesmo tempo que diz uma história, que conta algo, [a literatura] deverá a cada momento mostrar, tornar visível o que é a literatura, o que é a linguagem da literatura, pois a retórica, outrora encarregada de dizer o que deveria ser a bela linguagem, desapareceu".[37]

Claro que, todavia, Flusser não tinha em mente esse tipo de afinidade entre poesia, retórica e literatura; mas me parece quase inevitável encarar *Língua e Realidade* a partir de certa retoricidade ontológica. A tese, afinal, de que a língua é, forma, cria e propaga realidades (axiomas que compõem os títulos dos capítulos do livro) remonta — em que pese o salto anacrônico — a concepção de Górgias, sofista siciliano, acerca da linguagem. Um dos principais argumentos de seu *Elogio de Helena*, como se sabe, referia-se à soberania da linguagem, capaz não só de persuadir e suscitar emoções, mas também de fabricar o mundo humano: "o *lógos* [significando aqui palavra, linguagem, discurso] é um grande soberano que, por meio do menor e mais inaparente dos corpos, realiza os atos mais divinos".[38] A palavra é soberana porque enreda o universo humano, que é um universo edificado pela linguagem. Resta em Górgias, portanto, uma proto-ontologia do "vir a ser", isto é, do que passa a existir na medida em que é dito, a partir das diversas maneiras pelas quais é possível dizer.

35 Cassin, Barbara. *O efeito sofístico*. São Paulo: Ed. 34, 2005, p. 34.
36 Reboul, Olivier. *Introdução à retórica*. São Paulo: Martins Fontes, 2004, p. 4.
37 Foucault, Michel. "Linguagem e literatura", op. cit., p. 147.
38 Górgias de Leontinos. *O Elogio de Helena*. Lisboa: Imprensa Nacional Casa da Moeda, 2005, § 8.

Pois bem, mas é Foucault quem certamente diria que um pensador da antiguidade grega pode ter algo a nos dizer hoje. E ainda no que se refere ao *Elogio de Helena*, Foucault talvez ressaltasse que a noção gorgiana de linguagem aparece indissociável da *discursividade* que orienta a palavra. "Pois o discurso que persuade cria uma necessidade na alma que ele persuade, de ser, a uma só vez, persuadida pelas coisas que são ditas e condescendente face às coisas que são feitas".[39] Significa que, concomitante ao que se diz, sempre resta uma dimensão discursiva atuando de maneira normativa e reguladora e que, em vez de fundar "de imediato" o mundo, situa-nos nele por meio da produção de saberes, de estratégias e de práticas. Não se trata de opor linguagem e discurso, mas justamente de afirmar o caráter concomitantemente linguístico e discursivo dos fatos e saberes — o que equivale, em termos sofísticos, à materialidade da palavra. Tanto é que, ao ser indagado se seria pertinente colocá-lo "ao lado dos sofistas (verossimilhança) e não dos filósofos (a palavra da verdade)", Foucault responde: "Ah, nisso estou radicalmente ao lado dos sofistas".[40] E prossegue:

> [Pois] para eles, a prática do discurso não é dissociável do exercício do poder. [...] parece-me igualmente importante nos sofistas essa ideia de que o logos, enfim, o discurso, é algo que tem uma existência material. [...] Ora, lá ainda, o logos platônico tende a ser cada vez mais imaterial, mais imaterial que a razão — a razão humana. Então a materialidade do discurso, o caráter factual do discurso, a relação entre discurso e poder, tudo isso me parece um núcleo de ideias que eram profundamente interessantes, que o platonismo e o socratismo afastaram totalmente, em proveito de uma certa concepção do saber.[41]

O DIÁLOGO EM TORNO DA MATERIALIDADE DA PALAVRA

Enquanto Flusser teorizava sobre os entrelaçamentos entre língua e realidade, Foucault interrogava sobre as condições de emergência de certos discursos em detrimento de outros, inclusive daqueles acerca da linguagem. Portanto, em vez de concordar ou discordar de Flusser, creio que o filósofo francês provavelmente se contentaria em apontar as tramas discursivas que condicionam e culminam em *Língua e Realidade*. A propósito de tal seara, em *As palavras e as coisas* Foucault observa que, antes da segunda metade do século XIX, as teorias tendiam a explicar não o que é a linguagem, mas como nos servimos dela para transmitir ideias, representar o pensamento, veicular significações —

39 Ibidem, § 12.
40 Foucault, Michel. *A verdade e as formas jurídicas*, op. cit., p. 135.
41 Ibidem, p. 136-137.

subsumindo, assim, a definição clássica de linguagem. A partir de então, através de uma série de movimentos que passam por saberes como a linguística e por experiências poéticas como as de Mallarmé, tornou-se pertinente questionar não só o que é a linguagem, mas também quais são seus limites, suas capacidades, sua materialidade. "Parece-me que temos aí, ao abordar o problema da materialidade da linguagem, uma espécie de volta ao tema da sofística".[42]

Ao seu modo, entrementes, Foucault situava-se nesse mesmo recuo a um viés materialista de mundo (não no sentido marxista, mas naquele de Demócrito, passando pelos sofistas e epicuristas). Pois, em primeiro lugar, se Foucault operava em termos "arqueológicos", era por tratar a palavra escrita enquanto "prova material" de como determinado objeto constituiu-se a partir da articulação entre diferentes discursos, e também de como esses discursos se relacionavam entre si, fabricando de maneira dispersa e fragmentada alguma configuração epistêmica coerente. Em segundo lugar, isso nada tem a ver com descrições paradigmáticas gerais, em termos historicamente abstratos. Foucault nos remete, em vez disso, a uma antiga concepção ontológica de átomos que jorram e se chocam ao acaso: trata-se de reconstituir os jogos de saber/poder que produziram o aparecimento e o apagamento de enunciados, acontecimentos e coisas. São os discursos, afinal, que definem ao mesmo tempo os limites e as formas de dizibilidade, do que é pensável e, portanto, do que é concreto. O que está em questão para Foucault é, em última análise, a irrupção de singularidades não necessárias: a aparição da loucura, a emergência da razão humana, as práticas de enclausuramento etc.

Mais do que suspeitar das evidências induzidas pelas verdades estabelecidas, Foucault escavava questões e problemas que ele desejava pensar, explicitando como cada tipo de discurso não se isola dos demais, mas permanece em inflexão nas redes de inteligibilidade do mundo. Por isso que o registro discursivo lhe importava mais que o linguístico, cuja aparente natureza formal e repetível talvez lhe fizesse alusão ao que já se sabe, a uma maneira normal de se pensar. No caso da língua-realidade de Flusser, no entanto, não resta qualquer "naturalidade" linguística. Em *Língua e Realidade*, afinal, a questão de fundo é a *tradução* como manancial ontológico das múltiplas línguas que, por não se equivalerem em nenhuma instância, constituem a matéria irredutível a partir da qual o pensamento e a realidade podem se dar. Desde o início, portanto, o diálogo entre Flusser e Foucault não se coloca em termos do que é linguístico ou discursivo, mas sim em termos de uma antiga e dispersa ontologia que admite como materiais (porque provenientes de tessituras,

42   Ibidem, p. 151.

ainda que inventadas) as expressões singulares que compõem uma realidade múltipla. E ao passo que Foucault era antes de tudo cético, Flusser já demarcava um ecletismo filosófico que, tal como um pagão disposto a aceitar todos os deuses sem se devotar a nenhum deles, esforça-se por resguardar a intrigante noção da língua enquanto "a mais antiga e a mais recente obra de arte".[43]

DESNATURALIZAR E RETRADUZIR

Após deixar o Brasil em meados da década de 1970, Flusser passou a debruçar-se sobre questões mais pontuais do presente, tecendo reflexões que o tornariam reconhecido como pioneiro no debate filosófico acerca do mundo digital, da cibernética, da cultura midiática etc. Além disso, justamente num momento em que o estruturalismo já deixava de suscitar grandes discussões, o autor de *Língua e Realidade* foi acolhido como um intelectual de referência na Europa, antes de sê-lo no Brasil.

Por sua vez, o interesse de Foucault deslocou-se da arqueologia à genealogia, o que assinala mais precisamente o abandono conceitual das epistémes, enquanto configurações estritamente discursivas, em prol da noção mais ampla de dispositivo, que engloba elementos discursivos e não-discursivos (instituições, técnicas, estratégias político-econômicas etc.), formando-se na intersecção entre as relações de poder e as relações de saber. Foucault traçava, a partir de então, novos mapas do presente: se antes as práticas e saberes revelavam descontinuidades discursivas, agora tal dispersão passa a indicar o exercício do poder, com suas lógicas, gramáticas e materialidades.

Mas nunca houve qualquer tipo de reviravolta no pensamento de Flusser e de Foucault; ambos avançaram a partir do seu próprio itinerário, percorrendo domínios diversos com prodigiosa propriedade. Se Foucault prosseguia reavaliando o passado, era por insistir em encará-lo como novo, como uma redescrição ontológica do presente. Só que tal ontologia opera como que a contrapelo: trata-se de reler os textos do mundo para desfazer as tessituras, para *desrealizar* o mundo, desatando sua naturalidade em virtude da consistência das relações que se abrem pelos textos. A filosofia de Foucault não pretende explicar a existência, e sim deslocá-la mediante certas invisibilidades expostas — pois a invisibilidade é também uma *in*-existência: o que "não existe" também está dentro da existência, constitui o real e nos (res)situa no presente. Noutras palavras, o possível e o

[43] Flusser, Vilém. *Língua e Realidade*, op. cit., p. 37.

impossível, o existente e o inexistente se definem reciprocamente e são constantemente postos em jogo, produzindo singularidades não necessárias — eis a materialidade foucaultiana, uma realidade possível dentre inúmeras outras.

Já a escrita de Flusser, na medida em que é metalinguística e intertextual por excelência, opera em termos de fabricação de mundo. Ao adotar, em seu primeiro livro, uma língua que lhe era estrangeira para falar de toda língua-realidade, Flusser estava determinado a aventurar-se em território incógnito, sem tradição nem inscrição prévia, um entremeio onde se possa transformar rigidez em plasticidade, numa procura lenta por clareza e permeabilidade do real no esforço mesmo de dizê-lo. Não obstante, o que se apresenta em *Língua e Realidade* é, mais do que uma filosofia brasileira, a contundência do *sotaque* flusseriano, um jeito específico de pensar a partir da falta de chão em que se imiscuem diversas línguas, tradições e interlocutores possíveis. Disso decorre que a tradução, apesar de impossível, é também a condição de toda possibilidade: ela torna existente uma relação antes inexistente entre dois mundos, faz estes se encontrarem, levando o intelecto a redescobrir a si mesmo, a mudar de perspectiva e tornar-se outro. *Língua e realidade*, em suma, propõe uma ontologia do "vir a ser", isto é, do encontro entre realidades plurais por meio da tessitura demiúrgica das línguas.

Considerando que traduzir implica um salto impossível de um universo ao outro, o que também pode implicar uma abertura à conversação, o presente capítulo delineia uma breve tentativa de ensejar frutíferas traduções entre dois pensadores que, como espero ter mostrado, se insinuam mutuamente. Foucault buscou repensar o que já se sabe, e Flusser, multiplicar os pontos de vista. E em vez de chegarem a algum modelo de mundo, ambos insistiram em apontar como a realidade é dispersa, descontínua e múltipla, por mais coesa que pareça ser. A realidade é plural, com efeito, porque comporta muitas línguas — ou discursos, dispositivos, aparelhos, técnicas, modos de ser etc. —, como um caleidoscópio que nos suscita um questionamento constante: por que o mundo nunca permanece do mesmo modo? Quem pode falar e quem deve silenciar? Como vemos e como não vemos? Por que determinadas realidades são concebíveis e outras não?

Perguntas que não admitem senão respostas incompletas e por isso mesmo fluidas. Fluidez, materialidade e palavra como expressões do tecer, do perpassar, do realizar. O anverso flusseriano como o reverso foucaultiano — e um promissor vice-versa.

3 Política e visualidade

> O interessante não é ver que projeto está na base de tudo isso,
> mas, em termos de estratégia, como as peças foram dispostas.
> — Michel Foucault [1]

A noção de "visualidade" tem sido amplamente discutida no circuito acadêmico, sobretudo nos chamados estudos da cultura visual, mas também noutros campos, como no da crítica da arte e no da filosofia do design. Por conseguinte, as definições não cessam de ser disputadas, de modo que, cada vez que o conceito é adotado, tem de ser colocado entre aspas e definido uma vez mais. Mesmo porque a discussão não é nova e, em certa medida, dá continuidade (o que também não é pacífico) ao velho debate em torno da representação, desde a sua interdição platônica, passando por Plínio, Vasari, Ruskin até Gombrich e Panofsky. Mas a questão representacional já não comporta, de fato, toda a dimensão que a "visualidade" veio a alçar no decorrer do século XX — desde quando, por exemplo, Benjamin salientava a circulação política das imagens, e Merleau-Ponty enfatizava a corporeidade da visão, Lacan o custo psíquico do olhar, Fanon sua importância colonialista etc. Sem contar, ademais, toda a contenda advinda da chamada "virada linguística", como se vê ao longo da obra de Barthes, que se estende do estruturalismo ao pós-estruturalismo, ou ainda nos escritos de Flusser e tantos outros. Se, em suma, nunca foi simples assumir que o que vemos

---

[1] Foucault, Michel. *Microfísica do poder*, op. cit., p. 243.

meramente remete a uma realidade[2], hoje uma miríade de elementos (políticos, étnicos, tecnológicos etc.) não só nos informam sobre a visualidade, como já não são facilmente dissociáveis dela.

Não pretendo, no presente capítulo, revisar esse rico espólio de abordagens antigas e recentes. Gostaria, porém, de propor uma visada possível, a partir de Foucault, para situar a relação cada vez mais patente entre política e visualidade. Penso que tal relação vem ao encontro do horizonte crítico das práticas artísticas contemporâneas, cuja vocação emancipatória já não mira estritamente (se é que um dia esteve estrita) às convenções e à instituição da arte, mas se estende aos modos de existir, às formas de tornar visível e invisível, ao confronto de forças visuais, discursivas e de poder.

Por sua vez, a escolha pelo prisma foucaultiano não se dá apenas de maneira a delimitar esta investigação; trata-se também de tentar responder a um aparente contrassenso: de um lado, Foucault não nos deixou nenhum estudo dedicado à visualidade; de outro, resta nítida sua influência em muitos autores (como Martin Jay, Jonathan Crary, Nicholas Mirzoeff) que lançam mão de uma perspectiva "arqueogenealógica" em prol do reconhecimento de uma história da visualidade que se instaura entre diferentes regimes de visualidade.[3]

Cumpre esclarecer que, sob esse viés, a visualidade não se reduz ao domínio da visão e dos (arte)fatos visuais, mas diz respeito, antes, às *maneiras de ver* e, portanto, aos jogos discursivos e de poder que historicamente condicionam, nos termo de Hal Foster, "como vemos, como somos capazes, permiti-

---

2   Problema que, como argumenta Richard Rorty, é constitutivo da filosofia ocidental, e a partir do qual o historiador Hayden White descreve um "projeto de realismo humanista de compreensão do mundo", associado a autores como Auerbach, Gombrich e Popper. Para Foucault, no entanto, esse modo de correlação epistêmica pautado no espelhamento entre as coisas e suas representações se dissolve no umbral do classicismo à modernidade. Ver, respectivamente: Rorty, Richard. *A filosofia e o espelho da natureza*. Rio de Janeiro: Relume Dumará, 1994; White, Rayden. "The Culture of Criticism". In: Hassan, Ihab (Ed.).

Liberations: New Essays on the Humanities in Revolution. Middletown: Wesleyan University Press, 1972, p. 55-69; Foucault, Michel. *As palavras e as coisas*, op. cit., p. 70-80.

3   A influência de algumas "noções estratégicas" foucaultianas sobre os estudos de cultura visual é abordada em *Lo sguardo di Foucault*, organizado por Michele Cometa e Salvo Vaccaro. E creio que Martin Jay, no artigo "In the Empire of the Gaze", de 1989, tenha sido o primeiro a empregar a noção de "regime de visualidade" enquanto conjunto de modos de olhar e ser visto entrelaçados a práticas discursivas e a dispositivos de poder. Por sua vez, em *Archaeologies of vision* Gary Shapiro sustenta que a visualidade em Foucault indica também uma prática de resistência ao ordenamento dos discursos e ao disciplinamento dos indivíduos. Ver, respectivamente: Cometa, Michele; Vaccaro, Salvo (Eds.). *Lo sguardo di Foucault*. Roma: Meltemi, 2007; Jay, Martin. "In the Empire of the Gaze: Foucault and the denigration of Vision in Twentieth-century French Thought". In: Hoy, David C. (Ed.). *Foucault*: a critical reader. Oxford/Cambridge: Blackwell, 1996, p. 175-204; Shapiro, Gary. *Archaeologies of Vision*: Foucault and Nietzsche on Seeing and Saying. Chicago: The University of Chicago Press, 2003.

dos ou levados a ver, e como vemos esse modo de ver e o que não vemos nele".[4] Um dos primeiros a difundir amplamente tal seara foi o historiador inglês John Berger, ao lançar em 1972 a série televisiva *Ways of Seeing*, adaptada no ano seguinte em livro homônimo. Inspirado no famoso ensaio de Walter Benjamin *A obra de arte na era da reprodutibilidade técnica*, Berger expôs didaticamente como "toda imagem incorpora uma forma de ver"[5] e, inversamente, como todo modo de ver é condicionado em termos de conformações históricas, técnicas de (re)produção das imagens, discursos e relações de poder. No campo da arte, tal prerrogativa será aprofundada, embora de maneira dispersa e sem referências cruzadas, por autores como Jacques Aumont e Hans Belting. Paralelamente, vemos uma renovação no campo da filosofia da imagem a partir de autores como Mitchell, Rancière e Didi-Huberman — cujas proposições foram compiladas na antologia *Pensar a imagem*, organizada por Emmanuel Alloa.[6]

Mas a "vertente" de autores que mais se aproxima da abordagem aqui empregada é aquela de matriz pós-estruturalista ou, mais precisamente, de assimilação norte-americana dessa perspectiva francesa[7]. Inicialmente, tal leitura foi introduzida no campo da crítica da arte por autores ligados ao periódico *October* (fundado em 1976), como Rosalind Krauss, Hal Foster, Craig Owens e Leo Steinberg, que inicialmente miravam no formalismo visual como alvo de suas críticas. A ampliação do debate sob a alcunha da "visualidade" se inicia com Martin Jay e Jonathan Crary, que investigaram ao modo foucaultiano a reorganização da visão, dos sentidos, do corpo etc. que emerge no século XIX.

A partir de então, nomes como Norman Bryson, Marita Sturken e Nicholas Mirzoeff propuseram a demarcação da "cultura visual"[8] ou "estudos visuais"[9] como um campo que visa, por um lado, expandir o conceito de visualidade para além do legado pós-estruturalista e, por outro, distinguir-se de outros campos e tradições (como a iconologia ou a antropologia visual) ao não limitar o "visual" ao domínio da imagem ou à qualquer outro. Nos termos de Mirzoeff,

> Como a história, a cultura visual nomeia tanto um campo acadêmico quanto seu objeto de estudo. A cultura visual envolve as coisas que vemos, o modelo mental que todos

---

4 Foster, Hal (Ed.). *Vision and Visuality*. Seattle: Bay Press, 1988, p. ix.
5 Berger, John. *Modos de ver*. Rio de Janeiro: Rocco, 1999, p. 12.
6 Alloa, Emmanuel (org.). *Pensar a imagem*. Belo Horizonte: Autêntica, 2015. Em outro momento, faço uma breve revisão crítica acerca dos textos presentes nessa coletânea. Ver, a este respeito: Beccari, Marcos. *Sobre-posições*: ensaios sobre a insinuação pictórica. Rio de Janeiro: Áspide, 2019, p. 143-166.
7 Recepção da qual, diga-se de passagem, também partilham Judith Butler e Paul B. Preciado.
8 O termo "cultura visual" foi cunhado pela primeira vez em 1976 por Pál Miklós, no livro *Cultura visual: Estudos Teóricos e Críticos em Belas Artes*. Entretanto, sua abordagem pauta-se no estruturalismo e na semiótica, sendo bastante distinta do que doravante seriam os Estudos da Cultura Visual.
9 Ver, a este respeito: Elkins, James. *Visual Studies*: A Skeptical Introduction. New York: Routledge, 2003; Rose, Gillian. *Visual Methodologies*: An Introduction to Researching with Visual Materials. London: Sage, 2016.

temos para ver e o que podemos fazer como resultado. Por isso o chamamos de cultura visual: uma cultura do visual. Uma cultura visual não é simplesmente o acúmulo do que foi feito para ser visto, como pinturas ou filmes. Uma cultura visual é a relação entre o que é visível e os nomes que damos ao que é visto. Também envolve o que é invisível ou mantido fora da vista. Em resumo, não vemos apenas o que há para se ver [...]. Antes, conjugamos uma visão de mundo que seja consistente com o que sabemos e já experimentamos.[10]

Ora, englobar na cultura visual desde visões de mundo, (in)visibilidades, até a nomeação do que é visto implica atribuir à visualidade muitos sentidos diferentes que, quando confrontados, podem confundir mais do que esclarecer. E é neste ponto em que nos encontramos: apesar da importância, para um campo emergente, de abranger visadas heterogêneas e assim ampliar a interlocução acadêmica (objetivo do livro citado), resta igualmente necessária uma coesão metodológica mediante o terreno em que os estudos da cultura visual se colocam a pensar — tarefa que, vale dizer, Mirzoeff cumpre bem noutros momentos, como em *The Right to Look*.[11] Creio, nesse ínterim, que retomar alguns conceitos foucaultianos pode ser útil para tornar legíveis, sob uma perspectiva analítica, as linhas de força pelas quais os jogos de visualidade entrelaçam práticas, sentidos e valores, salientando assim como as culturas visuais são indissociáveis de uma esfera política e discursiva que torna toda visualidade possível.

O (IN)VISÍVEL EM FOUCAULT

De um lado, tende-se a atribuir a Deleuze e a Michel de Certeau o mérito de terem destacado a dimensão do visível em Foucault[12]. De outro, sabe-se que a pintura e o "olhar" são temas que — interpostos a outros, como a literatura, o cinema, a arquitetura etc. — atravessam a obra foucaultiana do início ao fim, embora de maneira circunstancial (como em catálogos ou seminários) ou para fins pontuais no escopo de seus livros e cursos[13]. O que aqui nos interessa, entretanto,

10 Mirzoeff, Nicholas. *How to see the world*: An Introduction to Images, from Self-Portraits to Selfies, Maps to Movies, and More. London: Pelican Books, 2016, p. 10.
11 Ver: Mirzoeff, Nicholas. *The Right to Look*: A Counterhistory of Visuality. Durham: Duke University Press, 2011. Retomo esse livro no próximo capítulo.
12 Ver, respectivamente: Deleuze, Gilles. *Foucault*. São Paulo: Brasiliense, 2005; Certeau, Michel de. *História e Psicanálise*: entre ciência e ficção. Belo Horizonte: Autêntica, 2011.
13 O interesse de Foucault pela pintura é mais patente em suas primeiras obras (*História da loucura*, *As palavras e as coisas*, *A arqueologia do saber*), mas a edição dos *Ditos e Escritos* recupera os comentários de Foucault sobre Édouard Manet, René Magritte, Andy Warhol, Vassily Kandinsky, Mark Rothko, Paul Klee e Duane Michals, além de teóricos como Aby Warburg, Erwin Panofsky e Pierre Francastel. Ademais, as questões da visualidade e do espaço são tratadas sobremaneira em *Vigiar e punir* e em alguns cursos ministrados no Collège de France durante a década de 1970 — além de *O governo de si e dos outros*, curso de 1983, onde Foucault volta, pontualmente, a problematizar a pintura.

é depreender a esfera da visualidade em sua dimensão política, correlação esta que não me parece ser facilmente assimilável nem nos textos de Foucault nem nos de seus comentadores.

A começar pelas "torções deleuzianas" que, conforme avalia Roberto Machado, têm como objetivo "menos esclarecer a filosofia de Foucault que integrá-la a seu próprio projeto filosófico".[14] Com isso em mente, revisar a versão de Deleuze é uma boa maneira de esclarecer o que Foucault *não* propôs. Segundo aquele, haveria dois registros inconciliáveis, mas que pressupõem um ao outro, que estariam em jogo em toda a analítica foucaultiana: ver e falar, visível e dizível, conteúdo e expressão. Nessa leitura, Foucault buscaria mapear as condições que tornam os enunciados legíveis e as visibilidades visíveis — por exemplo, o "asilo" como lugar de visibilidade da loucura e a medicina como formulação dos enunciados sobre a desrazão, o que corresponde ao vínculo entre a prisão e o direito penal (em relação à delinquência), entre as artes de governar e o governo de si (em relação aos modos de subjetivação) etc. Por conseguinte, assim como Deleuze estabelece um primado do enunciado sobre a visibilidade, também o deduz do poder sobre o saber: este seria como uma "cartografia" do dizível e do visível; e aquele como um "diagrama" de relações de poder. Ou seja, enquanto o saber é forma, o poder são forças abstratas não localizáveis (!), e entre ambos haveria, tal como entre o dizível e o visível, pressuposição e disjunção recíprocas. Por fim, Deleuze define os modos de subjetivação como um espaço "topológico" em que o sujeito é tanto derivado ("de fora") quanto constituinte ("de dentro") do saber e do poder.

Ora, a (dis)torção deleuziana refere-se, de modo geral, ao *sistema* que ele quis embutir em toda a obra de Foucault. Mas as diversas investigações que compõem tal obra, em vez de formarem um sistema, valorizam os sucessivos deslocamentos de uma trajetória sem pontos de chegada, apenas de partida, como um constante preenchimento de lacunas deixadas em aberto nos estudos anteriores. Então, é preciso ter claro que, em primeiro lugar, Foucault jamais definiu o saber como um composto de ver e dizer, tampouco o primado de um sobre o outro. Há uma passagem elucidativa quanto a isso no final de *A arqueologia do saber*, quando Foucault aponta um norte para a análise arqueológica da pintura: em vez de considerá-la como "pura visão" que pudesse dispensar palavras, "ela é uma prática discursiva que toma corpo em técnicas e efeitos", sendo inteiramente atravessada "pela positividade de um saber".[15] Logo, o visível e o enunciável são indissociáveis enquanto modos de saber.

---

14 Machado, Roberto. "Foucault e as torções deleuzianas". In: _____. *Deleuze, a arte e a filosofia*. Rio de Janeiro: Zahar, 2009, p. 190.
15 Foucault, Michel. *A arqueologia do saber*, op. cit., p. 234.

Além disso, em *As palavras e as coisas* já não vemos mais a importância que os dois livros anteriores atribuíam à "visão" na formação dos saberes[16] — mesmo no primeiro capítulo, na famosa análise de Las Meninas, o que está em questão é a "representação da representação" (isto é, quando a linguagem se depara com suas próprias condições de possibilidade), e nisso Foucault reitera a não dissociabilidade entre o visível e o enunciável:

> [...] por mais que se diga o que se vê, o que se vê não se aloja jamais no que se diz, e por mais que se faça ver o que se está dizendo por imagens, metáforas, comparações, o lugar onde estas resplandecem não é aquele que os olhos descortinam, mas aquele que as sucessões da sintaxe definem.[17]

Por mais que, com efeito, os dois registros sejam irredutíveis um ao outro, Foucault nunca os abordou separadamente. A questão se torna mais clara em *Vigiar e punir*, cuja novidade consistiu em considerar não apenas a implicação mútua entre saber e poder, mas principalmente que, a partir do século XIX, tal conjunção engendraria um novo modo de ver e ser visto. Ao explicar o panóptico como um dispositivo do poder disciplinar, Foucault se referia a um regime visual que, diferente do espetáculo soberano, age e coage pelo jogo da vigilância individualizante[18]. Tal função disciplinar do olhar abarca, além de saberes e discursos, uma série de efeitos produtivos (mais que repressivos) que atravessa os corpos e estende a lógica carcerária a toda uma sociedade pautada pela normatização subjetiva.

Aqui reside um salto significativo: da dimensão da visibilidade passa-se para a da visualidade. Ainda que Foucault nunca tenha adotado o último termo, a partir da década de 1970 ele atribui ao visível um estatuto outro, para além de sua imbricação com saberes e formas discursivas. Trata-se de uma racionalidade, uma estratégia, uma prática normativa que organiza toda uma economia do que há para ser visto, de como vê-lo e de quem pode ver. O curso *O poder psiquiátrico*, por exemplo, inicia-se com o relato da cura do rei Jorge III da Inglaterra: o que há para se ver são os seus delírios, que já eram vistos como doença a ser tratada por

---

16 Em *História da loucura*, a noção de "percepção" é um dos elementos-chave na emergência da loucura enquanto situação de exclusão social e institucional. Em *Nascimento da clínica*, o "olhar médico" é correlato à linguagem da medicina, condicionando assim o conhecimento médico. Nesses primeiros livros, em suma, a arqueologia foucaultiana se debruça sobre o visível como uma forma específica de ordenar os discursos sob a lógica excludente de certas disposições do saber.

17 Foucault, Michel. *As palavras e as coisas*, op. cit., p. 12.

18 "Nossa sociedade não é de espetáculos, mas de vigilância; sob a superfície das imagens, investem-se os corpos em profundidade; atrás da grande abstração da troca, se processa o treinamento minucioso e concreto das forças úteis; os circuitos da comunicação são os suportes de uma acumulação e centralização do saber; o jogo dos sinais define os pontos de apoio do poder; a totalidade do indivíduo não é amputada, reprimida, alterada por nossa ordem social, mas o indivíduo é cuidadosamente fabricado, segundo uma tática das forças e dos corpos". Foucault, Michel. *Vigiar e punir*: Nascimento da prisão. São Paulo: Vozes, 2004, p. 190.

parte de um médico que, por sua vez, seria o único capaz de reconhecê-la. A cena reúne em si não somente a transição de um regime de poder (soberano) para outro (disciplinar), mas também a formação de um regime de visualidade a partir do qual uma racionalidade[19] emergente se torna legível.

É tal dimensão que, em larga medida, se faz presente nas pesquisas que sucedem *Vigiar e punir*: o que levou os indivíduos a se *verem* como pecadores ou anormais; quais as técnicas, instrumentos e níveis de aplicação que fazem a lei e a verdade serem *reconhecidas* como tais; quais propósitos e circunstâncias possibilitaram a *aparição* da sexualidade na constituição do sujeito moderno; de que maneira o poder governamental, que antes se *fazia ver* pela soberania do rei, reconfigurou-se como uma espécie de *gestão ocular* da vida da população; como as diferentes maneiras de relacionar-se consigo mesmo incorporaram uma *verificação* constante sobre si e os outros etc.

É possível vislumbrar, pois, ainda que de maneira dispersa e indireta, certa política da visualidade em Foucault. Afinal, ao investigar campos tão distintos como a psiquiatria, o sistema penal e a ética/estética antiga, Foucault buscava *fazer ver* certas imagens infames, ignoradas, invisíveis e esquecidas no tempo. Mais que isso, ele indagava o lugar e a organização da visualidade na história, à guisa de outros lugares e organizações que o olhar pode vir a ter. E do mesmo modo que sua analítica não se debruça sobre os sentidos dos discursos, mas antes sobre seus efeitos (de verdade e, portanto, de poder), tal abordagem não era indiferente à dimensão político-discursiva da visualidade.

A VISUALIDADE ENQUANTO ESFERA POLÍTICO-DISCURSIVA

Há hoje uma quantidade considerável de estudos temáticos sobre a visão ou a pintura na obra foucaultiana. E, à parte desses recortes, Michel de Certeau chega a atribuir a Foucault um estilo de "escritura óptica",[20] orientado pela incorporação de cenas e figuras diversas que concentram em si um campo extenso de problematizações. No entanto, uma questão ainda parece pouco explorada: que tipo de forças específicas se relacionam, na analítica foucaultiana, com a visualidade? Embora pouco explorada, a pergunta já foi levantada: segundo Gary Shapiro, a partir da aposta ética do

---

19   O conceito de "racionalidade", no entanto, será doravante elaborado por Foucault, a partir do curso *Nascimento da biopolítica*, em relação direta com as pesquisas que dedicou à questão da governamentalidade, e pode ser aqui entendida amplamente como conjunto de regras da produção da verdade em dado momento histórico. É o que noutros momentos Foucault também denomina "jogos de verdade". Ver, respectivamente: Foucault, Michel. *Nascimento da biopolítica*: curso dado no Collège de France (1978-1979). São Paulo: Martins Fontes, 2008; Foucault, Michel. *Ditos e Escritos V*: Ética, sexualidade, política. Rio de Janeiro: Forense Universitária, 2006, p. 235.
20   Certeau, Michel. *História e Psicanálise*, op. cit., p. 66.

"último Foucault", a visualidade desponta como ordem alternativa à do discurso e à do poder/governamentalidade, como uma experiência heterotópica que conduz a uma contra-conduta do olhar[21]. Já para Martin Jay, encarar a visualidade na esteira do cuidado de si incorreria em certo "dandismo do olhar";[22] em vez disso, segundo o autor, o que se sobressai em Foucault é a noção de "regime" enquanto organização hegemônica do visível que, de diferentes maneiras a cada época, trata de coagir, recortar as experiências possíveis e converter os olhares em perspectivas morais.

Se digo que é uma questão pouco explorada, é porque sua interpretação usual (ao menos, a dos dois autores citados) consiste em depreender a visualidade a partir de *outras* questões sobre as quais Foucault se debruçava — nenhum de seus escritos, afinal, teve como foco a visualidade. E por mais que possa haver, de fato, certo encadeamento da problemática do visível no conjunto da obra foucaultiana, considero mais frutífero adotar um procedimento inverso: partir da especificidade da questão colocada — a das forças político-discursivas da visualidade — e estudá-la à luz de alguns princípios foucaultianos. Para tanto, é preciso insistir que "visualidade" não designa o que é visível; trata-se, antes, da organização do olhar. De acordo com Mirzoeff, o termo teria sido cunhado em 1841 por Thomas Carlyle ao associar o "olhar da história" à visualização panorâmica dos generais de guerra sobre os campos de batalha[23]. Embora tal analogia servisse inicialmente para enaltecer a tradição e a autoridade, Mirzoeff salienta o sentido de "campo de batalha" para pensar os modos de ver como um complexo de enquadramentos em disputa, engendrados por uma estratégia que produz efeitos materiais.

Essa concepção da visualidade vem ao encontro de um princípio fundamental em Foucault: o da política como *agonismo*.[24] Ou seja, o conflito é a condição constitutiva dos discursos, dos jogos sociais, dos processos históricos e de subjetivação. É nesse sentido, ademais, que Chantal Mouffe compreende o espaço público como "um *campo de batalha* em que diferentes projetos hegemônicos são confrontados, sem qualquer possibilidade de reconciliação".[25] A visualidade se constitui, portanto, de relações de força. E do mesmo modo que, para Foucault, não existe uma coisa chamada "poder", e sim práticas ou relações de poder[26], também a

21 Ver: Shapiro, Gary. *Archaeologies of Vision*, op. cit.
22 Jay, Martin. "In the Empire of the Gaze", op. cit., p. 313.
23 Ver, a este respeito: Mirzoeff, Nicholas. *The Right to Look*, op. cit., p. 3-5.
24 Neologismo cunhado a partir da palavra grega *ágon*, que designa o mútuo enfrentamento de forças numa relação de permanente reversibilidade. Tal horizonte, inspirado em Nietzsche, é definido com clareza na primeira conferência do curso *A verdade e as formas jurídicas*. Ver, a este respeito: Foucault, Michel. *A verdade e as formas jurídicas*, op. cit., p. 17-35.
25 Mouffe, Chantal. "Quais espaços públicos para práticas de arte crítica?". *Arte & Ensaios*: revista do PPGAV-EBA-UFRJ, n. 27, dez. 2013, p. 188, grifos meus.
26 Vale lembrar, nesse sentido, que à rigor não há em Foucault uma teoria do poder, posto que, em seus termos: "Eu compre- ▶

visualidade não é uma coisa, mas algo que se exerce, que se efetua, que de algum modo funciona e se disputa. Se a política designa a esfera das relações de poder, a visualidade é o que assinala a dimensão do olhar; e embora não sejam a mesma coisa, o poder não existe sem o olhar. Foucault esclarece tal reciprocidade em uma entrevista intitulada "O olho do poder":

> O poder, na verdade, não se exerce sem que custe alguma coisa. [...] Já o olhar vai exigir muito pouca despesa. Sem necessitar de armas, violências físicas, coações materiais. Apenas um olhar. Um olhar que vigia e que cada um, sentindo-o pesar sobre si, acabará por interiorizar, a ponto de observar a si mesmo; sendo assim, cada um exercerá a vigilância sobre e contra si mesmo. Fórmula maravilhosa: um poder contínuo e de custo afinal de contas irrisório.[27]

Cabe com isso retomar a pergunta: quais as forças específicas que estão em jogo na visualidade? A resposta é vagamente ampla: desde olhares heterogêneos sobre realidades distintas até os mais localizados gestos, valores, comportamentos etc. Pode-se objetar que essas forças não são "visuais", e não digo que o sejam. Afirmo que são forças que estão *em jogo* na visualidade à medida que podem ser visualizadas, imaginadas, projetadas, reproduzidas. Quando, por exemplo, a ideia de uma "guerra ao terror" passou a ser considerada "realista" no início de nosso século, não foi em decorrência de uma constatação empírica (por mais que certas imagens o tenham insinuado); é esse "realismo" o que advém como efeito de uma visualidade pautada por objetivos, estratégias e formas imaginadas que organizam, junto a outras práticas, o que *se vê* como verdade. Não é o caso de indagar, nesse exemplo, a verdade sobre os "terroristas", e sim de considerar, na esteira de Nietzsche, todas as verdades como *imagens eficazes* — imagens porque se colocam a ver, e eficazes por organizarem uma lógica autoevidente.

Tal sorte de organização pode ser analisada de um ponto de vista arqueológico ou genealógico. No primeiro caso, é a dimensão discursiva da visualidade que se coloca em questão, e isso por meio da tarefa aparentemente paradoxal de "escavar" o que já está na "superfície" da visualidade — o que nos remete, mais precisamente, ao princípio de *exterioridade* que Foucault estabelece em sua análise dos discursos:

▸ endo que a conceituação não deveria estar fundada numa teoria do objeto — o objeto conceituado não é o único critério de uma boa conceituação. Temos que conhecer as condições históricas que motivam nossa conceituação". Foucault, Michel. "O sujeito e o poder". In: Dreyfus, Hubert L.; Rabinow, Paul. *Michel Foucault*: Uma trajetória filosófica para além do estruturalismo e da hermenêutica. Rio de Janeiro: Forense Universitária, 2009, p. 232.
27 Foucault, Michel. "O olho e o poder". In: _____ . *Microfísica do poder*, op. cit., p. 330.

[...] não passar do discurso para o seu núcleo interior e escondido, para o âmago de um pensamento ou de uma significação que se manifestariam nele; mas, a partir do próprio discurso, de sua *aparição* e de sua regularidade, passar às suas *condições externas de possibilidade*, àquilo que dá lugar à série aleatória desses acontecimentos e fixa suas fronteiras.[28]

Desse modo, a análise arqueológica mira no que está "ao redor" do que se dá a ver, sob o pressuposto de que isso que vemos (imagens, fatos, artefatos) não diz nada por si mesmo; seu sentido e sua visibilidade provêm de certa "exterioridade constitutiva" — o que vemos é somente visto mediante tudo o que não vemos, assim como uma rede de discursos só funciona a partir de tudo o que, nela, não é dito. Um exemplo de investigação assim orientada é a que Jonathan Crary leva a cabo em *Suspensões da percepção*:[29] partindo de algumas pinturas--chave de Manet, Seurat e Cézanne, e as relacionando com discursos políticos, científicos e filosóficos que emergem historicamente "ao redor" delas, Crary mapeia o regime de "um enfrentamento do problema geral da síntese perceptiva e da capacidade unificadora e desintegradora da atenção".[30]

Uma genealogia da visualidade, por sua vez, implica a investigação das condições históricas daquilo que hoje se mostra como verdade autoevidente. Mas, na contramão da busca de uma origem, a genealogia procura reconstruir, a partir de estudos arqueológicos, uma "ontologia histórica do presente"[31] ou, ainda, uma "contra-história", nos termos de Mirzoeff: "Para desafiar a fatalidade reivindicada dessa história e seus meios hegemônicos de enquadrar o presente, qualquer engajamento com a visualidade no presente ou no passado exige estabelecer sua contra-história".[32]

O fundamental, nesse ínterim, é investigar como se formaram determinados modos de ver (através, apesar ou à guisa de quais sistemas de coerção, de nomeação, de exclusão e de subjetivação), a qual lógica eles respondem, que tipo de "realismo" eles produzem, quais foram suas condições de aparição e de variação. Além disso, como nos sugere Foucault, não seria prudente tentar definir o que seria a visualidade (o autor se refere, no original, à "racionalidade") de toda uma época, sociedade ou cultura, "mas analisá-la como

28 Foucault, Michel. *A ordem do discurso*, op. cit., p. 53, grifos meus.
29 Ver: Crary, Jonathan. *Suspenções da percepção*: atenção, espetáculo e cultura moderna. São Paulo: Cosac Naify, 2013. De maneira similar, Crary examinou, em *Técnicas do observador* (que precede o livro citado), um conjunto de teorias, pinturas e aparatos técnicos que, na primeira metade do século XIX, propiciaram a emergência da visão subjetiva enquanto regime de visualidade que suplantara o modelo anterior, o da "câmera escura". Se considerarmos a continuidade entre os livros de Crary, vê-se o caráter genealógico do conjunto de sua obra, o que se explicita em seu último livro, *24/7: Capitalismo e os Fins do Sono*, que trata da visualidade neoliberal que se formou ao longo do século XX.
30 Ibidem, p. 31.
31 Foucault, Michel. "Sobre a genealogia da ética: uma revisão do trabalho". In: Dreyfus, Hubert L.; Rabinow, Paul. *Michel Foucault*, op. cit., p. 262.
32 Mirzoeff, Nicholas. *The Right to Look*, op. cit., p. 6.

um processo em vários campos, cada um dos quais com uma referência a uma experiência fundamental: loucura, doença, morte, crime, sexualidade etc.".[33]

Considero exemplar, quanto a isso, o capítulo "Breve genealogia do orgasmo ou o vibrador de Butler" do *Manifesto contrassexual* de Paul B. Preciado[34]. Tal genealogia do prazer sexual se debruça sobre um conjunto de discursos e aparelhos sexuais que, se antes funcionavam de maneira normativa "a serviço das tecnologias do biopoder, em cujo centro se encontrava o corpo feminino heterossexual", também possibilitaram usos que subvertem sua normatividade inicial: "a mão e o dildo, longe de serem imitações falocêntricas, abrem, antes, linhas de fuga".[35] Logo, por mais que o autor não adote o termo "visualidade", sua análise mostra como os instrumentos sexuais interferem, por vezes de forma imprevista, em como enxergamos a sexualidade e o lugar do prazer no âmbito de uma biopolítica. Outro texto emblemático, embora sob outro espectro político, reside na visualidade que Achille Mbembe destaca na emergência de "topografias recalcadas de crueldade" pelas quais "o necropoder embaralha as fronteiras entre resistência e suicídio, sacrifício e redenção, mártir e liberdade".[36] Essa noção de necropolítica, que à princípio contraria o que Foucault chamava de biopolítica (debruço-me sobre isso no próximo capítulo), sugere que um regime de visualidade não é simplesmente sucedido por outro, pois seus traços permanecem visíveis e, em certos contextos, são revividos diariamente.

****

Neste capítulo, tentei indicar algumas coordenadas, a partir de Foucault, para o estudo da relação entre visualidade e política, assumindo o grau de imprecisão que tal proposta envolve. A visualidade foi aqui definida como um campo de batalha no qual a verdade é disputada. Uma batalha é sempre travada em diferentes "frentes"; logo, o que se vê não se reduz ao que é visível, pois envolve a conexão de tudo o que nos parece natural, lógico e factível. Sob esse prisma, a verdade não se sustenta apenas em redes discursivas e de poder (que, no entanto, sempre a condicionam), pois também depende de um regime de visualidade que nos faça vê-la como tal, isto é, em seu pretendido "realismo".

---

33 Foucault, Michel. "O sujeito e o poder", op. cit., p. 233.
34 Ver: Preciado, Paul B. *Manifesto contrassexual*: práticas subversivas de identidade sexual. São Paulo: n-1, 2017, p. 89-121. Adiante, o capítulo 11 deste livro é dedicado às contribuições de Preciado aos estudos da sexualidade e ao campo do design.
35 Ibidem, p. 121.
36 Mbembe, Achille. Necropolítica: Biopoder, soberania, estado de exceção, política de morte. São Paulo: n-1, 2018, p. 71. Retomo e aprofundo esse tópico no próximo capítulo.

Se a verdade é uma imagem eficaz, na medida em que funciona para organizar o que vemos, a visualidade é indissociável das relações discursivas e estratégias de poder implicadas nessa organização. As imagens, em si, não formam uma verdade; são os modos pelos quais as olhamos que podem reforçar ou questionar determinada verdade. Ver e dar a ver constituem, portanto, formas de poder e forças políticas. Forças e formas que, desde o início do século vigente, se distribuem por meio de um sofisticado dispositivo midiático que se reconfigura velozmente conforme uma estratégia aparentemente insondável, ou mesmo invisível, mas que já produz efeitos concretos e perturbadores. Quais sejam, paisagens totalitárias que se desenham no horizonte global e batalhas individuais e coletivas que se evidenciam no cotidiano.

Claro que tais efeitos não são uniformes e não estão objetivamente encadeados entre si. Mas o que importa, aqui, é a visualidade a que remontam tais efeitos: os diferentes modos de se reagir a eles, a forma como satisfazem a uns e constrangem a outros, os valores que suscitam, os elos que se atam e os que se desatam, os ressentimentos e as paixões que se confundem nos entreveres. Em suma, parafraseando Foucault, *onde há olhar, ele se exerce.*[37] Ninguém é, por direito, o seu detentor; e, no entanto, o olhar é sempre mirado em determinada direção, vendo aquilo que permanece visível em detrimento de tudo o que resta invisível (mas que não por isso deixa de existir). Não se sabe ao certo quem pode ver a quem. Mas se sabe bem quem ou o que não é visto — resta saber por que não é desejável que o vejamos.

---

[37] No original: "Onde há poder, ele se exerce". Foucault, Michel. *Microfísica do poder*, op. cit., p. 138. As próximas sentenças deste parágrafo também parafraseiam trechos que se encontram na mesma página citada.

4   Contra-visualidades[1]

> A contra-visualidade propriamente dita é a reivindicação do direito de olhar. É o dissenso com a visualidade, significando uma disputa sobre o que é visível enquanto elemento de uma situação, sobre quais elementos visíveis pertencem ao comum, sobre a capacidade dos indivíduos para identificar este comum e reivindicá-lo. — Nicholas Mirzoeff [2]

Ao falar em termos de "direito de olhar", Nicholas Mirzoeff salienta que não se trata de uma reivindicação do tipo "direito à liberdade", como na prédica da Revolução Francesa, pois o olhar faz alusão, aqui, a algo mais elementar: o direito à existência, que o autor associa à Revolução Haitiana. Não custa lembrar, nesse ínterim, que os Estados Unidos, uma vez já independentes da Grã-Bretanha, recusaram-se a reconhecer a independência do Haiti, posto que esta decorrera diretamente de uma rebelião bem-sucedida de escravos. A diferença entre liberdade e existência, portanto, é não só aquela entre um conceito abstrato e um concreto, mas antes entre *reconhecer* ou não uma determinada existência. Eis o direito de olhar que, na flexão inglesa (*right to look*), também sugere "direito de (a)parecer" (*to look like*) tanto quanto "direito de procurar/buscar" (*to look for*).

É isso o que reivindicava Rosa Parks em 1955, ao se recusar a ceder aos brancos o seu lugar no ônibus[3]. E também W. E. B. Du Bois, ao dizer em 1903 que os escravos

---

[1] Este capítulo é uma versão revisada e expandida de: Beccari, Marcos N. "Rever o invisível: o direito de olhar a partir de Foucault, Spivak e Mbembe". In: Beccari, Marcos; Prando, Felipe (orgs.). *Bordas*: transversalidades discursivas em arte e design. Rio de Janeiro: Áspide, no prelo.
[2] Mirzoeff, Nicholas. *The right to look*, op. cit., p. 24.
[3] Ver, a este respeito: <https://achievement.org/achiever/rosa-parks/>. Acesso em abril de 2020.

norte-americanos deveriam ter se libertado por meio de uma greve geral, em vez de terem se deixado emancipar passivamente pela abolição[4]. Não por acaso, pois, a figura do escravo é contraparte emblemática ao "direito de olhar": o escravo não só não possui direito algum, como também está sujeito à vigilância constante ligada ao direito de punição por parte de seu proprietário. É o olhar (*gaze*) que, a um só tempo, anula todos os direitos do escravo e sustenta o direito de se puni-lo. Por mais que se diga que não há mais escravidão hoje — o que é uma grande mentira[5] —, resta patente o olhar a partir do qual todos os negros continuam sendo vistos sob suspeita, isto é, como culpados até que se prove o contrário.

O que aí está em jogo é, mais do que leis, liberdades ou representatividades, uma questão de visualidade, dos *modos de ver* determinada existência. Ao dizer isso, obviamente não pretendo diminuir a importância das lutas históricas e ainda prementes em torno de leis, liberdades e representatividades; fato é que certos modos de ver (os negros, as mulheres, os imigrantes etc.) — olhares estes que historicamente já foram indagados e combatidos, mas que persistiram à espreita — mostram-se hoje revigorados não somente na esfera cotidiana, mas sobremaneira em políticas corporativas, institucionais e governamentais.

Neste capítulo, embora eu adote como ponto de partida o conceito de "contra-visualidade" enquanto reivindicação pelo direito de olhar, pretendo traçar um recuo conceitual em vez de efetivamente comentar ou dialogar com a proposta de Mirzoeff. Isso porque a base teórica que sustenta tal proposta, articulando Foucault e Mbembe, tende a suscitar uma contenda que passa suprimida em Mirzoeff e que merece ser explorada: de um lado, Foucault, além de nunca ter se debruçado detidamente sobre a visualidade, foi alvo de crítica dos chamados estudos pós-coloniais e da subalternidade; de outro, Mbembe também opera uma leitura crítica à Foucault, especialmente ao conceito de biopolítica, preferindo adotar Frantz Fanon como principal base teórica. Mediante o certame, proponho revisar o texto *Pode o subalterno falar?* de Gayatri Spivak[6] e, na sequência, o conceito de "necropolítica" de Mbembe[7] (sem abordar, no entanto, sua

---

4   Ver, a este respeito: Du Bois, William D. B. *The Souls of The Black Folk*. New York: Dover Publications, 1994.

5   De acordo com Kevin Bales, em 2012 já havia mais escravos do que em qualquer outro momento da história da humanidade. O sociólogo elenca cinco focos geográficos da escravidão contemporânea: prostituição na Tailândia, venda de água em Mauritânia, produção de carvão no Brasil, agricultura na Índia e fabricação de tijolos no Paquistão. Ver, a este respeito: Bales, Kevin. *Disposable People*: New Slavery in the Global Economy. Berkeley: University of California Press, 2012.

6   Edição consultada: Spivak, Gayatri. *Pode o subalterno falar?*. Belo Horizonte: UFMG, 2010. A escolha do texto se deve não apenas à sua influência no âmbito dos estudos pós-coloniais e da subalternidade, mas sobretudo por sintetizar, de maneira contundente (mas apressada, como argumento a seguir), muitas das críticas e impasses epistemológicos por parte dos pensadores de esquerda em torno de Foucault.

7   Edição consultada: Mbembe, Achille. *Necropolítica*, op. cit. Este conhecido ensaio sintetiza boa parte das ideias que o autor desenvolve com maior afinco noutros livros, como *Crítica da razão negra*, *Sair da grande noite* e *Políticas da inimizade*.

influência fanoniana)[8]. Com isso, não é meu intuito "justificar" a base teórica de Mirzoeff, e sim mostrar como a filosofia de Foucault, a despeito da leitura apressada que a circunscreve desde o início, permanece relevante ao estudo da visualidade e da contra-visualidade.

Antes de tudo, porém, devo pontuar uma ressalva sobre o que me parece ser um limite intransponível: sendo eu um homem branco com uma formação densamente eurocêntrica, ao falar de autores e autoras alheios a esse olhar privilegiado, arrisco "colonizá-los" novamente pelo simples fato de eu pensar, querendo ou não, sob o prisma que historicamente os colonizou. Uma vez ciente disso, não pretendo tomá-los por objetos de análise, tampouco engajar-me em questões que lhes são caras, mas apenas expor uma leitura particular e, com isso, os limites de meu olhar. Acredito que esse tipo de exposição seja relevante não por confrontar os olhares ora elencados, mas antes por insistir que há sempre algo mais a ser criticamente confrontado — o que não implica negar o valor do que se critica. Afinal, como insistia Foucault, aquilo que somos e pensamos também procede do que resistimos pensar e ser.

A NÃO-REPRESENTAÇÃO DO SUBALTERNO

Note-se como, a princípio, a questão da "representatividade" parece estar mais atrelada ao domínio discursivo que ao da visualidade: uma noção como a de "lugar de fala", embora faça alusão a algum lugar ou ponto de vista, dirige-se mais ao questionamento sobre como algumas *vozes* soam naturalmente dotadas de autoridade enquanto outras permanecem relegadas ao descrédito. Dito de outro modo, o que determina sobre o que se pode falar não é tanto o lugar de onde se vê o mundo, mas antes o lugar de onde (não) se fala e de onde (não) se é visto. Conforme apontei noutro momento[9], essa querela estritamente

---

[8] Isso apenas por delimitação de espaço e escopo. Ver o meu comentário introdutório sobre a obra de Fanon: Beccari, Marcos N. "Fanon: ler para reler-se". *Medium*, 20 nov. 2019. Disponível em: <https://medium.com/@marcosbeccari/fanon-ler-para-reler-se-f9bc531a1394>. Acesso em maio de 2020. Quanto à influência de Fanon em Mbembe, ver: Noguera, Renato. "Dos condenados da terra à necropolítica: diálogos filosóficos entre Frantz Fanon e Achille Mbembe". *Revista Latino Americana do Colégio Internacional de Filosofia*, n. 3, p. 59-73, 2018. E sobre conexões possíveis entre Fanon e Foucault, ver: Lorenzini, Daniele; Tazzioli, Martina. Martina. "Confessional Subjects and Conducts of Non-Truth: Foucault, Fanon, and the Making of the Subject". *Theory, Culture & Society*, v. 35, n. 1, p. 71-90, 2018.

[9] Ver, a este respeito: Beccari, Marcos N. "Os lugares de um (a)lugar de fala". *Revista Não Obstante*, v. 3, n. 1, p. 12-20, jan./jun. 2018.

discursiva à qual o lugar de fala tende a remeter mostra-se suscetível à contradição normativa de uma fala que contesta a partir de um lugar inconteste. Ao menos é este, de modo geral, o argumento pós-estruturalista contra o essencialismo discursivo de certas estratégias de visibilidade[10].

Gayatri Spivak[11], todavia, argumenta que essa lógica pós-representacional também pode esconder em si uma perspectiva essencialista: a do intelectual benevolente que concede ao subalterno o direito de falar aquilo que, na verdade, somente o intelectual pode dizer. Eis a provocação enunciada em *Pode o subalterno falar?*, de 1983, título que se revela propositalmente ambíguo, sobretudo no original *Can the Subaltern Speak?* — ao adotar o verbo *can*, a autora atribui ao "pode" tanto um sentido de permissão ("ser autorizado a") quanto de aptidão ("ser capaz de"). Essa dupla acepção é fundamental ao argumento ali traçado, como no exemplo nodal de uma jovem indiana cuja voz é duplamente interditada, primeiro por ser mulher e segundo por ter se enforcado mediante uma tradição religiosa que só admite o suicídio de viúvas. Por sua vez, o sentido de "subalterno" é também duplo: primeiro, como representação do "Terceiro Mundo" sob o discurso ocidental[12]; segundo, no léxico de Antonio Gramsci: aquele/a cuja voz não é ouvida.

Mas o título seria mais claro se fosse "Pode o *intelectual* falar?". Afinal, se o subalterno, por definição, não pode falar (como é fixado de saída), a autora dedica a maior parte do livro para criticar Foucault e Deleuze pelo fato de, sob

---

10   Para Hal Foster, "existem perigos nessa localização da verdade, tais como a restrição de nosso imaginário político a dois campos, os abjetores e os abjetados, e o pressuposto de que, para não ser incluído entre os sexistas e racistas, é preciso se tornar o objeto fóbico desses sujeitos". Foster, Hal. *O retorno do real*, op. cit., p. 157. E como adverte o sociólogo Antonio Engelke, "rejeitar a noção de que seja possível falar sobre o mundo a partir de um lugar desinteressado não nos obriga a 'escolher um lado' e aderir acriticamente a ele". Engelke, Antonio. "Pureza e Poder: os paradoxos da política identitária". *Revista Piauí*, v. 132, setembro de 2017, p. 45. Ou seja, uma coisa é questionar as premissas e finalidades de determinado discurso, e outra, bem diferente, é atacá-lo (ou acatá-lo) de antemão — nesse segundo caso, a adesão ou ataque só reitera o lugar em que as coisas ditas são discursivamente situadas. Nas palavras de Donna Haraway, "os posicionamentos dos subalternos não estão isentos de uma reavaliação crítica, de decodificação, desconstrução e interpretação; [...] As perspectivas subalternas não são posições inocentes". Haraway, Donna. "Situated Knowledges: The Science Question in Feminism and the Privilege of Partial Perspective". *Feminist Studies*, v. 14, n. 3, p. 575-599, Autumn 1988, p. 584.

11   Filósofa indiana responsável pela primeira tradução inglesa de *Gramatologia* de Jacques Derrida. Leciona na Columbia University desde 1991. Em decorrência do ensaio aqui abordado, Spivak é por muitos considerada uma das fundadoras dos estudos pós-coloniais, reconhecimento que a autora se recusa a aceitar. Ver, a este respeito: Spivak, Gayatri. *A Critique of Postcolonial Reason: Toward a History of the Vanishing Present*. Cambridge/London: Harvard University Press, 1999.

12   A expressão "Terceiro Mundo", vale lembrar, é própria da Guerra Fria, período em que se insere o texto de Spivak. Não seria adequado, porém, transpor esse termo para a categoria de "países subdesenvolvidos". Pois, ao falar de um discurso ocidentalizado, a autora parece se referir, antes, a países historicamente colonizadores (a chamada Europa Ocidental), de modo que o "Terceiro Mundo" (e, por extensão, a "subalternidade") remete aos países que foram colonizados.

a leitura dela — que se detém no debate "Os intelectuais e o poder" [13] —, tais filósofos falarem pretensamente em nome dos subalternos. Parece-me que, ao menos no que se refere a Foucault, a autora ou opera uma distorção ou desconhece a sua obra, a começar pelo argumento central da crítica: "ao representá-los, os intelectuais representam a si mesmos como transparentes".[14] Ora, no decorrer desse mesmo diálogo analisado por Spivak — e também noutros momentos[15] —, Foucault critica precisamente o intelectual que se coloca num lugar pretensamente neutro e externo aos jogos de poder.

Os principais pontos defendidos por Foucault e Deleuze em "Os intelectuais e o poder" podem ser assim resumidos: (1) os intelectuais de esquerda não representam as massas, pois estas sabem melhor do que eles sobre si mesmas; (2) quem fala e quem atua é sempre uma multiplicidade, nunca um sujeito ou uma classe; (3) existe um sistema de poder que interdita o saber das massas; (4) o alvo geral das lutas populares não se resume à exploração do trabalho, pois abrange muitas outras formas de poder; (5) o papel do intelectual consiste em reconhecer e lutar contra as formas de poder que o tornam, a um só tempo, objeto e instrumento do poder; (6) isso implica, dentre outras coisas, encarar a teoria sempre como uma prática local e parcial, em vez de universal e totalizante[16].

Em nenhum momento, portanto, os interlocutores se propõem a falar em nome dos subalternos; ao contrário, defendem que estes tenham meios para falar por si mesmos. A crítica de Spivak, porém, mira no que estaria nas *entrelinhas* dessa defesa daqueles que devem "falar por si mesmos": tal reconhecimento se daria por uma espécie de benevolência intelectual que, segundo a autora, serve para reafirmar implicitamente o sujeito colonizador. Nessa lógica, a recusa dos filósofos em representar os subalternos produziria uma falsa transparência própria da retórica dos "profetas da heterogeneidade e do Outro".[17]

Pois bem, em primeiro lugar é fácil notar como esse rótulo poderia ser aplicado a todo intelectual que meramente mencione qualquer tipo de "outro"[18], de tal maneira que,

---

13 In: Foucault, Michel. *Microfísica do poder*. Rio de Janeiro: Paz e Terra, 2018, p. 129-142.

14 Spivak, Gayatri. *Pode o subalterno falar?*, op. cit., p. 41. Neste trecho, o verbo "representá-los" tem como predicado os subalternos.

15 Ver, por exemplo: Foucault, Michel. "Verdade e poder". In: *Microfísica do poder*, op. cit., p. 35-54; Foucault, Michel. "A Função Política do Intelectual". In: *Ditos e Escritos VII*: Arte, Epistemologia, Filosofia e História da Medicina. Rio de Janeiro: Forense Universitária, 2011, p. 213-219.

16 Este último ponto, diga-se de passagem, vem ao encontro da proposta de Donna Haraway em seu conhecido texto "Situated Knowledges" (op. cit.), a ser retomado no fim deste capítulo.

17 Spivak, Gayatri. *Pode o subalterno falar?*, op. cit., p. 29.

18 Inclusive à própria Spivak. Quando, por exemplo, ela faz a ressalva de que "o caso indiano não pode ser tomado como representativo de todos os países, nações e culturas que podem ser invocados como o Outro da Europa" (ibidem, p. 63), a autora também lança mão de uma retórica da transparência em nome da heterogeneidade. De resto, a acusação de que Foucault e Deleuze "introduzem novamente o sujeito indivisível no discurso do poder" (ibidem, p. 35) parece ecoar Derrida, além de ser algo como uma "cartada" padrão que os pós-estruturalistas investiam amiúde uns contra os outros.

para evitar o embuste, os filósofos ocidentais não deveriam falar sobre nada que não diga respeito ao Ocidente. No limite, é como dizer que ao olhar eurocêntrico não resta outra opção além de permanecer enquanto tal. Em segundo lugar, embora o rótulo de "profeta" seja adequado a Deleuze (como eu argumento noutro momento)[19], não haveria nada mais alheio a Foucault, que desde o início manteve-se reticente a noções como Outro e diferença[20]. Ao adotar, por exemplo, categorias como "loucos" e "anormais", Foucault sempre as localiza no *interior*, como parte constitutiva, da epistéme francesa[21].

Ademais, há um claro cisma prévio que Spivak não faz questão de disfarçar: "a especulação 'genealógica' [...] criou uma resistência *lamentável* no trabalho de Foucault à 'mera' crítica ideológica".[22] O cisma se deve, eu suponho, ao famoso embate entre Foucault e Derrida (o grande mentor intelectual de Spivak) travado nos anos 1960 em torno do conceito de "desrazão" em Descartes. Na ocasião, uma das principais críticas de Foucault (que se aplicaria, a meu ver, inteiramente à Spivak)[23] refere-se à prerrogativa derridiana do "não dito" (ou implícito) nos textos: Foucault a descreve como "redução das práticas discursivas aos traços textuais", como *invenção* de uma voz que não se encontra no texto e como pedagogia que se manifesta não implicitamente, mas de maneira muito visível e "que inversamente dá à voz dos mestres essa soberania sem limites que lhes permite indefinidamente redizer o texto".[24]

---

19   Ver, a este respeito: Beccari, Marcos N. "O clichê de Deleuze". *Revista Não Obstante*, v. 4, n. 1, p. 25-36, jan./jun. 2019.

20   Em um famoso debate com os maoístas, por exemplo, ele insistia em dizer "eu não sei nada sobre a China". Ver, a este respeito: Foucault, Michel. *Microfísica do poder*, op. cit., p. 87-128. O único lugar em que vemos uma diminuta alusão ao não-ocidental reside no prefácio de *As palavras e as coisas*, ao mencionar uma enciclopédia chinesa — retirada de um conto de Jorge Luis Borges. Foucault não partilhava, portanto, do "exotismo" que de fato era exaltado entre os chamados pós-estruturalistas: a escrita chinesa em Derrida, as mulheres chinesas em Kristeva, o Japão em Barthes, o nomadismo em Deleuze.

21   Quanto a isso, Spivak questiona: "Mas, e se essa redefinição específica tiver sido apenas uma parte da narrativa da história na Europa, assim como nas colônias? E se os dois projetos de revisão epistêmica funcionavam como partes deslocadas e desconhecidas de uma vasta máquina operada por duas mãos?". Spivak, Gayatri. *Pode o subalterno falar?*, op. cit., p. 61. Novamente, é uma leitura apressada que requer pressupostos generalizantes, semelhante ao modo como Jean Baudrillard, por exemplo, em *À sombra das maiorias silenciosas*, encara o marxismo como um imperialismo conceitual que serve de "álibi" do capitalismo.

22   Ibidem, p. 32, grifo meu.

23   Pois a lógica de *Pode o subalterno falar?* se ampara declaradamente em Derrida, que "marca a crítica radical contra o perigo de se apropriar do outro por assimilação" (ibidem, p. 164) — o que abre uma questão imediata: tal *assimilação* insidiosa não residiria, antes, na fórmula derridiana de que não há nada fora do texto? É igualmente curioso o quanto Spivak tenta "assimilar" algo que, como ela própria diz, *não se encontra* naquilo que ela se propõe a perscrutar: "Foucault é um pensador brilhante do poder nas entrelinhas, mas a consciência da reinscrição topográfica do imperialismo *não faz parte* de suas pressuposições. Ele é cooptado pela versão restrita do Ocidente produzida por essa reinscrição e, assim, colabora para consolidar seus efeitos" (p. 95, grifos meus).

24   Foucault, Michel. "Meu Corpo, Este Papel, Este Fogo". In: _____ . *História da Loucura na idade clássica*. São Paulo: Perspectiva, 2019, p. 607-608.

De fato, detendo-se à transcrição de um diálogo pontual como se nada houvesse fora dele, Spivak constrói a encenação de um "não dito" que constituiria a suposta lógica interna do texto: o olhar polido de intelectuais colonizadores que, ao defenderem que os subalternos possam falar por si mesmos, os silenciariam ainda mais. Esse argumento "meta-silencioso" corrobora a sua própria dificuldade interna. Mas não é difícil perceber que, embora não o diga explicitamente, Spivak toma Marx como hermenêutica universal de todo texto — "a relação entre o capitalismo global (exploração econômica) e as alianças dos Estados-nação (dominação geopolítica) é tão macrológica que não pode ser responsável pela textura micrológica do poder".[25] E ao sugerir que "uma descentralização ainda mais radical do sujeito é, de fato, implícita tanto em Marx quanto em Derrida", Spivak supõe erroneamente que Foucault e Deleuze desconheçam ou se oponham a Marx[26]. Desse modo, a autora sutilmente reabilita e blinda o materialismo histórico-dialético, furtando-se de inquirir Derrida — que era tudo menos marxista — com a mesma austeridade dirigida aos filósofos franceses.

Mas hoje, passadas quase quatro décadas, esse ensaio se revela muito mais próximo de Foucault do que Spivak poderia imaginar. Note-se que, quando Spivak o escrevera nos anos 1980, ainda não havia sido publicada a maior parte da obra foucaultina — seus cursos e os *Ditos e Escritos*. Com estes, dois pontos se tornaram mais claros: que, enquanto intelectual, Foucault sempre se responsabilizou pelo que diz/escreve, dispondo-se exaustivamente a "prestar contas"; e que, se a sua filosofia se debruça em larga medida na invisibilidade subalterna (ou, em seus termos, na "vida dos infames"), é para explicitar um olhar não apenas consciente de sua posição, como também abalizado por seus próprios limites e inflexões.

Do ponto de vista de Spivak, vale dizer, isso ainda não eximiria Foucault do que a autora denomina "violência epistêmica": mesmo quando não é intencional ou sequer consciente, há sempre uma violência exercida pelo olhar hegemônico. Estou de acordo com esse ponto. Só discordo de que, como alega Spivak, Foucault exerça esse olhar de maneira estratégica. Pois, do ponto de vista dele, são as próprias práticas hegemônicas que *possibilitam* as práticas de resistência. Se uma asserção como essa tende a soar colonialista (e não deixa de sê-lo), serve ao menos para

---

25   Spivak, Gayatri. *Pode o subalterno falar?*, op. cit., p. 54. Este ensaio de Spivak, ademais, embora tenha sido publicado primeiramente em 1985 no periódico *Wedge*, só vai obter notória repercussão ao ser republicado em 1988 na coletânea *Marxism and the Interpretation of Culture*, organizada por Cary Nelson e Larry Grossberg.

26   Ibidem, p. 24. De fato, ambos não eram marxistas, o que não implica nem desconhecimento nem anti-marxismo. Em *O Anti-Édipo*, Deleuze e Guattari se inspiram nas críticas de Marx ao sujeito hegeliano. E, em *Vigiar e punir*, Foucault tributa a Marx a maior parte dos conceitos ali desenvolvidos (ex. técnicas disciplinares e o caráter produtivo do poder). De resto, em seus termos, "cito Marx sem dizê-lo, sem colocar aspas". Foucault, Michel. *Microfísica do poder*, op. cit., p. 231.

esclarecer por que, sob o prisma foucaultiano, não faz sentido a concepção de Spivak de "violência epistêmica". Para Foucault, afinal, a violência sempre esteve no âmago de toda epistéme.

Em todo caso, é inconteste a importância que *Pode o subalterno falar?* ainda exerce não somente nos estudos pós-coloniais, mas também nos estudos feministas e, em especial, nos do discurso e da visualidade. Afinal, a despeito da crítica infundada que ocupa a maior parte do texto, é realmente salutar o argumento (cuja simplicidade se sobressai no emaranhado filosófico que o cerca) de que o subalterno não pode falar por si mesmo uma vez que, de fato, sua voz nunca é ouvida. Spivak ilustra o axioma por meio de um contundente relato (ao qual dedica apenas as últimas cinco páginas do ensaio) sobre Bhubaneswari Bhaduri, uma indiana que, por não ter encontrado os meios para se fazer ouvir, recorrera ao suicídio como tentativa derradeira. O exemplo esclarece não somente o duplo interdito imposto a uma mulher subalterna, mas também a impossibilidade de se articular um discurso de resistência que esteja fora dos discursos hegemônicos.

Foucault diria que estes *dependem* daqueles, de modo que a impossibilidade seria, antes de tudo, a de um "fora" do discurso[27]. Logo, é igualmente impossível haver uma perspectiva neutra (o que Spivak chama de "transparência") que possa escapar à representação — tanto é que essa perspectiva *representa* os "intelectuais". Se, portanto, é ardiloso o olhar intelectual que romantiza e/ou se apropria da visão subalterna, do mesmo modo é capcioso supor que possa haver um ponto de vista radicalmente externo e inacessível aos discursos dominantes. Uma coisa são o silenciamento e a invisibilidade que se impõem tacitamente aos subalternos; outra bem diferente é a premissa de uma suposta transparência imediata (no sentido de não passível de ser mediada) da posição de quem não pode ser visto/ouvido. Ora, ao acusar Foucault e Deleuze de uma "falsa transparência", Spivak incorre na falácia de uma transparência outra, a do outro-radicalmente-outro[28]. Eis o "não dito" que resta em nome de quem não pode falar.

27 Ver, a este respeito: Foucault, Michel. *A ordem do discurso*, op. cit., 1996, p. 53. A partir de 1980, Foucault atualiza essa mesma lógica ao entender que não há sujeito fora dos processos de sujeição e subjetivação. É também nesse mesmo sentido que Paul B. Preciado afirma que "nenhum instrumento de dominação está a salvo de ser pervertido e reapropriado no interior do que chamarei, seguindo as intuições de Foucault, de distintas 'práxis de resistência'". Preciado, Paul B. *Manifesto contrassexual*, op. cit., p. 98.

28 Nos termos de Hal Foster, esse paradigma, ao "conservar a noção de um *sujeito* da história, definir essa posição em termos de *verdade* e localizar essa verdade em termos de *alteridade*", projeta o Outro como uma transparência do real, seja "porque ele é socialmente oprimido, politicamente transformador e/ou materialmente produtivo". Foster, Hal. *O retorno do real*, op. cit., p. 162-163, grifos no original. Vale lembrar ainda que, em *As palavras e as coisas*, Foucault afirma que o "homem" (humano) projetado pelas ciências que despontam no século XIX, diferentemente do sujeito clássico (cartesiano e kantiano), procura a sua verdade no impensado, no inconsciente e no outro — por isso que, para Foucault, a psicanálise e a antropologia prevaleceram entre os discursos modernos sobre o humano. Ver, a este respeito: Foucault, Michel. *As palavras e as coisas*, op. cit., p. 504.

A OPACIDADE NECROPOLÍTICA

No texto "O que são as luzes?",[29] Foucault nos ensina a escapar da "chantagem do iluminismo" — isto é, a ideia de que devemos ser "a favor" ou "contra" o iluminismo — para, em vez disso, encará-lo como um discurso que ainda baliza o que somos hoje. De maneira análoga, parece-me que, ao desenvolver em 2003 o conceito de "necropolítica", Achille Mbembe[30] escapa à "armadilha da biopolítica": em vez de concordar ou discordar dessa noção foucaultiana, ele quis atualizá-la, portanto pressupondo que a biopolítica ainda define, ao menos em parte, a maneira como somos governados.

Deve-se ter claro que o conceito proposto por Foucault não se resume a um tipo de governo meramente preocupado com a vida da população. Em 1976, antes ainda de falar em biopolítica, Foucault adotara pela primeira vez o conceito de "biopoder" em *A vontade de saber* e, ao mesmo tempo, no curso *Em defesa da sociedade*.[31] No primeiro caso, tal noção aparece após a descrição do dispositivo de sexualidade e termina na questão do racismo moderno, um racismo biológico e de Estado. No segundo, o biopoder é descrito ao final de um extenso percurso no qual Foucault analisa as transformações da ideia de guerra de raças[32]. Em ambos os casos, o biopoder é definido em sua dupla face: enquanto poder sobre a vida (como por meio do dispositivo da sexualidade) e enquanto poder sobre a morte (como no racismo). Mbembe toma como ponto de partida essa ideia do racismo como elemento constituinte do biopoder:

---

29   In: Foucault, Michel. *Ditos e Escritos II*: Arqueologia das ciências e história dos sistemas de pensamento. Rio de Janeiro: Forense Universitária, 2005, p. 335-351.

30   Nascido em Camarões, é professor da University of Witwatersrand e editor do periódico *Public Culture*. Após passar pela Duke University, conhecida no campo dos estudos pós-coloniais, Mbembe afastou-se criticamente de sua formação foucaultiana, filiando-se desde então ao legado de Frantz Fanon.

31   Mais precisamente, no último capítulo de *A vontade de saber* e na aula de 17 de março de 1976 de *Em defesa da sociedade*. A noção de "biopolítica" será doravante explorada nos seguintes cursos: *Segurança, território, população* (1977-1978), *Nascimento da biopolítica* (1978-1979) e *Do governo dos vivos* (1979-1980).

32   Aqui, Foucault esclarece que o conceito de raça não tem originalmente um sentido biológico. Antes do século XIX, designava a clivagem histórica entre determinados povos que não se misturam porque não têm a mesma língua, a mesma religião ou a mesma origem geográfica. Ver, a este respeito: Foucault, Michel. *Em defesa da sociedade*: Curso no Collège de France (1975-1976). São Paulo: Martins Fontes, 2005, p. 88-98. Concordando com Foucault quanto a isso, Mbembe afirma que, "mais do que o pensamento de classe (a ideologia que define história como uma luta econômica de classes), a raça foi a sombra sempre presente no pensamento e na prática das políticas do Ocidente, especialmente quando se trata de imaginar a desumanidade de povos estrangeiros — ou a dominação a ser exercida sobre eles". Mbembe, Achille. *Necropolítica*, op. cit., p. 18.

Com efeito, em termos foucaultianos, racismo é acima de tudo uma tecnologia destinada a permitir o exercício do biopoder, "este velho direito soberano de matar". Na economia do biopoder, a função do racismo é regular a distribuição da morte e tornar possíveis as funções assassinas do Estado. [...] é "a condição para a aceitabilidade do fazer morrer".[33]

Não obstante, Mbembe julga que a noção de biopoder não é mais suficiente para a compreensão de políticas emergentes que "estão menos preocupadas com a inscrição de corpos em aparatos disciplinares do que em inscrevê-los, no momento oportuno, na ordem da economia máxima, agora representada pelo massacre".[34] A noção de necropoder, por sua vez, designa não apenas o direito de matar, mas antes o de *expor* parte da população à morte por meio de segregação urbana, campos de refugiados, policiamento ostensivo e escravidão. Assim, Mbembe mostra como as diferentes formas de necropolítica — racial, étnica, econômica etc. — reduzem comunidades inteiras a condições precárias no limiar entre a vida e a morte[35].

Em Foucault, a biopolítica é a governamentalidade pautada em fazer viver e deixar morrer, de modo que "o racismo vai se desenvolver *primo* com a colonização, ou seja, com o genocídio colonizador",[36] posto que a morte em massa é um dos instrumentos da gestão populacional. Já para Mbembe, a necropolítica ganha força quando o genocídio passa a existir independentemente das razões de Estado. Aqui se depreende uma diferença crucial: para Foucault, a política é uma forma derivada da guerra (o *ágon*, o conflito), enquanto para Mbembe a guerra é alimentada pela política[37]. Isso explica por que, em Foucault, não faria sentido dar especificidade conceitual a uma política da guerra ou da morte: pois, de saída, a guerra e morte sempre estiveram no *cerne* de toda política.

---

33 Ibidem.
34 Ibidem, p. 59. O autor acrescenta que isso não implica um regresso às antigas práticas de suplício público (ex. guilhotinas), uma vez que o massacre contemporâneo não é exercido diretamente pelos Estados, e sim "por grupos armados que agem por trás da máscara do Estado contra os grupos armados que não têm Estado, mas que controlam territórios bastante distintos; ambos os lados têm como seus principais alvos as populações civis desarmadas ou organizadas como milícias" (p. 60).

35 O argumento é próximo, embora sem referenciação cruzada, ao de Judith Butler em *Vida precária*, em especial quando ela denuncia as torturas de Guantánamo. Essa prisão, construída em solo cubano pelos Estados Unidos no ano seguinte aos atentados de 11 de setembro, encarcera prisioneiros supostamente ligados aos grupos Taliban e Al-Qaeda — "supostamente" porque a maioria dos prisioneiros não passam por acusação nem julgamento formais e, portanto, não possuem sequer direito à defesa. Embora Barack Obama tenha decretado o fechamento da prisão em 2009 (o que nunca se efetivou), o seu sucessor Donald Trump vem destinando, desde o início de seu mandato, recursos para a modernização das instalações em Guantánamo. Ver, a este respeito: Butler, Judith. *Vida precária*: os poderes do luto e da violência. Belo Horizonte: Autêntica, 2019, p. 73-126.
36 Foucault, Michel. *Em defesa da sociedade*, op. cit., p. 307, grifo no original.
37 Ver, a este respeito: Mbembe, Achille. *Necropolítica*, op. cit., p. 57.

Ora, é somente negando tal pressuposto que, por outro lado, faz sentido pensar em termos de necropolítica. Desse modo, se Mbembe a associa ao estado de exceção e ao estado de sítio, é para defini-la como uma normalização da exceção[38] (o terror, a guerra) — ao passo que, para Foucault, tal exceção sempre definiu a norma. De um lado, pois, Mbembe considera o antigo sistema *plantation* como uma primeira experimentação da necropolítica; de outro, Foucault mostrou que o nazismo, como apoteose do biopoder, só aprimorou uma racionalidade há muito já consolidada na Europa, a exemplo (imediato, dentre outros) das teorias médico-legais sobre degeneração e eugenia. As duas teses são, é claro, menos conflitantes do que complementares. O que me parece controverso é que, ao insistir no aspecto da exceção, Mbembe recorre com frequência à Hanna Arendt, a ponto de reafirmar que, quando os europeus massacraram os povos colonizados, "de certa forma não tinham consciência de cometerem um crime".[39]

Por mais que esse argumento sirva apenas para elucidar o espaço das colônias como alheio à toda ordem "civilizada", a lógica de Arendt contradiz o horizonte de exceção a partir do qual Mbembe define a necropolítica: a banalidade do mal, afinal, só se dá pela *normalidade* de uma máquina burocrática. Desconfio, porém, que a exceção a que se refere Mbembe talvez não signifique o avesso da normalidade, mas uma normalidade intrinsecamente "velada". Trata-se, primeiramente, de uma norma que sempre sustentou a lógica colonial, qual seja, a do poder de "definir quem importa e quem não importa, quem é 'descartável' e quem não é".[40] Envolve também a instauração de fronteiras internas para fins de vigilância, segregação e controle, como no apartheid e nos atuais campos de refugiados. E, conclui Mbembe, a "exceção" abrange hoje populações inteiras cercadas por uma tecnologia bélica de alta precisão e, por conseguinte, à mercê de ataques relâmpagos capazes de aniquilar toda forma de subsistência comum.

De fato, são disposições bem distintas daquelas que Foucault descrevia em termos de regimes disciplinares e biopolíticos. No entanto, se o massacre dos imigrantes, por exemplo, tem sido tacitamente tolerado pela maioria dos europeus, é porque persiste não apenas o olhar colonizador, como também o princípio biopolítico que faz da guerra

▸ Mais detidamente, Mbembe toma como base Hegel e Bataille para sustentar uma concepção de política à maneira de um "devir sujeito" (ibidem, p. 11-12), isto é, como resultado de um trabalho de negação da morte. Por sua vez, Foucault segue o que denomina "hipótese Nietzsche" como *inversão* da teoria hobbesiana da soberania (isto é, do Estado como meio de evitar a guerra "primitiva" de todos contra todos). Ver, a este respeito: Foucault, Michel. *Em defesa da sociedade*, op. cit., p. 22-23; p. 54-55.

38 Mbembe elege a noção de "colônia" como representação histórica da exceção, "o lugar em que a soberania consiste fundamentalmente no exercício de um poder à margem da lei". Mbembe, Achille. *Necropolítica*, op. cit., p. 32-33.

39 Arendt apud Mbembe, ibidem, p. 36.

40 Ibidem, p. 41.

o alicerce da gestão populacional. Logo, não se trata (e talvez nunca tenha se tratado) de uma exceção à regra, e sim de normalidade velada e permanente. Mas, insistindo na exceção, Mbembe argumenta que os Estados já não possuem o monopólio do necropoder, assim como o exército e a polícia já não são os únicos meios de exercê-lo[41]. De imediato, o filósofo parece esquecer que alguns poucos países (como os Estados Unidos, a Rússia e a China) não só possuem tal monopólio em seus territórios, como também, potencialmente, sobre *todos* os demais. Nenhuma milícia ou exército de guerrilheiros estaria no páreo do necropoder desses poucos Estados.

Mas, sob uma leitura mais atenta, acredito que é possível depreender de Mbembe um enfoque mais assertivo: a função capital da necropolítica talvez passe ao largo do par exceção-normalidade, incidindo antes sobre a organização da visibilidade por meio da invisibilidade[42]. A chamada crise dos refugiados[43] talvez elucide essa questão. Face ao descaso da maior parcela dos cidadãos europeus (isto é, aqueles que se sentem "ameaçados" pela "invasão de imigrantes"), muitas ONGs, instituições acadêmicas e órgãos de imprensa têm se dedicado a expor evidências — tais como fotos e vídeos de imigrantes detidos e torturados nas prisões da Líbia — que denunciam flagrante violação, por parte dos Estados, ao direito internacional e aos direitos humanos. No entanto, esse acúmulo de evidências constrangedoras não tem surtido qualquer efeito na desenfreada xenofobia europeia[44].

Pois bem, se parecem ser praticamente inúteis as tentativa de denunciar a necropolítica tornando-a visível ao público, é porque o necropoder logra em ser exercido, fundamentalmente, na invisibilidade. Por mais que ele pareça funcionar, ao contrário, como um espetáculo que se explicita diuturnamente, a sua face é *irrepresentável*: os massacres são amorfos, sem sentido, enredados

---

[41] Aqui, Membe tem em mente os muitos Estados africanos que, desde o fim do século XX, "já não podem reivindicar monopólio sobre a violência e sobre os meios de coerção dentro de seu território. Nem mesmo podem reivindicar monopólio sobre seus limites territoriais. A própria coerção tornou-se produto de mercado" (ibidem, p. 53). Adiante o autor chega a dizer que, cada vez mais, "a guerra não ocorre entre exércitos de dois Estados soberanos" (p. 59).

[42] Nesse sentido, valendo-se das descrições detalhadas de Eyal Weizman, Mbembe enfatiza desde a intrincada topologia de zonas de conflito, passando pelas capciosas configurações das "máquinas de guerra" — a exemplo da morfologia indiferenciada dos esqueletos de Ruanda, ou dos corsários que fazem o trabalho sujo dos Estados em alto mar —, até deter-se na visualidade do homem-bomba: "ao contrário do tanque ou míssil, que é claramente visível, a arma contida na forma do corpo é invisível". Ibidem, p. 63.

[43] Quanto a isso, um único dado é suficiente: segundo estimativas do Alto Comissariado das Nações Unidas para os Refugiados, em 2018 uma média de seis imigrantes morriam diariamente no Mar Mediterrâneo. Ver, a este respeito: <https://www.acnur.org/>. Acesso em maio de 2020.

[44] Ver, a este respeito: Lorenzini, Daniele; Tazzioli, Martina. "Critique without ontology: Genealogy, collective subjects and the deadlocks of evidence". *Radical Philosophy*, v. 207, n. 2, p. 27-39, Spring 2020.

pelo véu do "não civilizado". Isso porque, enquanto a biopolítica pauta-se na lógica da "transparência" — a visibilidade total do panóptico, por exemplo, ou da criminologia moderna que acreditava poder ver através da fisionomia humana[45] —, sua contraparte constitutiva não poderia ser outra além de uma "opacidade" necropolítica. Por isso a morte em massa é simultaneamente intolerável e tolerada; o estado de sítio/exceção é tanto mais normalizado quanto menos for legível e mais for arbitrário; e a vida da população permanece, a um só tempo, abalizada pelo biopoder e subjugada ao necropoder.

Devo reiterar que tal esquema decorre de uma leitura foucaultiana que não se encontra em Mbembe. Para este, afinal, a biopolítica estaria em declínio junto com o modelo civilizatório da Europa. Se seguirmos Foucault, não obstante, para quem o racismo é a condição estruturante do Estado moderno, o diagnóstico seria adverso: o projeto colonialista do Velho Mundo, apesar de seus recentes custos "colaterais", logrou em disseminar o racismo para manter-se como "bastião civilizacional" do mundo. Mesmo considerando as atuais querelas que permeiam a União Europeia — acirramento que, sabemos, não é nenhuma novidade —, o biopoder segue revigorado às custas do necropoder. A diferença é que, se outrora o deixar/fazer morrer se concentrava nas colônias, agora ele impregna os próprios arredores da Europa, lá onde jazem os maiores campos de refugiados a céu aberto da história.

A necropolítica, portanto, não se reduz ao poder de aniquilar a vida, compreendendo antes a gestão de sua invisibilidade — ao passo que a biopolítica se encarrega de gerir sua visibilidade (como nos registros de natalidade, mortalidade, criminalidade etc.). Nos termos de Foucault, trata-se de "uma luz que divide, que aclara de um lado, mas deixa na sombra, ou lança para a noite, uma outra parte do corpo social".[46] De sorte que a história do Ocidente moderno é indissociável da história silenciada dos navios negreiros, do longo genocídio intercontinental que se prolongou do século XV até o XIX, dos regimes militares e paramilitares que no século passado se proliferaram na América Latina[47] e, enfim, de todos os lugares em que a invisibilidade prevalece como critério de inteligibilidade do poder.

---

45 Essa lógica da transparência, ademais, é hoje tacitamente percebida em termos tecnológicos: equipamentos com GPS, aparelhos inteligentes (*smart*), documentos biométricos de identificação e, em suma, todos os mecanismos que permitem a coleta, o armazenamento, o rastreamento e o cruzamento de dados pessoais.

46 Foucault, Michel. *Em defesa da sociedade*, op. cit., p. 81-82. Aqui, Foucault refere-se ao que, nos séculos XVI e XVII, teria inaugurado uma contra-história: "a nova história que aparece vai ter de desenterrar alguma coisa que foi escondida, e que foi escondida não somente porque menosprezada, mas também porque, ciosa, deliberada, maldosamente, deturpada e disfarçada". Ibidem, p. 83-84.

47 No caso específico do Brasil, conforme assinala Jonnefer Barbosa, toda a nossa história se alicerça sobre a ocultação de cadáveres — de indígenas, escravos, insurgentes etc. Ver, a este respeito: Barbosa, Jonnefer. "Políticas de desaparecimento e niilismo de Estado". *N-1 edições: Pandemia Crítica*, 14 de abril de 2020. Disponível em: <https://n-1edicoes.org/024>. Acesso em maio de 2020.

****

Ao revisar um texto pontual de Spivak e outro de Mbembe, procurei mostrar o quanto o pensamento de Foucault permanece atual e fecundo aos estudos da visualidade e da contra-visualidade. A partir do texto de Spivak, retomei sua aguçada análise da não-representação do subalterno mediante o capcioso discurso do "ver sem ser visto" que a autora imputa aos intelectuais, mas problematizei a prerrogativa ali implícita de um outro-radicalmente-outro, que segue *pari passu* a lógica da "falsa transparência" que Spivak critica em Foucault. No texto de Mbembe, questionei a condição de exceção que marcaria a necropolítica — o que expressa, em última instância, um olhar liberal e humanista[48] —, e ressaltei a função de opacidade e de gestão da invisibilidade que o necropoder exerce não de forma autônoma, como o autor propõe, mas em conjunção com a biopolítica.

Ambos os textos nos ajudam, com a leitura foucaultiana, a compreender alguns nuances daquilo que eu chamei, a partir de Mirzoeff, de "direito de olhar". Em primeiro lugar, pode-se dizer, na linha de Spivak, que o direito de olhar é o contrário do direito de "ver sem ser visto". Enquanto este último é uma espécie de "olho de Deus", no sentido de pressupor uma visão simultânea de toda parte e desde lugar nenhum, o direito de olhar é a reivindicação de um *modo de olhar*, uma inteligibilidade localizada na posição de uma contra-visualidade (isto é, contrária à visualidade dominante). O ensaio "Situated Knowledges", que Donna Haraway publicou em 1988, fundamenta com lucidez esta segunda perspectiva, ainda que o escopo do texto seja outro — sendo notável o quanto a autora lança mão, ali, de analogias sobre a visão e a visualidade. Seu argumento central é o de que a ciência está sempre situada, ou seja, não podendo presumir nem oferecer a "objetividade" de um olhar neutro, universal e atemporal.

Ao mesmo tempo, Haraway salienta — e nesse ponto ela se distancia de Spivak — que a perspectiva parcial também pode ser falaciosa enquanto categoria, como no caso (o exemplo é da autora) da "Mulher do Terceiro Mundo", uma vez que "sujeição não é base para uma ontologia; é no máximo uma pista visual. A visão requer instrumentos de visão;

[48] A exceção, afinal, é em relação a qual norma? Aquela dos direitos (supostamente) garantidos aos cidadãos numa democracia liberal. É curioso como alguém que acredita que o modelo civilizatório europeu esteja ruindo ainda se oriente por esse mesmo modelo. O estado de exceção só faz sentido nesse horizonte. É o que se evidenciou, ademais, quando Giorgio Agamben se posicionou frontalmente contra às medidas de confinamento face à pandemia que assolou o mundo em 2020: tais medidas, segundo Agamben, instaurariam um estado de exceção definitivo (o que, a meu ver, só expressa uma *nostalgia* definitiva). Ver, a este respeito: Agamben, Giorgio. "Lo stato d'eccezione provocato da un'emergenza immotivata". *Il Manifesto*, 26 fev. 2020. Disponível em: <https://ilmanifesto.it/lo-stato-deccezione-provocato-da-unemergenza-immotivata/>. Acesso em maio de 2020.

uma ótica é uma política de posicionamento. Instrumentos de visão mediam pontos de vista; não há visão imediata desde os pontos de vista do subjugado".[49] Isso porque, para Haraway, o olhar é antes de tudo uma prática e um posicionamento, importando menos o que se vê do que o que se pretende ver, e sob quais condições, por meio de qual mediação, a partir de qual lugar e mirando qual finalidade.

Com efeito, tudo o que se queira ver como autoevidente — como a realidade dos subalternos, ou a lógica do capital — procede de, e traz consigo, muitas lutas a respeito de *como ver*. Não se trata aqui de relativismo (que é um dos alvos da crítica de Haraway), e sim de demarcação de posição[50]. É isto o "direito de olhar": direito de se posicionar para poder participar das lutas de como ver. Porque a "visão é sempre uma questão do poder de ver — e também da violência implícita em nossas práticas de visualização. Com o *sangue de quem* foram moldados os meus olhos?".[51]

Essa pergunta, por sua vez, nos reconduz à necropolítica enquanto gestão da invisibilidade: a visão de uma sociedade "civilizada", com seus direitos e liberdades, foi erigida e se mantém em nosso horizonte às custas de uma potente máquina de fazer desaparecer outros modos de ver e existir. Mbembe chega a dizer, quanto a isso, que o velho regime do poder soberano não se atenuara com o projeto da modernidade, e hoje se revigora nos complexos do necropoder. No âmbito da visualidade, todavia, tal asserção não me parece acurada. Em uma entrevista intitulada "O olho do poder",[52] Foucault pontuou a discrepância entre a visão soberana e a do panóptico (protótipo disciplinar e do biopoder).

No primeiro caso, o fazer morrer ainda habitava o registro do visível que, por sua vez, era bastante instável e limitado, de modo que os governantes não tinham controle sobre a invisibilidade das insurgências, dos saques, dos complôs etc. Já o panóptico consolidou uma *economia* da visibilidade, aquela da vigilância que cada indivíduo exerce em relação aos outros e sobre si mesmo. Isso implica, é claro, uma ampliação sem precedentes do domínio do visível, mas também e fundamentalmente uma organização sistemática do invisível — a prisão, por exemplo, não instituiu o fim do fazer morrer, mas, precisamente, o seu ocultamento.

Sob esse prisma, portanto, a necropolítica não reencarna o poder soberano, do mesmo modo que também não figura como estado de exceção ao regime biopolítico. Se, ao

---

49 Haraway, Donna. "Situated Knowledges", op. cit., p. 586.
50 Por conseguinte, nos termos de Foucault, "a análise dos mecanismos de poder não tende a mostrar que o poder é ao mesmo tempo anônimo e sempre vencedor. Trata-se ao contrário de demarcar as posições e os modos de ação de cada um, as possibilidades de resistência e de contra-ataque de uns e de outros". Foucault, Michel. *Microfísica do poder*, op. cit., p. 342.
51 Haraway, Donna. "Situated Knowledges", op. cit., p. 585, grifos meus.
52 In: Foucault, Michel. *Microfísica do poder*, op. cit., p. 318-343.

menos em termos de visualidade (o poder de ver), a biopolítica nunca esteve tão desenvolvida e articulada[53], o necropoder assinala justamente a *abrangência* — no avesso do poder soberano — da gestão do visível e do invisível. O poder sobre a vida é indissociável do poder sobre a morte, assim como todo "ver" sempre dependeu de um "não-ver". Significa que a invisibilidade do genocídio contemporâneo, desde o feminicídio doméstico até as guerrilhas e zonas de conflito que eclodem à margem de toda jurisdição, não está descolada da prédica cosmopolita e autoevidente do desempenho a todo custo, tampouco do visível triunfo de grandes corporações que, dentre outras coisas, adotam regimes de trabalho mais "flexíveis" para fomentar a "autonomia" de seus empregados, reduzindo ao máximo o custo da força de trabalho. Ademais, se é verdade, como dizia Bruno Latour, que "jamais fomos modernos" (no sentido de que nós ainda estamos tentando sê-lo, como um projeto não finalizado), talvez o direito de olhar também nunca tenha sido exercido de fato — e parece haver cada vez menos meios para exercê-lo[54].

Compreender isso requer desfazer-se da ilusão de que possa haver, à maneira de um "sair da caverna", alguma transparência possível a ser acessada no mundo. Todo modo de olhar, seja ele dominante ou subjugado, é histórico, isto é, condicionado a uma dada conjuntura que o possibilita. Mas nada nos autoriza a crer que essa conjuntura seja insuperável. O que também não se confunde com a cômoda esperança de que a crise econômica, institucional ou ambiental seja capaz, por si só, de provocar uma ruptura dos regimes de poder.

---

53   Quanto a isso, Didier Bigo tem investigado a profunda correlação entre visibilidade e vigilância nas estratégias contemporâneas de governamentalidade, com especial atenção a políticas de migração e proteção de fronteiras. Desse modo, Bigo acaba preenchendo certa "lacuna" que Foucault teria deixado em aberto em termos de visualidade: se o nexo entre disciplina e visibilidade possui centralidade em trabalhos como *Vigiar e punir* e *O nascimento da clínica*, a visualização é menos explorada nos posteriores estudos de Foucault em torno da governamentalidade. Ver, a este respeito: Bigo, Didier. "Regimes of Visibility: The Dis-Time of Security and Visibility in Contemporary Governmentalities. An Interview with Didier Bigo". *materiali foucaultiani*, v. VI, n. 11-12, p. 83-92, jan./dec. 2017; Bigo, Didier et. al. (eds.). *Illiberal Practices of Liberal Regimes*: The (In)Security Games. Paris: Editions L'Harmattan, 2006 (Collection Cultures & Conflits).

54   Vinte anos após a publicação de *Jamais fomos modernos*, de 1991, Latour escreveu o extenso *An Inquiry Into Modes of Existence* para responder à questão: se não fomos modernos, então o que fomos? Os diferentes "modos de existência" sobre os quais o autor se debruça corroboram a tese do primeiro livro, pois explicitam a pluralidade de condições de verdade que definiram os "modernos" ao longo de sua história. Mas a questão que eu destaco é: por que Latour resolveu, após tanto tempo, publicar este enorme complemento ao seu livro mais conhecido? Para mostrar, primeiro, que a coexistência de olhares diferentes não é, como muitos alegam, um fenômeno "pós-moderno"; segundo, que o acirramento entre as visadas modernas, a exemplo da chamada *alt right*, só expressa o desejo de nos tornarmos finalmente modernos, isto é, de fazer com que um único modo de ver e de existir prevaleça sobre todos os outros. Ver, a este respeito: Latour, Bruno. *An Inquiry Into Modes of Existence*: An Anthropology of the Moderns. Cambridge: Harvard University Press, 2013.

Uma configuração que perdura há séculos não desmorona da noite para o dia, como num "curto circuito" repentino de suas contradições internas. É preciso abrir caminho a partir dos tantos outros já trilhados e apagados, o que passa necessariamente por vislumbrar outras coordenadas além daquelas que permanecem no horizonte.

O que o direito de olhar trata de reivindicar, em suma, não é uma posição já dada, mas aquela que está sempre por construir. O fundamental é reconhecer, de um lado, que não há olhar *ex nihilo*, isento de prerrogativas e condicionantes, mas também que, de outro, nada do que se se dá a ver é cabal e definitivo, ainda que se mostre inexpugnável. Não se pode perder de vista, afinal, que tudo aquilo o que veio a ser não passa de uma possibilidade dentre outras, uma existência que subsiste ao longo de batalhas incessantes. E que, portanto, a miragem de uma civilização próspera ofusca os corpos que a sustentam sob a sina de uma cogente e invisível (in)existência. Rever o invisível é procurar (*to look for*) um ainda possível.

5   Do ornamento ao design[1]

> Pode-se afirmar que, quando se conseguiu superar a separação entre arte e técnica, abriu-se um horizonte dentro do qual podemos criar designs cada vez mais perfeitos, liberar-nos cada vez mais de nossa condição e viver de modo cada vez mais artificial (mais bonito). [...] A palavra design adquiriu a posição central que tem hoje no discurso cotidiano porque estamos começando (e provavelmente com razão) a perder a fé na arte e na técnica como fontes de valores. Porque estamos começando a entrever o design que há por trás delas. — Vilém Flusser [2]

Embora Flusser não se considerasse um nietzschiano, o trecho acima parece-me análogo ao seguinte aforismo de Nietzsche: "Tudo o que tem algum *valor* no mundo atual não o tem em si, não o tem por sua natureza — a natureza é sempre sem valor — mas um dia ganhou valor, como um dom, e *nós* somos os doadores. Fomos nós que criamos o mundo que diz respeito ao homem!".[3]

Flusser emprega um raciocínio similar ao localizar o design "por trás" dos valores que emanam da arte e da técnica. Não faz muito sentido, sob esse prisma, diferenciar arte e design, porque ambos revelam que os valores não têm uma existência em si, ou *per se*, em termos ontológicos: são o resultado de uma produção, de uma criação humana. Ao mesmo tempo, toda obra humana *fabrica* uma realidade à medida que os valores nos afetam e se materializam.

Este capítulo aborda a materialização dos valores por meio da arte e do design. Mais especificamente, delineio um

---

[1]   Este capítulo é uma versão revisada e expandida de: Beccari, Marcos N. "Do ornamento ao design total: um panorama histórico a partir de Hal Foster". *Palíndromo* (PPGAV-UDESC), v. 12, n. 27, p. 56-69, mai./ago. 2020.
[2]   Flusser, Vilém. *O mundo codificado*: Por uma filosofia do design e da comunicação. São Paulo: Cosac Naify, 2013, p. 186.
[3]   Nietzsche, Friedrich. *A gaia ciência*, op. cit, § 301.

panorama histórico a partir do polêmico texto *Design e crime*, do crítico norte-americano Hal Foster[4]. Por meio da revisão e da ampliação de seu argumento, que traça correlações discursivas entre a ornamentação do Art Nouveau e o paradigma que o autor chama de "design total", discorro sobre como a difusão do design na vida contemporânea veio a rematar certa ornamentação do indivíduo, aqui designado por "designer de si".[5] Com isso, na contramão das narrativas modernas que apresentam o design como superação do ornamento, sustento que o design atua em larga medida à guisa de uma racionalidade ornamental que mobiliza de assalariados a dirigentes em busca de um lugar no mercado do "desenvolvimento pessoal".

Começo por revisar o texto *Design e crime*, cujo título faz alusão direta ao manifesto modernista *Ornamento e crime*, de Adolf Loos[6]. Apesar dessa alusão, vale mencionar que a argumentação de Foster se inicia remetendo-nos a outro texto de Loos, o conto *The Poor Little Rich Man* ("Pobre pequeno homem rico"). Escrito em 1900, ele narra a história de um homem muito rico que contrata um arquiteto para reformar toda sua casa, envolvendo sua vida em arte. Porém, uma vez concluída, o homem não pode mudar mais nada sem a permissão do arquiteto, de maneira que ele mesmo se torna um objeto, um elemento dispensável da sinfonia barroca que o envolve. Esse efeito insidioso de uma arte total é o que conduz o argumento de Foster em torno de um design total que, transpondo o legado do Art Nouveau, emparelha todas as dimensões da vida.

Devo pontuar, ainda, outro adendo: ao falar de "Art Nouveau" em *Design e crime*, Foster não esclarece se o termo se refere à designação francesa de "arte nova", portanto restringindo-se apenas ao contexto parisiense, ou a um amplo movimento europeu que, a despeito de uma aparente (e imprecisa) unidade estilística, não possuía qualquer coesão discursiva[7]. Prefiro pensar que é o primeiro caso, pois considero vago tratar como "uma coisa só" uma série de movimentos ou estilos que aparecem em contextos bem distintos. Ademais, não é o Art Nouveau o foco de Foster, e sim a noção de uma "arte total" associada não só ao estilo "orgânico" que o Art Nouveau generalizou, mas também, e muito antes, aos discursos em torno do ornamento/orgânico.

[4] Texto originalmente publicado como capítulo de: Foster, Hal. *Design and Crime (and other diatribes)*. New York: Verso, 2002. A versão aqui consultada é a tradução de Tina Montenegro: Foster, Hal. "Design e crime". *Revista Ars* (São Paulo), v. 9, n. 18, p. 48-59, 2011.

[5] Designação similar fora cunhada por Boris Groys: a de um *self-design*, referindo-se à manutenção ou cuidado de si a partir de um princípio de design, ou seja, do trabalho constante do indivíduo em torno de sua própria imagem pública. Ver, a este respeito: Groys, Boris. "Self-design and aesthetic resposibility". *E-Flux*, ed. 7, p. 1-8, 2009. Embora seja complementar ao que proponho aqui, a concepção de Groys não envolve diretamente a conduta, como explico adiante, de engajamento do indivíduo consigo mesmo, e também não adota o conceito de racionalidade que eu empresto de Foucault.

[6] Loos, Adolf. *Ornamento e crime*. Lisboa: Cotovia, 2004.

[7] Por exemplo, o movimento austríaco *sezessionstil*, ou "estilo da Secessão" (em alusão à Secessão Vienense), declarava-se antagônico ao Art Nouveau francês.

Pois bem, depois de retomar o texto de Foster, eu busco contribuir com sua arguição por meio de um panorama abreviado sobre os discursos em torno do ornamento — discursos que, sobretudo na Inglaterra, o alçaram para além de sua acepção comum de mera decoração (que, por sua vez, foi disseminada no Art Nouveau). Assim, uma vez pontuada certa inflexão do ornamento em sua proliferação na *Belle Époque*, recorro a Richard Sennett para elucidar como a ornamentação da vida pública propiciou o advento burguês de um "sujeito com personalidade". Tal sujeito, prossigo, dirigiu-se progressivamente a uma racionalidade neoliberal ao engajar-se cada vez mais consigo mesmo, acoplando os diferentes aspectos da vida a partir da conduta "designer de si". Por fim, assinalo a atualidade de *Design e crime*, que revelou a função imperiosa que o design continua a exercer na lida dos sujeitos para com suas próprias realidades.

ARTE/DESIGN TOTAL: UM PONTO DE PARTIDA

O argumento de *Design e crime*, publicado em 2002, começa por indagar a revalorização recente do Art Nouveau em exposições e livros acadêmicos. Emblemático da arte europeia na virada do século XIX para o XX, esse estilo tipicamente moderno e cosmopolita abarcava todas as categorias atreladas ao projeto, desde o vestuário e as artes decorativas até o mobiliário urbano e edifícios. Foster sublinha esse princípio de *arte total* — "em que tudo, da arquitetura a cinzeiros, era coberto por um tipo de decoração floreada" [8] — para compará-lo, de maneira intencionalmente anacrônica[9], ao que denomina "design total", paradigma que marcaria a passagem do século XX ao XXI (momento em que o texto fora escrito).

Para sustentar essa intuição, Foster retoma o célebre *Ornamento e Crime*, escrito por Adolf Loos em 1908. Esse texto figura, por certo, não apenas como a crítica mais austera já feita contra o Art Nouveau, mas também como base da aversão modernista contra o ornamento, tradicionalmente associado às artes decorativas em geral — "a evolução cultural é proporcional ao afastamento do ornamento em relação ao utensílio doméstico".[10] Um aspecto importante da equivalência que Loos estabelece entre ornamento e crime ("crime", aqui, no sentido de reverter o caminho civilizatório do Ocidente) incide sobre o sentido de "totalidade" de uma

---

[8] Foster, Hal. "Design e crime", op. cit., p. 50.
[9] Procedimento este que o autor já havia proposto anteriormente, em *O retorno do real* (publicado originalmente em 1996). Por meio dos conceitos "paralaxe" e "efeito à posteriori", o autor acentua "o fato de que nossas elaborações do passado dependem de nossas posições no presente, e que essas posições são definidas por meio de tais elaborações". Foster, Hal. *O retorno do real*, op. cit., 2014, p. 10.
[10] Loos, Adolf. *Ornamento e crime*, op. cit., p. 224.

arte total: "Para o designer Art Nouveau, essa completude reúne arte e vida, e bane todos os sinais da morte. Para Loos, por outro lado, essa triunfante superação dos limites é uma catastrófica perda de limites".[11]

Mas Foster, nesse texto, apesar da alusão (ou, mais precisamente, paródia) explícita no título, não pretende endossar a visão de Loos, tampouco atualizá-la ou expandi-la mediante o século inteiro que a sucede. Em vez disso, Foster assinala certa simetria entre Art Nouveau e modernismo, algo que obviamente escapara do olhar de Loos: enquanto o Art Nouveau aspirava embutir arte em objetos utilitários, os modernistas aspiravam elevar o objeto utilitário ao nível da arte. "Esse velho debate ganha uma nova ressonância hoje, quando o estético e o utilitário não estão somente fundidos, mas quase totalmente subsumidos no comercial e tudo [...] parece ser considerado como *design*".[12]

É a partir dessa premissa que Foster constrói o seu argumento em torno de um *design total*, cujo alcance consolidaria e até suplantaria a velha pretensão totalizante do Art Nouveau. Não se trata aqui, vale pontuar, das esferas profissional e acadêmica do design, pois não interessa a Foster como os designers entendem a si mesmos ou o que fazem. A amplitude a que o autor se refere diz respeito, de imediato, ao uso corrente do termo: design de cidades, design de museus, design de corpos etc.[13] Além disso, Foster compreende, na esteira de Baudrillard, que o design se tornou, desde a Bauhaus, nos anos 1920, elemento chave para uma economia política do signo-mercadoria[14]. Significa que quando a mercadoria não mais precisa ser qualquer tipo de objeto, mas antes uma imagem que circula num sistema próprio de equivalências, o domínio do "valor de troca" é integrado ao da "midiatização" da economia, "em que o produto não é mais pensado como um objeto a ser produzido mas como um dado a ser manipulado — ou seja, a ser projetado e projetado de novo, consumido e consumido de novo".[15]

Ocorre que, argumenta Foster, essa subsunção do signo-mercadoria não é suficiente para definir o amplo fenômeno de um "design total". Aquilo que fora imaginado no Art Nouveau e, segundo o autor, readaptado pela Bauhaus resulta na estandardização de mercadorias em abundância,

11 Foster, Hal. "Design e crime", op. cit., p. 51.
12 Ibidem, p. 52, grifo no original.
13 Bruno Latour, diga-se de passagem, parte da mesma constatação em uma conferência que ele concedera à Design History Society em 2008. Ver, a este respeito: Latour, Bruno. "Um Prometeu cauteloso? Alguns passos rumo a uma filosofia do design (com especial atenção a Peter Slotedijk)". Trad. Daniel B. Portugal e Isabela Fraga. *Agitprop*: revista brasileira de design, São Paulo, v. 6, n. 58, jul./ago. 2014.
14 A exposição que Baudrillard faz da modernidade destaca a desestabilização e a mobilidade crescentes, desde o Renascimento, dos signos e códigos na economia cultural do Ocidente. E, a partir de movimentos como a Bauhaus e o De Stijl, junto com o avanço das técnicas industriais no século XX, teria emergido um novo tipo de poder político fundado na capacidade de produzir equivalências entre os signos, cujos meios de reprodução tornam-se, assim, mais importantes que os de produção material. Ver, a este respeito: Baudrillard, Jean. *Para uma crítica da economia política do signo*. Rio de Janeiro: Elfos, 1995, p. 111-112; p. 191-212.
15 Foster, Hal. "Design e crime", op. cit., p. 54.

o que não garante, por si só, um consumo em igual medida. O consumidor teve de ser atraído, estimulado e "empoderado" por meio da subjetivação da mercadoria, isto é, com produtos que, embora produzidos em massa, tenham um direcionamento preciso, sendo constantemente divididos em nichos e parecendo sempre atualizados. Para Foster, o design total atuaria justamente nesse processo de identificação do indivíduo para com os signos que o cercam, materializando por outros meios a antiga ambição do Art Nouveau de embutir arte em todas as coisas.

Para ilustrar a dimensão discursiva do design total, o crítico elege um livro-portfólio do designer canadense Bruce Mau[16] intitulado *Life Style*, e sublinha trechos que revelam o núcleo normativo desse novo paradigma — por exemplo, "a única maneira de construir valor real é adicionando valor: embrulhando o produto em inteligência e cultura. O produto aparente, o objeto da transação, não é de maneira alguma o produto real. Este passou a ser cultura e inteligência".[17] Eis a enunciação de uma economia pautada no signo-mercadoria, cuja lógica de transação permanente corrobora com o processo de desterritorialização que Deleuze e Guattari associaram ao capitalismo: um tornar abstrato e intercambiável dos corpos, objetos e relações[18]. É uma lógica que também remete, e de maneira mais patente, ao destino que Marx já previra para a forma-mercadoria, "como um produto social universal o mais total possível (porque, para um desfrute diversificado, tem de ser capaz do desfrute e, portanto, deve possuir um elevado grau de cultura)".[19]

É por esse caminho que Foster sentencia o design como um agente primordial não somente de uma integração entre arte e vida, signo e mercadoria, como também de certa "vingança do capitalismo contra o pós-modernismo"[20] — no sentido de neutralizar e normatizar tanto o espólio modernista quanto os desvios pós-modernos. "É claro que não era isso que os mestres da Bauhaus, alguns dos quais marxistas, tinham em mente, mas tal é frequentemente 'o pesadelo do modernismo' nas artimanhas da história".[21] Mesmo ao longo do período em que o Art Nouveau estava em voga, entre os anos 1890 e 1910,[22] é significativo que, na

---

16 Bruce Mau tornou-se conhecido, inicialmente, pelos projetos gráficos feitos no final dos anos 1980 para a *Zone Books* (que, curiosamente, já tinha Hal Foster como um dos editores). Depois disso, o designer passou a trabalhar com arquitetura, arte, museus, cinema e filosofia conceitual. Hoje, o seu rol de clientes abrange empresas como Disney, Coca-Cola, Unilever, Samsung e Netflix.
17 Mau apud Foster, Hal. Ibidem, p. 56.
18 Ver, a este respeito: Deleuze, Gilles; Guattari, Félix. *O anti-Édipo*: capitalismo e esquizofrenia. São Paulo: Ed. 34, 2010. Sobre essa lógica da desterritorialização, Foster ironiza: "Muitos jovens artistas e arquitetos 'deleuzianos' parecem não entender esse ponto básico, pois tomam uma posição 'capitalógica' como se fosse uma posição crítica". Foster, Hal. "Design e crime", op. cit., p. 56, nota 16.
19 Marx, Karl. *Grundrisse*. São Paulo: Boitempo, 2011, p. 541.
20 Foster, Hal. "Design e crime", op. cit., p. 57.
21 Ibidem, p. 53.
22 Alguns autores como Martin Battersby e Victor Arwas consideram que a Exposição Universal de Paris de 1900 tenha sido o apogeu e, ao mesmo tempo, o fim do Art Nouveau. Tal sorte de demarcação canônica, no entanto, ignora o momento em que, na primeira década do século XX, o estilo francês de fato se popularizou e se difundiu industrialmente, com uma consequente queda na qualidade gráfica.

Inglaterra, ideais socialistas (ex. Morris) e elementos aristocráticos (ex. Ruskin) tenham se entrelaçado e se diluído na esteira das "artes decorativas". Noutros termos, se inicialmente havia a intenção de requalificar o trabalho artístico no quadro de uma arte integrada aos costumes, esta logo se tornou a apoteose de um quadro discursivo muito mais amplo, aquele no qual o sentido de "ornamento" assumirá a dimensão de um design total.

O DISCURSO DO ORNAMENTO

> Um quadro de Delacroix, colocado a uma grande distância para que você possa julgar acerca da graça dos contornos ou da qualidade mais ou menos dramática do tema, já o penetra de uma volúpia sobrenatural. [...] E a análise do tema, quando você se aproxima, não retirará nada e não acrescentará nada a esse prazer primitivo, cuja fonte se encontra alhures e longe de todo pensamento concreto. Posso inverter o exemplo. Uma figura bem desenhada penetra-o de um prazer completamente estranho ao tema. Voluptuosa ou terrível, essa figura só deve seu charme ao arabesco que ela recorta no espaço. Os membros de um mártir que se escorcha, o corpo de uma ninfa desfalecida, se eles são sabiamente desenhados, comportam um tipo de prazer em cujos elementos o tema não entra absolutamente; se para você é de outro modo, serei forçado a acreditar que você é um carrasco ou um libertino.[23]

Em seu ensaio sobre Delacroix, de 1863, Baudelaire expressa um dos muitos discursos que, em sua época, giravam em torno do ornamento: a ideia de que o conteúdo é secundário em relação à forma. E o seu argumento é contundente, pois ninguém confessaria apreciar um Delacroix para satisfazer apetites lascivos ou sádicos, sendo preferível apreciar sua pintura considerando apenas os aspectos formais. Mas, ao mesmo tempo, Baudelaire relaciona essa "graça dos contornos" a um prazer estranho, primitivo, instintivo. Tal descrição revela a sutil persistência de uma premissa discursiva atinente a uma ligação "orgânica" entre arte e ornamento. Ocorre que, todavia, as teorias orgânicas em torno do ornamento já se encontravam, na época de Baudelaire, tão difundidas quanto desgastadas, uma vez que, como destaca Raymond Williams em *Culture & Society*, "a teoria 'orgânica' foi de fato usada para apoiar causas muito

[23] Baudelaire, Charles. "A Obra e a Vida de Eugène Delacroix". In: _____ . *Escritos sobre arte*. São Paulo: Imaginário, 1998, p. 66-67. Vale aqui mencionar que, em 1968, o crítico Leo Steinberg parte desse mesmo ensaio de Baudelaire para traçar, de maneira inusitada e assertiva, uma linha discursiva até o ensaio *A pintura modernista* de Clement Greenberg, escrito em 1960. Ver, a este respeito: Steinberg, Leo. *Outros critérios*: confrontos com a arte do século XX. São Paulo: Cosac Naify, 2008, p. 91-96.

diferentes e até opostas".[24] Não surpreende, pois, que em *O pintor da vida moderna*, também de 1863, Baudelaire não tenha feito qualquer alusão a arabescos ao reivindicar uma arte que capte a "aparência" da modernidade[25].

Voltando à *Design e crime*, claro está que, ao se referir ao Art Nouveau, Foster não está interessado em aspectos estilísticos e princípios de ordem estética — elementos aos quais, no entanto, o movimento francês é comumente reduzido. O que importa ao crítico é, na esteira de Loos, a noção de ornamento enquanto *imagem de mundo* traçada pelo Art Nouveau, sobretudo mediante transformações sociais que, por sua vez, não procederam *somente* do crescimento industrial ao longo do século XIX. A lógica aqui é similar à de Max Weber em sua obra mais famosa, cuja premissa não envolve assumir o capitalismo como um "efeito" da ética protestante, e sim questionar a ideia reducionista de que o modo de vida capitalista resulta *apenas* de determinados modos de produção. No caso de Foster, sua tese é a de que certos valores associados ao Art Nouveau estimularam um modo de vida neoliberal que seria disseminado pelo design.

Cumpre indagar, nesse sentido, em que tipo de quadro discursivo se tornou plausível certo entusiasmo para com os adornos florais e arabescos que invadiam o imaginário urbano europeu, mas que não se estendiam ao crescente subúrbio das fábricas e dos intermináveis guetos da habitação operária. Sob esse prisma, não é suficiente dizer, por exemplo, que o ornamento servia de maneira a compensar um processo industrial que ainda não dispunha de uma metodologia projetual adequada (embora fosse comum de o artesão intervir no produto semipronto, restringindo-se às fases finais da produção). Pois não foi apenas por uma questão de aperfeiçoamento técnico que, no auge do Art Nouveau, o elemento ornamental deixava de ser mero acréscimo para ser incorporado como armação tectônica dos produtos e ambientes projetados[26].

Na verdade, entre muitos artistas e intelectuais oitocentistas a discussão em torno do ornamento já se encontrava avançada, para muito além da esfera do estilo ou do valor estético suplementar[27]. Apesar de Foster referir-se ao Art Nouveau, julgo pertinente, aqui, dar mais atenção a

24 Williams, Raymond. *Culture & Society*: 1780-1950. Garden City/New York: Anchor Books, 1960, p. 150.
25 Ver, a este respeito: Baudelaire, Charles. *O pintor da vida moderna*. Belo Horizonte: Autêntica, 2010.
26 As famosas entradas do metrô de Paris, projetadas por Hector Guimard, são um típico exemplo dessa organicidade: as hastes de ferro recurvo, de espessura variável (em alusão a caules florais), estabelecem uma continuidade formal entre o espaço público e o plano subterrâneo, como se uma "trepadeira" ininterrupta pudesse revestir toda a cidade com sua ornamentação alastrante.
27 Esfera que, segundo Gilberto Paim, remonta às coleções de gravuras ornamentais feitas desde o século XVI, que serviam de material de consulta a arquitetos, artistas e artesãos. Ver, a este respeito: Paim, Gilberto. *A Beleza sob Suspeita*: o ornamento em Ruskin, Lloyd Wright, Loos, Le Corbusier e outros. Rio de Janeiro: Jorge Zahar, 2000, p. 15. Para uma visão mais abrangente sobre os vetores discursivos na Europa entre os séculos XVIII e XIX, ver: Williams, Raymond. *Culture & Society*, op. cit., p. 3-210.

uma discussão desenvolvida na Inglaterra, onde o ornamento aparece indissociável de uma intensa preocupação com a situação da vida social mediante a industrialização. Tal preocupação é visível em pensadores tão distintos como Carlyle e Marx (que, embora fosse alemão, desenvolveu boa parte de sua obra na Inglaterra), mas o aspecto ornamental e seu valor de "totalidade" remetem a uma tradição mais específica associada à prática projetual.

Na primeira metade do século XIX, por exemplo, o arquiteto inglês Augustus Welby Pugin, preocupado com "o estado atual degradado dos edifícios eclesiásticos", pregava o retorno direto ao estilo gótico como um meio de fazer renascer um "verdadeiro sentimento cristão".[28] Embora sua crítica tivesse como foco a arquitetura, no fundo se dirigia contra toda a civilização europeia moderna — abrangência esta que, atrelada ao imaginário do ornamento, se tornará recorrente até o final do século. À sua maneira, pois, o arquiteto Owen Jones também reivindicou, em sua *Gramática do Ornamento*, de 1856, o surgimento de uma nova sociedade pautada por uma tectônica ornamental, mas, desta vez, tomando como modelo ideal a arquitetura moura[29].

Por sua vez, John Ruskin, como Pugin, enaltecia o gótico, só que a partir de uma espiritualidade protestante em vez de cristã. Em 1851, no capítulo "Treatment of Ornament" do primeiro volume de *The Stones of Venice*, Ruskin elege a arquitetura gótica como expressão mais elevada da unidade entre natureza e espírito, o que só poderia resultar da unidade entre a execução e o intelecto[30]. O segundo volume do mesmo livro, publicado em 1853, traz o célebre "The Nature of Gothic", em que Ruskin amplia sua reflexão anterior e introduz a noção de uma "arte total".[31]

Aqui já não se trata de um elogio saudosista dos tempos que se foram. Porque é nesse texto que, apesar da influência ainda patente de Pugin — principalmente da correlação natural que este acreditava existir entre a qualidade de uma sociedade e a qualidade da arte que nela é produzida —, Ruskin preferia pensar em termos de uma experiência da "totalidade" ou de um "modo de vida total" que somente o artista seria capaz de apreender e revelar. Ruskin também introduz, nesse texto, a concepção de uma ordem social pautada na *função*, isto é, no valor intrínseco de cada coisa/pessoa enquanto parte do "grande design universal". Assim,

28 Pugin *apud* Williams, Raymond. *Culture & Society*, op. cit., p. 141. Curiosamente, esse católico convicto também enunciava algo que, diríamos hoje, já delineava *avant la lettre* certo imperativo modernista: "Não deve haver aspectos de um prédio que não sejam necessários em termos e eficiência, construção e propriedade [...] o menor detalhe deve [...] servir a um propósito, e a própria construção deve variar de acordo com o material empregado". Ibidem.
29 Ver, a este respeito: Jones, Owen. *A gramática do ornamento*: ilustrado com exemplos de diversos estilos de ornamento. São Paulo: Senac, 2010.
30 Ruskin, John. *The Stones of Venice* — Vol. I: The Foundations. New York: Cosimo, 2007, p. 230-251.
31 Ruskin, John. *The Stones of Venice* — Vol. II: The Sea-Stories. New York: Cosimo, 2007, p. 151-231.

o artista teria a função profética de acessar e revelar o *design* (que na época ainda não indicava uma profissão) de uma sociedade totalmente integrada.

O que me parece instigante em Ruskin é que, por mais idealista que ele possa soar hoje, sua obra acabou desempenhando a função de uma espécie de "catalisador discursivo", pois registrou o aparecimento de valores e ideais amalgamados que ainda não eram tão contraditórios entre si como logo se tornariam. Por exemplo, em suas muitas críticas ao liberalismo triunfante, ele tinha em mente não um modelo socialista, mas justamente uma rigorosa hierarquia de classes. Chegou a defender que a democracia deveria ser abandonada e que a aristocracia decadente deveria voltar a ser a classe dominante. Importa retermos que, nesse bizarro modelo de sociedade, a pedra angular consistia na *organicidade*, isto é, na inter-relação e na interdependência dos diversos elementos, níveis e setores da sociedade. É isso o que estava na base da conhecida postura reativa de Ruskin contra a produção industrial — ainda que, ironicamente, essa mesma produção logo incorporaria outro ideal de totalidade.

Note-se ainda que a influência desse ideal revela certo ambiente, dito "moderno", que se encontrava atravessado por regimes discursivos conflitantes, os quais circulavam entre três grandes esferas igualmente heterogêneas: a das crenças de uma sociedade ainda consuetudinária e religiosa; a dos Estados-nações e suas contendas internacionais; e a do mercado cosmopolita do trabalho/produção[32]. Além disso, as fronteiras e correlações entre tais setores dissonantes eram "movediças", de sorte que a organicidade ensejada por Ruskin parecia cada vez mais defasada em relação às novas necessidades de organização e regulação que se formavam em uma acelerada sociedade industrial.

Mas o que me parece mais difícil de captar nessa heterogeneidade movediça — sem mencionar outros aspectos que vão além de meus propósitos por ora — são seus efeitos na reconfiguração das práticas e relações cosmopolitas. É nesse registro que se mostra relevante a produção de William Morris, este artesão multifacetado e discípulo de Ruskin: "O significado de Morris nessa tradição é que ele procurou vincular seus valores gerais a uma força social real e crescente: a da classe trabalhadora organizada".[33] Conhecido pela indagação "que interesse pode ter a arte se não puder ser acessível a todos?",[34] Morris esforçou-se para desatrelar a ideia de organicidade de seu teor aristocrático, encarando-a sob o prisma daquilo que denominava "socialismo prático". Em sua concepção, portanto, a visão da totalidade/design não

---

[32] Ver, a este respeito: Dardot, Pierre; Laval, Christian. *A nova razão do mundo*: ensaio sobre a sociedade neoliberal. São Paulo: Boitempo, p. 322-323.

[33] Williams, Raymond. *Culture & Society*, op. cit., p. 159.

[34] Morris *apud* Mackail, John W. *The Life of William Morris* — Vol. II. New York: Dover Publications, 1995, p. 99.

poderia restringir-se aos artistas, mas deveria ser ensinada e disponibilizada organicamente por meio de produtos de qualidade — donde a produção artesanal seria um poderoso meio de educação do trabalho industrial e, por extensão, da sociedade como um todo.

Curiosamente, doravante Morris seria com frequência considerado "utópico", como o descreve Nikolaus Pevsner em *Os pioneiros do desenho moderno*: "em vez de olhar para o futuro, olhava para o passado, o passado das sagas da Islândia, da construção de catedrais, das corporações dos ofícios".[35] Ora, embora Morris cultivasse o velho princípio de que a arte é o que pauta a qualidade da vida social, sua preocupação é claramente com o futuro: "Espero que saibamos seguramente que as artes que nós temos reunido serão necessárias mais adiante para a vida do homem, caso o progresso da civilização não seja tão sem causa quanto o giro de uma roda que nada produz".[36] Mas para uma narrativa como a de Pevsner, interessada em demarcar a "origem" do design (isto é, sua distinção em relação às artes),[37] é conveniente descontextualizar determinados enunciados de Morris (especialmente de seus poemas e romances declaradamente utópicos) que associavam a produção industrial ao sistema capitalista e sugeriam que só uma revolução acabaria com a mecanização do trabalho.

Fato é que ao longo de todo o século XIX não havia uma distinção precisa entre design e a atividade artística. Vemos, ao contrário, uma convergência que culmina no termo "artes decorativas", adotado por Morris — categoria da qual, em meados do século XX, alguns artistas (ou, agora sim, designers) buscarão se emancipar sob a alcunha das "artes aplicadas" (à indústria). Entretanto, ao menos na esfera discursiva, Morris forneceu as principais coordenadas para que a noção de design se difundisse posteriormente na Europa e nos Estados Unidos: a eliminação da especificidade das artes, o refinamento da qualidade estética na práxis da produção econômica e da vida social, a promoção de um *ethos* artístico capaz de se tornar *estilo de vida*. Ao mesmo tempo, a retórica de Morris, assim como a de Ruskin, desgastou-se tão rapidamente quanto a ornamentação medievalista que ambos cultivaram em seus trabalhos artísticos.

[35] Pevsner, Nikolaus. *Os pioneiros do desenho moderno*: de William Morris a Walter Gropius. São Paulo: Martins Fontes, 1994, p. 6. Adiante, o autor postula que "os autênticos pioneiros do Movimento Moderno foram aqueles que logo desde o início se declararam partidários da arte mecânica". Ibidem, p. 10.

[36] Morris, William. *The Collected Works of William Morris* — Vol. 22: Hopes and Fears for Art; Lectures on Art and Industry. Cambridge: Cambridge University Press, 2012, p. 31.

[37] Nessa narrativa, o design emerge a partir da ruptura, promovida pela automação da produção industrial, entre a atividade de projetar e a de produzir. Antes, o artista/artesão seria responsável tanto pelo projeto quanto pela produção, e não havia uma separação clara entre essas duas atividades. Quanto a isso, penso, com Daniel Portugal, "que a automação da produção é apenas a condição material para a emergência do design como atividade moderna, e de maneira alguma pode oferecer dele uma caracterização satisfatória". Portugal, Daniel B. "Éticas do design: considerações preliminares sobre os valores da produção industrial em modos de pensamento iluministas e românticos". *Revista Não Obstante*, v. 1, n. 1, p. 5-12, jan./jul. 2017.

Se sairmos agora do contexto inglês, poderemos compreender mais facilmente por que o estilo do Art Nouveau encontrou na *Belle Époque* um ambiente mais propício ao seu desenvolvimento — sobretudo em comparação ao típico cenário londrinense dos grandes blocos de fábricas, armazéns e bairros operários. A famosa "efervescência artística" parisiense foi diretamente tributária à ampla reforma urbana que Haussmann implementara na capital francesa entre 1852 e 1870. Seu projeto de embelezamento estratégico da cidade pretendia, além de cessar com as barricadas e insurreições populares que marcaram a Revolução Francesa, empurrar os operários para a periferia, num processo de higienização por meio de imensos *boulevards*, jardins e parques[38]. Foi a partir desse pano de fundo que o Art Nouveau floresceria, diferente do resto da Europa, com um clima diletante e otimista, marcado pelo desejo de diminuir a distância entre as "belas artes" em virtude de uma arte *imiscuída* aos diversos campos da produção econômica (construção civil, decoração, vestuário etc.) para, assim, "inspirar" o progresso industrial — o que também implicava tentar redimi-lo. Ademais, conforme sintetiza Giulio Carlo Argan, o Art Nouveau distancia-se dos demais estilos europeus contemporâneos à medida que

> [...] não expressa em absoluto a vontade de requalificar o trabalho dos operários (como pretendia Morris), mas sim a intenção de utilizar o trabalho dos artistas no quadro da economia capitalista. Por isso, o Art Nouveau nunca teve o caráter de uma arte *popular*, e sim, pelo contrário, de uma arte de elite, quase de corte, cujos subprodutos são graciosamente ofertados ao povo: é o que explica sua constante remissão ao que se pode considerar um exemplo de arte integrada aos costumes, o *Rococó*, e sua rápida dissolução quando a agudização dos conflitos sociais, que leva à Primeira Guerra Mundial, desmente com os fatos o equívoco utopismo social que lhe servia de base.[39]

38 As antigas ruas sinuosas e estreitas, residuais do período medieval, possibilitavam a luta frente a frente entre civis e militares. Após sua demolição por Haussmann, foram substituídas por vias largas e retas que favoreciam o uso de canhões. A nova organização geométrica também envolvia a homogeneização de casas e comércios, e influenciará doravante a modernização de outras metrópoles europeias.

39 Argan, Giulio Carlo. *Arte moderna*. São Paulo: Companhia das Letras, 1992, p. 204, grifos no original.

Caso exemplar dessa inflexão reside em ninguém menos que Alfons Mucha, cujo trabalho se tornaria, na virada do século, praticamente sinônimo de Art Nouveau. Uma vez não admitido na Academia de Belas Artes de Praga, Mucha se muda para Viena, onde trabalhou com cenografia, e depois, financiado por um mecenas, estuda na Itália e na Alemanha. Ele chega em Paris apenas em 1888, sem qualquer influência do pós-impressionismo que ali preponderava (em contraste com sua predileção ao realismo figurativo). E ao acumular, rapidamente, muitos clientes de vários setores industriais, Mucha tomou a dianteira das *artes decorativas* — que então já ultrapassava, em termos econômicos, as belas artes e a "arte livre" dos impressionistas. No entanto, Mucha, que sempre quis ser reconhecido como artista tradicional, abandonaria aos poucos o trabalho comercial para poder se dedicar ao seu grande projeto patriótico, a "Epopeia Eslava", concebido em 1900 e concluído em 1926. Trata-se, portanto, do avesso de um Morris: Mucha manteve-se engajado apenas com a maçonaria tcheca, e nunca mostrou qualquer inclinação progressista em relação a uma nova arte — "O que é isso, Art Nouveau? [...] A arte nunca pode ser nova".[40] Sua enorme produtividade enquanto artista decorativo era movida por motivos estritamente financeiros; reciprocamente, o Art Nouveau serviu-se de Mucha de maneira francamente mercadológica.

Isso ilustra, de modo geral, o distanciamento discursivo entre o ornamento francês e o inglês. Como vimos abreviadamente, na Inglaterra a discussão em torno do ornamento o elevava para além da mera acepção decorativa, associando-o a uma "arte total", isto é, à integração entre "a arte e a natureza, [...] o trabalho alienante e o trabalho enriquecedor, a fruição estética e o consumo".[41] Já na França, a ornamentação assumira um outro sentido de totalidade: aquele de desfazer os limites do fazer artístico para estendê-lo a tudo o que compõe o ambiente urbano[42]. Entre uma concepção e outra, é interessante notar como o aparecimento do design enquanto profissão dependeu, em certa medida, da supressão dessa diferença discursiva. Tenho em mente, por exemplo, o designer belga Henry Van de Velde (1863-1957), que se declarava influenciado por William Morris, projetou muitas peças Art Nouveau (que chegaram a ser expostas na Exposição Universal de Paris de 1900) e, como se não bastasse, projetou a primeira sede da Bauhaus em Weimar.

Já no campo da arquitetura, é digna de nota a publicação, em 1892, de *Ornament in Architecture*, do norte-americano Louis Sullivan — que certamente impressionou Adolf Loos em sua visita à Escola de Chicago em 1893.[43] Assumindo o ornamento como elemento que deveria integrar e comunicar a estrutura formal do edifício, Sullivan criticou a arbitrariedade dos "adornos europeus" que são superficialmente adicionados à construção. O arquiteto explica que "do ponto de vista espiritual a decoração é um luxo e não uma

---

[40] Mucha *apud* Sato, Tamako. *Alphonse Mucha*: The Artist as Visionary. Cologne: Taschen, 2015, p. 43.
[41] Paim, Gilberto. *A Beleza sob Suspeita*, op. cit., p. 22.
[42] Cumpre pontuar, no entanto, que entre muitos intelectuais franceses (como Baudelaire) ainda prevalecia certo desprezo pelo ecletismo e pelas formas "degradadas" de arte. Ver, a este respeito: Podro, Michael. *The Critical Historians of Art*. New Haven: Yale University Press, 1982.
[43] Ver, a este respeito: Moreira, Fernando Diniz; Barretto, Diogo Cardoso. "Ruskin, Sullivan e Loos: Sobre o conceito de ornamento industrial". *Arquitextos*, São Paulo, ano 15, n. 178.01, mar. 2015. Disponível em: <https://www.vitruvius.com.br/revistas/read/arquitextos/15.178/5492>. Acesso em maio de 2020.

necessidade", acrescentando que "seria um grande bem para a nossa estética que nos abstivéssemos totalmente do emprego da decoração [...] a fim de que nosso pensamento se detenha profundamente na produção de edifícios que, em sua nudez, sejam esbeltos e bem-formados".[44] Vale também mencionar que Frank Lloyd Wright, discípulo de Sullivan, defendeu, em *The Art and Craft of the Machine*, de 1901, um princípio similar nos campos da arte e da indústria, não se furtando de criticar diretamente a tradição inglesa: "a maldição que a máquina impõe ao artesanato deve libertar os artistas da tentação das mesquinhas fraudes formais e acabar com este monótono esforço de fazer as coisas parecerem aquilo que não são e nunca poderão ser".[45]

Por mais que essa racionalidade funcionalista acabe reverberando, adiante, nos discursos do "design moderno", ela está longe de abarcar a extensão das transformações econômicas, culturais e subjetivas que fomentaram a difusão do design no século XX. Na verdade, retomando a crítica de Foster, se a prédica da arte total se encaminhou rumo a de um design total, foi na esteira de uma conjuntura que transpõe o debate intelectual em torno do ornamento, passando mais pelo que Richard Sennett chamou, em *O declínio do homem público*, de "produção material da vida pública".[46] Logo, uma vez apresentado o certame discursivo pelo qual, ao longo do século XIX, o ornamento assumiu as mais diversas acepções, resta-nos ainda compreender, um pouco à maneira de Foucault, de que maneira um emergente sistema econômico de produção funcionou também como um sistema antropológico de produção; e, por conseguinte, de que maneira o design foi uma peça fundamental a tal sistema enquanto advento de uma nova forma de subjetivação.

A ORNAMENTAÇÃO DA VIDA PÚBLICA

No século XIX, com o aumento da produtividade industrial, a lógica da larga escala não apenas despiu o trabalho de seu caráter artesanal, como também mudou o sentido de fabricar: quem antes fabricava artefatos duráveis passava a produzir, a baixo custo, objetos feitos para serem rapidamente descartados. Todavia, conforme insiste Foster em *Design e crime*, não basta haver produção em larga escala para que haja consumo em igual medida. Quanto a isso, também não é suficiente deter-se apenas na influência da

---

44 Sullivan, Louis. "Ornament in Architecture". In: _____ . *Kindergarten Chats and Other Writings*. New York: Dover Publications, 1979, p. 187.

45 Writgh, Frank Lloyd. "The Art and Craft of the Machine". In: _____ . *Modern Architecture*: Being the Kahn Lectures for 1930. Princeton/Oxford: Princeton University Press, 2008, p. 20.

46 Sennett, Richard. *O declínio do homem público*: as tiranias da intimidade. Rio de Janeiro: Record, 2014, p. 190.

publicidade, embora sua ampla disseminação tenha ocorrido nesse mesmo contexto, com o aprimoramento das artes gráficas e decorativas. Mais pertinente é notar, por exemplo, como as primeiras lojas de departamento ganharam força, sobretudo em Londres e Paris, na medida em que o avanço da fabricação do vidro possibilitara a instalação de grandes vitrines: os produtos, antes escondidos nas estantes de pequenas lojas, passaram a ser exibidos à multidão dos passantes. Em paralelo, todo um novo modo de "estar em público" era instaurado a partir da construção de parques urbanos, cafés, vias reservadas ao trânsito de pedestres, além da popularização do teatro e da ópera.

> A difusão das comodidades urbanas ultrapassou o pequeno círculo da elite e alcançou um espectro muito mais abrangente da sociedade, de modo que até mesmo as classes laboriosas começaram a adotar alguns hábitos de sociabilidade, como passeios em parques, antes terreno exclusivo da elite, caminhando por seus jardins privados ou "promovendo" uma noite no teatro.[47]

Nesse cenário esquadrinhado por Sennett em *O declínio do homem público*, os bens de consumo e vestuário, tanto quanto as próprias atividades mundanas, tornaram-se signos da personalidade, assim externalizada, dos indivíduos. Tal comportamento, que constitui boa parte da *moda* tal como a conhecemos hoje, simplesmente não tinha lugar antes das metrópoles oitocentistas, quando era inadequado exibir alguma "personalidade" para além do simbolismo de uma estirpe social. A antiga etiqueta do decoro civilizado, afinal, pautava-se na impessoalidade e na total discrição dos sentimentos, de modo que a personalidade de um indivíduo se limitava, até então, a uma questão de ascendência familiar e de boa reputação na sociedade[48].

Em contrapartida, mediante a padronização inerente à lógica industrial — isto é, quando um grande número de pessoas passaria a comprar os mesmos produtos e usar as mesmas roupas, além de frequentar os mesmos espaços públicos —, torna-se atraente a ideia de ser alguém único, distinto, não igual a todo mundo. Disso deriva o estímulo do indivíduo em projetar sua personalidade em mercadorias que, por sua vez, prometem expressar a personalidade "singular" do comprador. Foi por meio da produção material, com efeito, que tal personalidade penetrara no domínio público. Jurandir Freire Costa extraiu de Sennett uma ideia tão simples quanto certeira: a de que a identidade burguesa encontrou nos produtos industriais um esteio similar ao que a identidade aristocrática cultivara nos vínculos de sangue. Desse modo,

[47] Ibidem, p. 32.
[48] Ver, a este respeito: Campbell, Colin. *A ética romântica e o espírito do consumidor moderno*. Rio de Janeiro: Rocco, 2001, p. 31-56.

O universo sentimental deixou de ser um fantasma etéreo, engavetado no interior da mente. Emoções, objetos e mundo não eram mais concebidos como entes metafísicos isolados em desertos ontológicos incomparáveis e incomensuráveis. Agora faziam parte do complexo organismo-mundo, indivíduo-realidade ou sujeito-objeto material.[49]

Claro que não eram todas as pessoas que podiam experimentar essa materialização da personalidade, mas não deixa de ser significativa a intersecção da identidade burguesa com a economia industrial, pois representava discursivamente certa unidade entre caráter e aparência, sentimento e vida pública[50]. E, como intuíra Foster, foi com base nessa lógica específica que o design concretizaria aquela abrangente (e, como vimos, multifacetada) aspiração oitocentista de uma arte total, encarregando-se de nada mais nada menos que a *forma* como somos levados a viver, a nos comportar, a nos relacionar com os outros e com nós mesmos. As consequências dessa conjunção foram descritas inúmeras vezes sob a alcunha de "consumismo" ou de "fetichismo das mercadorias". Mas se Foster pensa em termos de "design total" é por considerar que o design, para além de sua propensão comercial, tende à totalização — não apenas no sentido de uma individualização universal dos costumes (o que é paradoxalmente similar, embora anacrônico, ao que se poderia chamar de uma universalidade normativa dos indivíduos, como nos antigos enquadramentos de linhagem sanguínea), mas também, e fundamentalmente, na direção de uma integração de todas as dimensões da vida social, compondo assim uma *racionalidade*.

A RACIONALIDADE DO DESIGN TOTAL

O termo "racionalidade" não é aqui empregado como um eufemismo para "capitalismo". Embora tenha inegavelmente um caráter capitalista, o design total diz respeito a uma racionalidade específica que requer ser analisada como tal, e não à luz de um invariante econômico macroestrutural[51]. Em primeiro lugar, na contramão de uma leitura de mundo que o divide em domínios autônomos e separados (econômico, político, social etc.), pensar em termos de

---

49 Costa, Jurandir Freire. *O vestígio e a aura*: corpo e consumismo na moral do espetáculo. Rio de Janeiro: Garamond, 2005, p. 155.

50 Anseio que, segundo Sennett, já se esboçava há muito antes: "Rousseau aspirava a uma vida social em que as máscaras tivessem se tornado rostos, e as aparências, sinais de caráter". Sennett, Richard. *O declínio do homem público*, op. cit., p. 269.

51 Segundo Wendy Brown, enquanto "a abordagem neomarxista tende a se concentrar nas instituições, políticas, relações e efeitos econômicos", a abordagem foucaultiana enfoca a produção de sujeitos, revelando "como o capitalismo não é singular e não segue sua própria lógica, mas é sempre organizado por formas de racionalidade". Brown, Wendy. *Nas ruínas do neoliberalismo*: A ascensão da política antidemocrática no Ocidente. São Paulo: Politeia, 2019, p. 32.

racionalidade destaca o caráter transversal dos costumes, dos discursos e das relações de poder. É nesse sentido que tal conceito fora adotado por Foucault a fim de ampliar sua concepção de "governamentabilidade", antes centrada nos modos de governo da população e, depois, articulada na correlação entre as técnicas de dominação e as técnicas de si[52]. Sob esse prisma, o "design total" a que se referia Foster funciona não apenas de modo a materializar condutas e valores, mas também de maneira a *produzir* uma racionalização dos usos e costumes, tornando desejáveis e úteis certos tipos de relações sociais, certas maneiras de viver, certas subjetividades. Por conseguinte, o design total enquanto racionalidade não equivale a uma tática ordenada de conformação dos indivíduos a determinado código normativo; trata-se, antes, de um modo ativo de produzir coerência nas práticas sociais, de maneira que os indivíduos venham a conformar-se *por si mesmos* a certas normas.

Como opera essa racionalidade? Antes é preciso retomar como ela foi "operada": apesar de, como vimos, o discurso do ornamento ter se desenvolvido com maior intensidade na Inglaterra, a "organicidade" formal encontrou no Art Nouveau um terreno fértil para a proliferação de uma "arte total", isto é, espraiada em todo o ambiente urbano. No entanto, também vimos que tal anseio dependeu, para se concretizar, de uma ampla reconfiguração da vida pública, dando materialidade e visibilidade à noção burguesa de "personalidade". Com efeito, a passagem de uma arte total a um design total tem a ver com as transformações em torno do ornamento: aquilo que antes expressava um impulso estético "elevado", após inspirar visões progressistas para o avanço industrial, termina por se alastrar no cotidiano da maneira mais "mundana" possível.

Essa profanação do ornamento não implica a sua decadência, e sim um novo sentido: ele vale pelo que é, e não pela tradição à qual remete. Se o futuro civilizacional anunciado pelo Art Nouveau se mostrou provisório e passageiro, sendo logo em seguida condenado por Adolf Loos e os modernistas, é porque *aquele* ornamento já se mostrava antiquado. Ocorre que as alternativas que o sucedem, como o próprio modernismo, também tentaram valer por si mesmas, desenhando no presente uma forma em aberto do futuro. De certo modo, portanto, o design é outro nome para a ornamentação, ainda que ele pretenda superar ornamentos antigos — cultivando assim um altivo olhar progressista.

[52] A partir de seus cursos da década de 1980, Foucault passa a entender que a ação de governar, isto é, de conduzir a conduta dos indivíduos, não é feita somente por meio de uma administração estatal, uma vez que a conduta a ser conduzida e normatizada é tanto aquela que se tem para consigo mesmo quanto aquela que se tem para como os outros. Ver, quanto a isso: Foucault, Michel. "As técnicas de si". In: _____. *Ditos e Escritos IX*, op. cit., p. 264-296.

Claro que a figura profissional do designer, que emerge em meados do século XX, distinguia-se radicalmente do legado do artista decorativo do Art Nouveau[53]. Entretanto, no âmbito ampliado da racionalidade de um "design total", o que conta não é a imagem nem o discurso que os designers têm acerca de si mesmos, mas a maneira como o design é largamente inserido, apreendido e reforçado na vida cotidiana. Nesse sentido, é preciso ter em vista que, nos termos de Jurandir Freire Costa, "muito do que somos depende, de fato, do modo de produção material de nossa existência, mas muito do que queremos ser condiciona o modo como produzimos materialmente as circunstâncias de nossas vidas".[54] Logo, se os primeiros objetos industriais já corporificavam ideais de personalidade — o que se dava amiúde pela imitação de um estilo de vida "superior", como parte da burguesia oitocentista ainda fazia em relação à aristocracia —, isso só veio a se tornar algo parecido com o "design total" a partir do momento em que os indivíduos assumiram a propensão de serem designers de si mesmos, isto é, fazendo de si um projeto permanente.

Dito de outro modo, mediante um cotidiano cosmopolita que se apresenta, mais do que nunca, como o lugar de todas as inovações, de novas demandas e "oportunidades", a racionalidade do design total pauta-se na "responsabilidade" do indivíduo pela realização de si mesmo. Trata-se de uma versão mais sofisticada, mais "individualizada", da ética burguesa; mas, diferentemente dos valores ascéticos que Weber depreendera ao protestantismo, o "designer de si" não vê necessariamente no trabalho o caminho de sua salvação. O grande princípio dessa nova ética repousa sobre a conjunção entre as aspirações individuais e o modo como se vive, o que remete ao célebre tratado do *Self-Help*, escrito em 1859 por Samuel Smiles: "Pode ser pouco importante a maneira como um homem é governado de fora, pois tudo depende de como ele se governa por dentro".[55] Tal conduta não equivale àquela do "governo de si" que Foucault examinara na sabedoria antiga, centrada no *distanciamento* em relação a si e a todo papel social; trata-se, ao contrário, de um *engajamento total* consigo mesmo,

---

53 Considerando que, por exemplo, certa estética neoclássica seria leigamente exaltada no nazismo alemão, compreende-se como o desapego às grandes tradições europeias por parte de muitos designers, artistas e arquitetos logo se tornaria uma questão de "conduta profissional" e de narrativa histórica (ex. Pevsner).

54 Costa, Jurandir Freire. *O vestígio e a aura*, op. cit., p. 178-179.

55 Smiles, Samuel. *Self-help*: With Illustrations of Character and Conduct. Boston: Ticknor and Fields, 1863, p. 17. Após ter sido um dos reformadores britânicos mais engajados de sua época, Smiles decepcionou-se com a vida pública a partir dos anos 1850. No lugar de tentar transformar a sociedade, passou a tentar transformar as pessoas — eis a premissa de *Self-help*, uma coletânea de biografias de pessoas comuns cujas trajetórias de vida, marcadas pela persistência e capacidade de lutar contra as adversidades, poderiam servir de exemplo a outras pessoas.

visando o aumento de motivação, foco e desempenho. Ou seja, o que constitui esse sujeito já não é tanto os seus ganhos, seus bens ou mesmo o seu status, mas o próprio processo de aprimoramento — ou design — que ele projeta sobre si mesmo, com o intuito de valorizar-se, superar-se, realizar-se.

A partir desse *ethos* eminentemente individualista, todas as dimensões da vida são reordenadas como um pacote de situações a serem "filtradas" pelo design: como viver sexualmente, como fazer amizades, como vencer no mundo dos negócios, como aproveitar melhor o tempo, como ser feliz e dar sentido à vida etc. Tudo isso converge em novos paradigmas como o da "formação para toda a vida" (*long life training*) e o da "empresa de si mesmo" [56] — que pressupõem a integração da vida pessoal e profissional com vistas a um portfólio de experiências a ser exposto nas redes sociais —, além de diferentes técnicas como *coaching* e programação neurolinguística que visam fortalecer o eu, potencializá-lo e adaptá-lo a situações difíceis. Mesmo no campo de atuação dos designers, não surpreende que abordagens como *design thinking* e *user experience* promovam a participação das pessoas no processo criativo, de modo a gerar desde interfaces mais "amigáveis" até experiências totalmente personalizadas.

Em suma, a racionalidade do design total é aquela capaz de fazer da individualidade um valor universal. Se outrora o Art Nouveau fez do ornamento o signo pleno de uma "arte total", hoje as diversas esferas da vida — trabalhar, aprender, se relacionar etc. — estão integradas à medida que somos levados a ver o mundo com as lentes do design. E se a ornamentação da vida pública articulou, no fim do século XIX, a noção de um "sujeito com personalidade", a atual ornamentação já ocupa toda esfera individual e se expressa pela flexibilidade e capacidade de adaptação dos "designers de si", cujos imperativos da "autoinovação" e da "reinvenção de si" justificam a adesão de tantos assalariados às condições cada vez mais flutuantes e precárias que lhes são impostas. Ornamentos sofisticados, enfim, para impelir ao indivíduo toda a responsabilidade por seu próprio destino — o que se traduz, por exemplo, na teoria intitulada "Orientações Fundamentais das Relações Interpessoais", desenvolvida em 1958 pelo psicólogo Will Schutz: "Eu escolho minha vida — meus comportamentos, pensamentos, sentimentos, sensações, recordações, fraquezas, doenças, corpo, tudo — ou, então, escolho não saber que tenho escolha. Sou autônomo quando escolho a totalidade da minha vida".[57]

---

[56] Essa noção é acuradamente examinada no capítulo "A fábrica do sujeito neoliberal" do livro *A nova razão do mundo*, de Pierre Dardot e Christian Laval, segundo os quais "o momento neoliberal caracteriza-se por uma homogeneização do discurso do homem em torno da figura da empresa. Essa nova figura do sujeito opera uma unificação sem precedentes das formas plurais da subjetividade". Dardot, Pierre; Laval, Christian. *A nova razão do mundo*, op. cit., p. 326.

[57] Schutz *apud* Dardot, Pierre; Laval, Christian. *A nova razão do mundo*, op. cit., p. 344.

****

Passadas quase duas décadas da publicação de *Design e crime*, a intuição de Foster acerca da expansão do design orientada a um novo tipo de subjetividade, aqui designada por "designer de si", resistiu às críticas daqueles que rogam pela dignidade do design enquanto campo profissional e acadêmico. Foster não foi o único a fazer frente à atmosfera de bem-estar social que pairou nos últimos balanços do século XX, mas foi um dos poucos a tecer um exame lúcido acerca do design que então ganhava força — indo de encontro, pois, à celebração dos designers que, na passagem para o século XXI, ainda em meio a transformações relacionadas às técnicas digitais, gozavam de uma notoriedade cada vez maior no mundo globalizado. Se mesmo hoje o escrutínio de Foster ainda não é bem recebido entre os designers, acredito que é porque eles sequer o "digeriram" minimamente, isto é, com a diligência necessária mediante uma perspectiva externa ao design — e nem por isso leia. Ao mesmo tempo, é notável como as raras ponderações já esboçadas no campo do design só confirmam, apesar do esforço contrário, a atualidade do diagnóstico de Foster.

Wielewicki e Roda, por exemplo, defendem "que esta não é uma discussão nova no campo do design",[58] uma vez que autores como Victor Papanek e Gui Bonsiepe introduziram noções como "visão sistêmica", "inovação social", "condutas mais humanas e éticas" etc. Ora, a despeito do teor vago e genérico desses termos, claramente não é essa a discussão proposta por Foster. Trata-se da inserção histórica do design em uma sociedade cosmopolita e globalizada, independente das boas intenções e da conduta ética dos designers. Quanto a isso, os autores argumentam, a partir da perspectiva de Ezio Manzini[59], que o design ainda é pouco compreendido em sua "verdadeira vocação". Qual seja, uma contrária à ideia do "design como um manipulador e agente do consumo"[60] — como se a concepção de Foster se reduzisse a isso.

Após apresentarem uma série de abordagens metodológicas do campo, os autores asseguram que "a visão do crítico é parcial e retrata apenas um fragmento do design como campo de atuação, excluindo tantas outras possibilidades", e tentam eximir sua classe profissional de toda culpa ao dizerem que "o design apontado por Foster não é exclusividade de designers".[61] Após esse pleito por redenção,

---

[58] Wielewicki, Patrícia; Roda, Rui Miguel Ferreira. "Design em paralaxe: uma discussão sobre a coexistência de diferentes abordagens do design na contemporaneidade". *Revista de Ciências Humanas* (Florianópolis), v. 50, n. 2, p. 548-563, jul./dez. 2016, p. 557.

[59] "Para operar na economia social e promover a inovação social, o próximo design deve deixar claro (tanto dentro como fora da comunidade do design) que seu campo de competência é mais amplo do que aquele que tradicionalmente tem sido considerado. Em particular ele inclui serviços e redes colaborativas". Ibidem, p. 558.

[60] Ibidem, p. 554.

[61] Ibidem, p. 560.

os autores alegam que, na visão equivocada de Foster, o design não difere das artes decorativas do século XIX. E, para finalizar, eles contrapõem à tal acepção "ultrapassada" uma ideia mais precisa de design, "assumido neste trabalho como um campo de atuação multifacetado, com contornos pouco nítidos, e por natureza flexível (uma vez que acompanha as oscilações do corpo social)" [62] — algo próximo, enfim, do que Foster entende por "design total".

Esse tipo de leitura simplesmente não dialoga com o texto de Foster, servindo no máximo como exercício de engajamento de classe — o que, no geral, ainda se sobressai na produção teórico-crítica dos designers. Foster, que é herdeiro de certo ceticismo pós-estruturalista em relação à arte moderna[63], demonstra desenvoltura e erudição para abordar o design, em vez de reduzi-lo à tábula rasa do consumismo. O mote da "integração entre arte e vida", que o autor já havia criticado em *O retorno do real* no âmbito das vanguardas e neo-vanguardas do século XX, reaparece em *Design e crime* para indagar a persistência e as consequências do modernismo no design — legado que historicamente ultrapassa suas fronteiras disciplinares.

Foster elabora, como poucos, uma analogia crítica a partir de Adolf Loos para perscrutar o status global do design como agente decisivo da cultura contemporânea. Ele tinha plena ciência de que, como bem sintetiza Jurandir Freire Costa, "demonizar o consumismo capitalista é a forma de encontrar um monstro à altura da demência".[64] Bem diferente é pensar, como Foster nos sugere, que valores e ideias não se sustentam mais (se é que um dia já se sustentaram) sem um design que lhes confere visibilidade e materialidade. A questão central, portanto, não é saber *se* o design articula ou não a realidade humana, mas *como* ele já se tornou indispensável nos processos de gestação, manutenção e reprodução dessa mesma realidade.

---

62 Ibidem, p. 561.
63 "Os críticos formados em meu meio são mais ambivalentes a respeito dessa arte [modernista], não só porque a recebemos como cultura oficial, mas porque fomos iniciados por práticas que desejavam romper com seus modelos dominantes". Foster, Hal. *O retorno do real*, op. cit., p. 11.
64 Costa, Jurandir Freire. *O vestígio e a aura*, op. cit., p. 178.

6   Arte e design sob outros critérios

> Um modo de enfrentar as provocações de uma nova arte é permanecer firme e manter princípios sólidos. Os princípios são estabelecidos pelo gosto experimentado dos críticos e por sua convicção de que só serão significativas as inovações que promoverem a direção já estabelecida da arte avançada. O demais é irrelevante. Julgada pela "qualidade" e por um "avanço" mensurável por determinados critérios, cada obra é então graduada numa escala comparativa.
>
> Há um segundo modo que é mais producente. O crítico interessado numa nova manifestação mantém afastados seus critérios e seu gosto. Uma vez que foram formulados com base na arte anterior, ele não presume que sejam adequados para a arte de hoje. Enquanto busca compreender os objetivos subjacentes à nova arte produzida, nada é excluído ou julgado irrelevante *a priori*. Já que não está dando notas, ele suspende o julgamento até que a intenção da obra entre em foco, e sua reação será — no sentido literal da palavra — de empatia; não necessariamente para aprovar, mas para sentir junto dela como junto de uma coisa que não se parece com nenhuma outra. — Leo Steinberg [1]

"Outros critérios", ensaio escrito em 1968 por Leo Steinberg, foi certamente a crítica mais severa já empregada contra o formalismo nas artes visuais. Antes de desenvolvê-la, no entanto, o crítico diferencia duas modalidades então vigentes de crítica, transcritas acima, e se posiciona convenientemente na segunda, a da "empatia". Tal é, a meu ver, a parte mais frágil de seu aguçado ensaio. De saída, porque essa maneira empática, a despeito do que enuncia, também faz uso de critérios rigorosos — a suspensão de juízo, por exemplo, é um princípio kantiano da fenomenologia — que, por sua vez, podem ser tudo menos "isentos", tampouco inteiramente

[1] Steinberg, Leo. *Outros critérios*, op. cit., p. 90.

"empáticos", já que se opõem aos princípios e gostos daquela primeira modalidade crítica. Mas o que salta aos olhos, ao menos olhando em retrospecto, é o fato de que esses "outros critérios" logo se mostraram tão acadêmicos e disciplinares quanto o alvo de sua crítica[2].

Não é o meu interesse, aqui, criticar tais critérios — mesmo porque eu os endosso[3] —, quiçá propor novos "critérios outros". Interessa-me refletir sobre algumas correlações entre a arte e o design a partir de uma questão de fundo que resta implícita na fragilidade a que me referi no ensaio de Steinberg: a questão da disciplina. Afinal, quando o crítico afirma, referindo-se ao formalismo, que "não me agrada acima de tudo sua posição proibitiva — atitude que consiste em dizer a um artista aquilo que não deve fazer e, ao espectador, o que não deve ver",[4] ele parece não se dar conta de que tal aspecto coercivo não é exclusivo ao formalismo, mas se estende a toda forma de disciplina — ainda que esta, por sua vez, não se reduza a uma prática de coerção.

Mas antes de definir tal noção chave, devo explicar o que me leva a refletir sobre arte e design a partir dessa problemática. Em primeiro lugar, são campos em que eu transito e cujos programas acadêmicos se delineiam, a meu ver, cada vez mais isolados e endógenos, a despeito de sua atuação profissional concomitante e disputada no âmbito da visualidade. Não que a arte e o design tenham algum privilégio sobre a visualidade — e estou longe, aqui, de reivindicá-lo. Mas tudo indica, como pretendo mostrar neste capítulo, que a indústria do entretenimento tem engendrado uma convergência (ou um "complexo", como denomino adiante) entre arte e design, que assim adquirem uma nova dimensão valorativa que passa ao largo do lócus acadêmico-disciplinar.

E por este motivo, entrementes, não é algo facilmente mensurável sob uma perspectiva disciplinar — nem mesmo inter, multi ou transdisciplinar, como não raro se costuma definir, de maneira igualmente disciplinar, a arte e o design. O que aqui estou a propor, não obstante, é a tentativa intricada (posto que sou um acadêmico) de encarar a arte e o design sob um olhar *não disciplinar*, o qual me parece próprio do pensamento foucaultiano. Não significa contestar as disciplinas ou duvidar de sua existência, mas, o que é bem diferente, indagar como sua existência é possível e, sobretu-

[2] O ensaio influenciou toda uma geração de artistas e críticos associados, por exemplo, ao periódico October, além de ter se tornado referência para a disciplina *Visual Studies*, que nomeia um curso de bacharelado ofertado já há algum tempo em algumas universidades de fora do Brasil.
[3] Ver, a este respeito: Beccari, Marcos. *Sobre-posições*, op. cit., p. 61-72. Ademais, eu tive a oportunidade de orientar uma pesquisa que explorou, a nível de mestrado acadêmico e tomando Steinberg como um dos autores de base, a problemática do formalismo no campo do design gráfico. Ver: Chromiec, Estêvão Lucas Eller. *Formalismo e design gráfico*: uma análise crítica sobre as teorias contemporâneas de percepção visual, sob o viés pós-estruturalista. Dissertação de Mestrado em Design. Curitiba: Setor de Artes, Comunicação e Design da UFPR, 2020.
[4] Steinberg, Leo. *Outros critérios*, op. cit., p. 91.

do, o que passa a existir apesar ou em decorrência delas. Logo, o que importa não são as disciplinas em si (e a partir de si) mesmas, mas os jogos discursivos e de poder que as circunscrevem, o que coloca em primeiro plano certos valores, expectativas e conexões que orbitam "ao redor" da arte e do design. A partir de tal sorte de constelação que um olhar foucaultiano põe em evidência, discorro a seguir sobre o lugar que a arte e o design parecem ocupar na esfera da visualidade — não sem antes definir, enfim, a problemática disciplinar.

O DISCIPLINAMENTO DAS DISCIPLINAS

Em Foucault, encontramos dois usos diferentes para "disciplina": um na ordem do saber, enquanto forma de controle da produção de discursos[5], o que remete a uma luta política em torno dos saberes; e outro na ordem do poder, enquanto uso articulado de saberes, técnicas e procedimentos para produzir uma individualidade *disciplinada* (isto é, economicamente útil e politicamente dócil).[6] Como é possível depreender, tais concepções estão ligadas entre si, a começar pelo fato de que ambas definem um tipo de prática. Quanto a este aspecto, Foucault esclarece que a história das práticas disciplinares se estende até à Antiguidade, embora tais práticas só se disseminem como normas gerais a partir do momento em que, entre os séculos XVII e XVIII, o poder monárquico torna-se demasiado custoso e pouco eficaz.[7]

A aula de 25 de fevereiro de 1976 do curso *Em defesa da sociedade* é particularmente interessante para entendermos como Foucault concebe não apenas as relações entre saber e poder, mas especialmente a correlação

---

[5] "A disciplina é um princípio de controle da produção do discurso. Ela lhe fixa os limites pelo jogo de uma identidade que tem a forma de uma reatualização permanente das regras". Foucault, Michel. *A ordem do discurso*, op. cit., p. 36.

[6] "O momento em que passamos de mecanismos histórico-rituais de formação da individualidade a mecanismos científico-disciplinares, [...] substituindo assim a individualidade do homem memorável pela do homem calculável, esse momento em que as ciências do homem se tornaram possíveis, é aquele em que foram postas em funcionamento uma nova tecnologia do poder e uma outra anatomia política do corpo [...] na formação de uma sociedade disciplinar". Foucault, Michel. *Vigiar e punir*, op. cit., p. 161. A terceira parte de *Vigiar e punir* (ibidem, p. 133-220) é inteiramente dedicada à definição do poder disciplinar.

[7] "Os mosteiros [cristãos] são um exemplo de região, domínio no interior do qual reinava o sistema disciplinar. [...] Pode-se recuar até a Legião Romana e, lá, também encontrar um exemplo de disciplina. Os mecanismos disciplinares são, portanto, antigos, mas existiam em estado isolado, fragmentado, até os séculos XVII e XVIII, quando o poder disciplinar foi aperfeiçoado como uma nova técnica de gestão dos homens". Foucault, Michel. *Microfísica do poder*, op. cit., p. 179-180. Na aula de 28 de novembro de 1973 do curso *O poder psiquiátrico*, Foucault delineia uma história mais detalhada das práticas disciplinares. Ver: Foucault, Michel. *O Poder Psiquiátrico*: Curso dado no Collège de France (1973-1974). São Paulo: Martins Fontes, 2006, p. 79-116.

entre aqueles dois sentidos de "disciplina". Para defender a tese de um "disciplinamento" dos saberes no século XVIII, o filósofo começa discorrendo sobre como os saberes técnicos (como o do ourives ou o do pintor) existiram durante muito tempo de maneira sedimentada, descontínua e com base no segredo das guildas e associações; um segredo que assegurava a "competência" profissional de quem o possuía, bem como certa independência mercadológica de cada tipo de saber técnico e daqueles que o exerciam. O que decorre ao longo do século XVIII elucida algo acerca do que hoje entendemos por "disciplinas":

> Ora, à medida que se desenvolveram tanto as forças de produção quanto as demandas econômicas, o valor desses saberes aumentou, a luta desses saberes uns com relação aos outros, as delimitações de independência, as exigências de segredo, tornaram-se mais fortes e, de certo modo, mais tensas. Nessa mesma ocasião, desenvolveram-se processos de anexação, de confisco, de apropriação dos saberes menores, mais particulares, mais locais, mais artesanais, pelos maiores, eu quero dizer os mais gerais, os mais industriais, aqueles que circulavam mais facilmente; uma espécie de imensa luta econômico-política em torno dos saberes, a propósito desses saberes, a propósito da dispersão e da heterogeneidade deles; imensa luta em torno das induções econômicas e dos efeitos de poder ligados à posse exclusiva de um saber, à sua dispersão e ao seu segredo. É nesta forma de saberes múltiplos, independentes, heterogêneos e secretos que se deve pensar o que foi chamado de desenvolvimento do saber tecnológico do século XVIII; é nessa forma de multiplicidade, e não no progresso do dia sobre a noite, do conhecimento sobre a ignorância.[8]

A ordenação dos saberes, prossegue Foucault, colocou-se em marcha mediante quatro operações estratégicas: (1) *seleção* de saberes úteis ao Estado, o que implica a desqualificação de saberes inúteis e economicamente custosos; (2) *normalização* dos saberes, no sentido de ajustá-los uns aos outros e de permitir, na contramão do "segredo profissional", que se comuniquem entre si; (3) *hierarquização* dos saberes mais particulares aos mais gerais, estes servindo de diretrizes àqueles; (4) *centralização* dos saberes sob a alcunha da "ciência" (o que antes havia eram as ciências), de modo a estabelecer métodos e procedimentos comuns entre os diferentes saberes. Para ilustrar o conjunto desses empreendimentos, Foucault menciona o projeto da Enciclopédia e, com maior acuidade, a constituição das universidades modernas, onde o "disciplinamento" passa a ser feito não tanto com vistas ao conteúdo dos saberes (ortodoxia), mas sobremaneira pela regulação das formas de enunciação (ortologia).[9]

[8] Foucault, Michel. *Em defesa da sociedade*: Curso no Collège de France (1975-1976). São Paulo: Martins Fontes, 2005, p. 214-215.
[9] Ver, a este respeito: ibidem, p. 220-221.

É por meio dessa genealogia dos saberes, ou do disciplinamento das disciplinas, que se desvela a correlação entre aquelas duas acepções de "disciplina". Enquanto ordem do saber, a disciplina é o que determina as condições (e não os conteúdos) para que determinado discurso seja considerado verdadeiro — o que não se restringe às práticas acadêmicas, mas se estende a papéis sociais, categorias profissionais, modos de vida etc. Enquanto meio de poder, por sua vez, "a disciplina é o conjunto de técnicas pelas quais os sistemas de poder vão ter por alvo e resultado os indivíduos em sua singularidade".[10] Assim, tomando os dois sentidos simultaneamente, passo a refletir sobre o que torna a arte algo distinto ou parecido de design, e vice-versa, o que implica situá-los em diferentes quadros discursivo-disciplinares. E se, para tanto, eu lanço mão de um olhar não disciplinar, é porque me parece necessário certo esforço de "sair" das disciplinas para tentar reconhecê-las enquanto tais — suas formas de distinguir os indivíduos, de medir valores e capacidades, de estabelecer propriamente uma *medida* a partir da qual determinadas fronteiras sejam traçadas ou mesmo mantidas em suspenso.

UMA INCURSÃO ENTRE OS CAMPOS

Em seu texto *The Architecture of Graphic Design's Discourse*,[11] publicado no site Design Observer em 2017, o designer Brian LaRossa reflete sobre por que a produção teórica do design gráfico ainda não possui a "autoridade intelectual" de que goza a arquitetura — o autor não esclarece a escolha pela comparação com esse campo (em vez de outros, como o da arte).[12] A resposta, segundo o designer, não se resume ao fato de a arquitetura ser uma disciplina bem mais antiga que o design gráfico, mas remete antes a um problema de aplicação: as teorias do design gráfico não impactam diretamente a prática diária dos designers. Isso porque, prossegue LaRossa, embora a produção teórica dos designers seja cada vez mais volumosa, o seu discurso geral ainda não dispõe de um vocabulário coeso, não fomenta uma autorreflexão crítica e, sobretudo, carece de uma forte articulação institucional[13]. Quanto ao último ponto, o designer contrapõe o

---

10 Foucault, Michel. *Microfísica do poder*, op. cit., p. 182.
11 LaRossa, Brian. "The Architecture of Graphic Design's Discourse". *Design Observer*, 11 de março de 2017, s. p. Disponível em: <https://designobserver.com/feature/the-architecture-of-graphicdesigns-discourse/39694>. Acesso em maio de 2020.
12 O estranho aqui não é a ligação, em si, entre design e arquitetura — que no Brasil é usual, a ponto de constituir uma área do saber já consolidada —, mas o fato de que, no contexto norte-americano em que o autor se situa, o design ser mais frequentemente associado/comparado à arte, como eu mostro adiante.
13 Note-se que esses critérios correspondem quase que literalmente aos que definem o formalismo nas artes visuais, conforme a doutrina de Clement Greenberg: a especificidade de uma competência (o que passa, dentre outras coisas, por um léxico comum), a atitude autocrítica e a necessidade de articular saberes e instituições. Ver, a este respeito: Steinberg, Leo. *Outros critérios*, op. cit., p. 79-125; Foster, Hal. *O complexo arte-arquitetura*. São Paulo: Ubu, 2017, p. 215-246.

exemplo do *Institute for Architecture and Urban Studies* (IAUS), que, entre 1967 e 1985, financiado por grandes instituições (como o MoMA e a Cornell University) e pelas doações de associados, desempenhou um papel significativo no aprofundamento e na disseminação das teorias da arquitetura nos Estados Unidos.

Ora, em primeiro lugar, não é verdade que as teorias da arquitetura sejam imunes aos problemas que LaRossa imputa ao design gráfico;[14] ademais, reitero, o autor não explica de onde ele entrevira aquela "autoridade intelectual" da arquitetura. Em segundo lugar, há um contraponto histórico pertinente. Em uma entrevista[15] de Foucault publicada em março de 1982 na *Skyline: The Architecture and Design Review* — revista editada pelo mesmo IAUS mencionado por LaRossa —, o filósofo é questionado sobre a sua asserção, noutros momentos[16], acerca da guinada política da arquitetura no final do século XVIII, o que não se depreende dos tratados da arquitetura desse mesmo período. Foucault responde que, de fato, tal mudança de estatuto da arquitetura passou ao largo do discurso arquitetônico, sendo mais constatável nos tratados políticos e policiais — tanto é que, como caso emblemático, alguém como Georges-Eugène Haussmann, que concebeu a famosa reforma urbana de Paris no século XIX, não tinha qualquer ligação com a arquitetura.

Dito de outro modo, a arquitetura só logrou uma nova proeminência institucional quando ela passou a interessar a outros campos: quando, por exemplo, os governos começaram a encarar a malha urbana como um meio para se governar melhor, ou quando a justiça criminal passou a considerar a configuração das prisões como forma de controlar os detentos, ou ainda quando a medicina passou a se importar com o espaço hospitalar na contenção de contágios e na melhoria dos tratamentos. Logo, se um dia houve algum tipo de "autoridade" da arquitetura, certamente não foi, como supõe LaRossa, somente em virtude de uma articulação teórica/profissional dos arquitetos.

Mas se esse designer elege, sem hesitação nem justificativa, a teoria arquitetônica como um bom "parâmetro" de comparação, tal escolha parece estar ligada a uma sutil reivindicação que se revela no seguinte trecho: "designers gráficos e arquitetos estão escrevendo, sob diferentes ângu-

14   De acordo com Bruno Latour e Albena Yaneva, a teoria da arquitetura deveria ser uma teoria de "territórios contestados", em vez de se ocupar, como ainda prevalece no campo, com problemas formais à guisa de esquemas teóricos abstratos. Ver: Latour, Bruno; Yaneva, Albena. "Give me a gun and I will make all buildings move: An ANT's view of architecture". In: Geiser, Reto (ed.). *Explorations in Architecture*: Teaching, Design, Research. Basel: Birkhäuser, 2008, p. 80-89.
15   Foucault, Michel. "Espaço, saber, poder". In: _____ . *Ditos e Escritos VIII*: Segurança, penalidade e prisão. Rio de Janeiro: Forense Universitária, 2012, p. 206-222.
16   Como em *Vigiar e punir*, mas que aparece mais suscintamente na entrevista "O olho do poder", de 1977: "Outrora, a arte de construir respondia sobretudo à necessidade de manifestar o poder, a divindade, a força. [...] Ora, no final do século XVIII, novos problemas aparecem: trata-se de utilizar a organização do espaço para alcançar objetivos econômico-políticos". Foucault, Michel. *Microfísica do poder*, op. cit., p. 321.

los, sobre um mesmo processo fundamental".[17] Ao pressupor, pois, um denominador comum entre os dois campos, LaRossa pleiteia ao design gráfico o mesmo prestígio intelectual que ele atribui aos arquitetos. Ainda assim, a pergunta permanece não respondida: o que justifica esse apreço tão espontâneo aos arquitetos? Uma explicação possível reside no que Hal Foster, desdobrando o debate iniciado em *Design e crime*, chamou de "complexo arte-arquitetura": uma conexão crucial para a crescente subordinação do domínio cultural ao econômico, processo em que o discurso arquitetônico se sobressai na medida em que toda uma "economia da experiência" dependeria de inovações da arquitetura[18].

O COMPLEXO DESIGN-ARTE-ENTRETENIMENTO (CONTORNOS GERAIS)

A despeito da assertividade crítica de Foster, penso que LaRossa é mais ponderado quanto a um ponto específico: ao dizer que, na vida cotidiana, o design é muito mais presente (no sentido de se atualizar e se diversificar) do que a arquitetura, uma vez que a produção desta ainda é mais lenta do que a daquele. Não que isso implique algum tipo de primazia (como aquela a que o designer contesta), mas aponta para um outro "complexo" sobre o qual Foster preferiu, até agora, não se debruçar: o da arte-entretenimento[19] — ou, como me parece mais acurado, o complexo *design-arte-entretenimento*. E, nesse caso, não se trata apenas de uma recente e oportuna convergência interdisciplinar. Pois, para além das disciplinas e suas estratégias institucionais, a arte e o design se confundem entre si desde, pelo menos, a época das chamadas "artes decorativas" — designação que, de maneira sintomática, segue sendo lida por designers e artistas como uma prática ou um propósito "vulgar", ao mesmo tempo em que expressa a expectativa geral de um público cada vez mais interessado, justamente, por arte e design[20].

É no terreno econômico, afinal, que o complexo design-arte-entretenimento se faz mais visível. As plataformas de consumo multimídia via *streaming*, por exemplo,

---

17 Reproduzo o trecho completo, no idioma original: "Both [graphic designers and architects] begin by surveying needs, and both end with inventions that sit at the intersection of utility and aesthetics. This common ground begs the question: If graphic designers and architects are writing about the same fundamental process from different angles, do graphic designers have an advantage because they move through that process more quickly? More complete cycles mean more opportunity for insight. By this logic, graphic designers should be viewed as the theoreticians of the design disciplines. Yet, by and large, we are not". LaRossa, Brian. "The Architecture of Graphic Design's Discourse", op. cit., s. p.
18 Foster, Hal. *O complexo arte-arquitetura*, op. cit.
19 "Embora o 'complexo arte-arquitetura' não seja tão ameaçador quanto o 'complexo militar-industrial' (ou sua presente encarnação, o 'complexo arte-entretenimento'), também merece nossa vigilância". Ibidem, p. 13.
20 Um exemplo imediato pode ser visto no site da Amazon, em que não há uma categoria estrita para livros de Arte ou de Design (embora haja uma para Arquitetura). Em vez disso, há categorias como: "Decorative Arts & Design", "Business of Art", "Gardening & Landscape Design"; "Home Improvement & Design". Ver: <https://www.amazon.com/books/>. Acesso em maio de 2020.

visam integrar diferentes peças de entretenimento (músicas, filmes, seriados, games etc.) em uma mesma rede global de acesso imediato. De maneira semelhante, o campo ampliado da moda, que já abarca desde manifestos artísticos até a indústria cosmética e complexos de segregação urbana, mobiliza toda uma "economia estética" que justapõe uma miríade de profissionais criativos. Acrescente-se a isso as novas formas de intervenção no espaço urbano (como as de projeção mapeada e as de realidade aumentada),[21] a necessidade de síntese e otimização nos modos de visibilidade (das quais se ocupa, por exemplo, o emergente campo da visualização de dados),[22] a franca e ininterrupta ascensão da indústria dos videogames (cujo faturamento bate novos recordes a cada ano), a loteria especulativa que se tornou o auspicioso mercado de aplicativos móveis etc.

São estes alguns dos contornos, ainda que superficiais, de todo um complexo design-arte-entretenimento que, acirrado profissionalmente — e, ademais, indissociável de uma veloz reconfiguração das mídias, das práticas de consumo e das formas de mercantilização cultural —, constitui hoje o lugar por excelência da produção e da circulação de imagens, discursos, valores e modos de existência. Em certa medida, pois, essa peculiar conjunção entre arte e design sob a apoteose de um entretenimento global vem assumindo uma proeminência similar àquela que a arquitetura angariou, de acordo com Foucault, no final do século XVIII: não tanto em decorrência de uma articulação dos arquitetos, mas como efeito do que se conjugava "ao redor" deles.

NOTA DE RODAPÉ ACADÊMICO-DISCIPLINAR

De que maneira, então, as disciplinas da arte e do design poderiam assimilar a convergência discursiva que atualmente os entrelaça? Com essa pergunta, na verdade, quero mostrar a dificuldade — ao menos no contexto em que eu me insiro — de se abordar, ou mesmo de se verificar, tal convergência a partir dos discursos acadêmico-disciplinares da arte e do design. A questão inicial, nesse sentido, pode ser desdobrada em três perguntas-hipóteses: (1) haveria algum tipo de motivo histórico ainda ecoando por trás dessa conexão entre arte e design? (2) Ou, pelo contrário, ela ocorre de maneira alheia, ou não exclusiva, às correspondências e dis-

[21] Ver, a este respeito: Beiguelman, Giselle. *Da cidade interativa às memórias corrompidas*: arte, design e patrimônio histórico na cultura urbana contemporânea. Tese de Livre Docência em Linguagem e Poéticas Visuais. São Paulo: Faculdade de Arquitetura e Urbanismo da Universidade de São Paulo, 2016.

[22] Ver, a este respeito: Venturelli, Suzete; Melo, Marcilon Almeida de. "O visível do invisível: data art e visualização de dados". *Revista Ars* (São Paulo), v. 17, n. 35, p. 203-214, 2019.

putas históricas entre os dois campos? (3) Ou, ainda, em que medida a própria distinção entre arte, design e "todo o resto" já não estaria sendo borrada, e até mesmo redefinida, a partir desse tipo de conexão?

Embora sejam, a título didático, simplistas, tais perguntas aludem a três caminhos possíveis de se explicar "academicamente" a atual convergência arte-design. A primeira questão remete-nos a algum momento em que arte e design caminhavam juntos — como quando a chamada "arte aplicada" da Bauhaus (em oposição ao artesanato e às artes decorativas) veio a ocupar nos Estados Unidos uma posição de "arte de ponta", ou mesmo quando a noção de design ainda se associava, no nascer do Humanismo, a um emergente modo de fazer arte[23]. A questão dos retornos históricos, como se sabe, é antiga, como a própria noção de um "renascimento" em relação à Antiguidade clássica. Os fundadores hegelianos da história da arte, empenhados em abranger diversas tradições e práticas numa única narrativa, lançaram mão desses retornos como movimentos dialéticos que fariam a arte ocidental progredir, elegendo figuras apropriadas para tal narrativa. Manobra semelhante caracterizou os chamados modernistas (tanto na arte quanto no design), cujo esforço em delimitar um campo passava, dentre outras coisas, por traçar uma sucessão histórica de seus cânones e estilos, bem como correspondências estratégicas com outros campos[24] — donde a hipótese inverificável de que, apesar das rupturas ao longo do século XX, a arte e o design sempre caminharam juntos.

A segunda pergunta, por sua vez, leva-nos a considerar a conexão entre arte e design como componente crucial de um novo paradigma cultural de práticas e valores, e não como parte de uma história mais ou menos partilhada entre a arte e o design. Acontece que essa dimensão macro e horizontal nunca foi estranha à história da arte ou do design[25], e hoje reaparece, por exemplo, nos chamados "estudos da cultura visual". Nesse caso, ao remeter ao domínio

---

23 Segundo Klaus Krippendorf, "a língua inglesa do século XVI enfatizava a finalidade do design e, como o design geralmente envolvia desenho, ou 'marcação', o século XVII aproximava o design da arte". Krippendorf, Klaus. *The semantic turn*: a new foundation for design. New York: Taylor & Francis CRC, 2006, p. xiii.
24 Ver, por exemplo: Pevsner, Nikolaus. *Os pioneiros do desenho moderno*, op. cit.; Read, Herbert. *Arte e Industria*: Principios do Diseño Industrial. Buenos Aires: Ediciones Infinito, 1961. Em síntese, conforme postularam Ellen Lupton e Abbott Miller, "Em nossa profissão [design], assim como na arquitetura e nas belas artes, o movimento na direção de uma maior consciência histórica está ligado a uma revisão do modernismo". Lupton, Ellen; Miller, Abbott. *Design escrita pesquisa*, op. cit., p. 62.
25 Remonta, por exemplo, às abordagens ampliadas de Alois Riegl, Aby Warburg e Erwin Panofsky; e, mais recentemente, tal abrangência pode ser associada à inserção da arte e do design no escopo da história social ou da cultura material.

antropológico, a rubrica "cultura" pode indicar um território do saber já demarcado e um tanto distante da arte e do design[26]. Por outro lado, a dimensão "visual" segue sendo disputada em praticamente todos os campos. Significa que a retórica da interdisciplinaridade, subjacente a esse tipo de abordagem, não implica nenhum consenso prévio em torno de objetos, critérios, conceitos etc.; pelo contrário, inscreve-se num debate permanente entre diferentes comunidades interpretativas. Tal debate se deteve durante muito tempo na oposição entre o imperativo modernista da "especificidade" e a cantilena pós-moderna da "hibridez" — posições que se espelham, uma vez que dependem uma da outra para sustentar seus valores. Com efeito, encarar a convergência entre arte e design a partir de uma perspectiva macro, isto é, para além dos dois campos, tende a exaltar um suposto pluralismo de enfoques e concepções em que, aparentemente, tudo vale — contanto que certas categorias aceitas predominem.

Isso nos conduz, enfim, ao que sugere a terceira pergunta: se a convergência tácita entre arte e design depende, para ser percebida, de uma distinção disciplinar que a antecede, então essa conexão tende a, posteriormente, redimensionar as fronteiras entre os dois campos — do mesmo modo que nossas elaborações sobre o passado dependem de nossas posições no presente, e que essas posições são redefinidas, inversamente, a partir de nossas elaborações sobre o passado. Ocorre que, a despeito da persistência acadêmica de tentar "arrumar as coisas" por meio de novas terminologias e taxonomias, tais transformações nunca são totalmente ordenáveis. Na prática, enquanto alguns artistas são levados a fazer design por uma simples questão de sobrevivência, muitos designers assumem certa postura artística para se distinguirem no mercado. De tal modo que, antes de qualquer reconfiguração efetiva dos campos, o que resta de mais imediato são os mal-entendidos de sempre: que a arte "autêntica" não é comercial e não se insere diretamente no cotidiano; e que, para o design, a arte é apenas suplementar, aplicável ou não na medida em que se julgue conveniente. Assim, é fácil notar que, apesar das aparências, as velhas categorias (domínios, competências, cânones etc.) ainda seguem em circulação.

Como se vê, esses três caminhos de interpretação parecem não acompanhar aquela convergência atual entre a arte e o design. É como se ela ocorresse independente das explicações possíveis. Mas, na verdade, os três caminhos es-

[26] Cumpre aqui lembrar que, segundo Foucault, "a Antropologia constitui talvez a disposição fundamental que comandou e conduziu o pensamento filosófico desde Kant até nós. Disposição essencial, pois que faz parte de nossa história; mas em via de se dissociar sob nossos olhos, pois começamos a nela reconhecer, a nela denunciar de um modo crítico, a um tempo, o esquecimento da abertura que a tornou possível e o obstáculo tenaz que se opõe obstinadamente a um pensamento por vir". Foucault, Michel. *As palavras e as coisas*, op. cit., p. 473.

tão fechados em si mesmos à medida que se pautam em parâmetros disciplinares, seja encarando a arte e o design a partir "de dentro", seja a partir "de fora" ou, ainda, através de uma suposta reconfiguração de seus limites. Um caminho que me parece mais producente — não no sentido de resolver tais contendas acadêmicas, mas de ao menos fazer ver como o complexo design-arte-entretenimento se enuncia de outros modos — consiste em perguntar a que ponto designers e artistas estão cientes do notório status que os acompanha.

UM DESIGN PARA NÃO-DESIGNERS

Há raros designers como Bill Burnett e Dave Evans, professores de Stanford, que não só se mostraram cientes da força discursiva que hoje concentra a palavra "design", como também souberam lucrar com isso: o seu livro *O design da sua vida: como criar uma vida boa e feliz* foi um dos mais vendidos em 2016, ano de sua publicação.[27]

O curioso é que, por ser um livro de autoajuda, ele não se direciona aos designers, mas justamente a não-designers. Tal direcionamento fica claro logo no início, quando os autores apresentam o seu protagonista: "Os designers criam mundos e resolvem problemas [...] tudo em nossas vidas foi projetado por alguém. E cada projeto começa com um problema que um designer ou uma equipe de designers procura resolver".[28] Assim, a definição central sustentada no livro é a de que "designers adoram problemas", pois esses profissionais, explicam os autores, sabem que foi a partir de grandes problemas que precisavam ser solucionados que a humanidade alcançou suas grandes descobertas. Logo, é como se todo tipo de progresso dependesse de designers.

---

[27] O título mencionado refere-se à tradução de Juliana Saad para o público brasileiro, publicada pela editora Rocco em 2017. A referência da publicação original é: Burnett, Bill; Evans, Dave. *Designing Your Life*: How to Build a Well-Lived Joyful Life. New York: Knopf, 2016. O livro, ademais, tem o mesmo título de uma disciplina que os autores ministram na Universidade de Stanford desde 2015, uma das aulas mais disputadas desta universidade. Posteriormente, devido ao sucesso do livro, os autores publicaram outros dois livros na mesma linha: _____ . *The Designing Your Life Workbook*: A Framework for Building a Life You Can Thrive In. New York: Clarkson Potte, 2018; _____ . *Designing Your Work Life*: How to Thrive and Change and Find Happiness at Work. New York: Knopf, 2020.

[28] Trecho retirado da amostra digital de *O design da sua vida* disponibilizada pela editora Rocco na plataforma Google Books. Disponível em: <https://books.google.com.br/books/about/O_design_da_sua_vida.html?id=DKYoDwAAQBAJ>. Acesso em maio de 2020.

O mesmo pensamento responsável pela tecnologia que nos cerca, por produtos incríveis e espaços inusitados, pode ser usado para projetar e construir sua carreira e sua vida, uma vida de realizações e alegria [...] Usando histórias reais e técnicas comprovadas, você aprenderá a construir seu caminho para uma vida gratificante, aperfeiçoada por um design de sua própria criação. Porque uma vida bem projetada significa uma vida bem vivida.[29]

Pois bem, a questão a ser feita aqui é: será que este livro seria um sucesso de vendas se o protagonista não fosse o designer, mas o engenheiro, o advogado ou o médico (que, cada qual a sua maneira, também solucionam problemas)? Parece-me evidente que não, e é disso que os autores têm plena consciência. Pois, quanto a essa questão, os autores lançam mão, também no início do livro, de um argumento que corresponde à imagem geral que as pessoas fazem do design: a maneira pela qual os designers resolvem problemas (o chamado "*design thinking*") é bem diferente do modo como os demais profissionais o fazem. Só que essa maneira diferenciada nunca é definida com precisão, e sim em termos vagos como um modo estético, expressivo e criativo de pensar e resolver problemas. Tal imprecisão é estratégica, claro; não foi por acaso que esse livro — reitero, sobre design e escrito por designers, mas direcionado a não-designers — obteve uma repercussão que nenhum outro livro de design já teve.

No entanto, se traçarmos um breve panorama de outros livros de design que também se direcionam a não-designers, veremos que a valorização da noção ampliada de "design" em *O design da sua vida* não é nada inédita — o que indica que o fator decisivo para o sucesso desse *bestseller* não reside em seu conteúdo, mas no contexto "ao redor" dele.

Em *A ciência do artificial*,[30] de 1969, Herbert Simon considerava os designers os protagonistas do que ele chamou de "ciência do artificial", definindo-a em contraposição às ciências naturais: enquanto os cientistas estão preocupados em como as coisas são, os designers se preocupam em como as coisas poderiam ser, no sentido de transformar uma situação existente em uma preferível. Com isso, Simon sugeria que o design pode ser exercido em muitas outras profissões e, sobretudo, na vida cotidiana.

Já em *O design do dia-a-dia*,[31] escrito em 1988, Donald Norman se propôs a mostrar o quanto o design é indispensável em nossas vidas; posteriormente, em *Design Emocional*,[32] o mesmo autor dirá que todos nós pensamos como

29 Idem.
30 Simon, Herbert A. *As Ciências do Artificial*. São Paulo: Almedina, 1981.
31 Norman, Donald A. *O design do dia-a-dia*. São Paulo: Rocco, 2005.
32 Ver: Norman, Donald A. "Somos todos designers". In: ____ . *Design emocional*: por que adoramos (ou detestamos) os objetos do dia-a-dia. Rio de Janeiro: Rocco, 2008, p. 243-257.

designers quando organizamos os móveis da casa ou planejamos uma viagem. Por sua vez, o historiador Adrian Forty introduziu, em *Objetos de desejo*, de 1986, um novo modo de pensar a história social a partir da história dos objetos de design, sob a premissa de que "quase todos os objetos que usamos, a maioria das roupas que vestimos e muitos dos nossos alimentos foram desenhados. [...] o design é uma atividade mais significativa do que se costuma reconhecer, especialmente em seus aspectos econômicos e ideológicos".[33]

Mas o livro que talvez mais se aproxime de *O design da sua vida*, embora com uma proposta bem mais modesta, é o *Design It Yourself*,[34] onde Ellen Lupton pôs-se a defender o design gráfico como uma linguagem que deveria ser acessível a todas as pessoas. Vale lembrar que, logo após o livro ter sido publicado, a autora travou um breve debate com o crítico veterano Steven Heller. Para este, em resumo, deixar o design "nas mãos de amadores" implica tirar dos designers "o status de elite que lhes dá credibilidade"; ao que Lupton respondeu que "a alfabetização visual é boa para o design", uma vez que, com isso, as pessoas "podem entender melhor o design de alto nível".[35]

O que há em comum nos livros mencionados é a persistente tentativa de mostrar o valor do design para o público em geral — ao passo que, em *O design da sua vida*, tal valor já se encontra presumido. Ou seja, não é que esse livro tenha finalmente conseguido mostrar o que aqueles outros não conseguiram; fato é que não foi preciso mostrar nada: hoje o design já possui um valor manifesto, embora tal guinada discursiva passe ao largo dos esforços teóricos dos designers. Afinal, se a lógica central desses esforços consiste em dizer que o design não se resume à aparência das coisas, mas tem a ver com resolver problemas, então as pessoas ainda não entenderam o que é design — ou, o que me parece mais verificável, são os designers (com exceção dos autores de *O design da sua vida*) que ainda não entenderam o que "design" significa para as pessoas. Não penso que ainda se duvide de que designers possam solucionar problemas, o que *não exclui* a ideia de embelezar as coisas: a aparência é indissociável da utilidade[36].

---

33 Forty, Adrian. *Objetos de desejo*: design e sociedade desde 1750. São Paulo: Cosac Naify, 2007, p. 11. Devo pontuar que, embora a abordagem de Forty possa parecer, à primeira vista, similar à que eu proponho neste livro, há uma considerável distância epistemológica. Forty alinha-se aos chamados "estudos da cultura material" ao mirar em aspectos "econômicos e ideológicos" para compreender "como o design afeta os processos das economias modernas e é afetado por eles" (ibidem, p. 14). Assim, sua ênfase é na *produção* dos objetos, o que passa pelas motivações/intenções dos designers e fabricantes — e não tanto, como aqui eu enfatizo, nos valores e discursos que estão jogo na *circulação* de imagens e objetos.

34 Lupton, Ellen. *D.I.Y. — Design It Yourself*. New York: Princeton Architectural Press, 2006.

35 Debate disponível em: <https://www.aiga.org/the-diy-debate>. Acesso em maio de 2020.

36 Posto que "questões de fato" são indissociáveis de "questões de interesse", conforme Latour já defendia em 2008, numa conferência que ainda suscita controvérsias entre designers. Ver: Latour, Bruno. "Um Prometeu cauteloso? [...]", op. cit.

UMA ARTE PARA NÃO-ARTISTAS

E como os artistas entram nessa história? É engraçado constatar, conforme expunha Steinberg já em 1968, como a arte norte-americana foi se direcionando a um modelo corporativo que priorizava a solução de problemas, "como se a força de um determinado artista se expressasse apenas por meio de sua opção em se adaptar a um conjunto de necessidades profissionais existentes e de sua criatividade em produzir as respostas".[37] Mediante as novidades que despontavam em sua época[38] — como o expressionismo abstrato e o *color field* —, o crítico lançava, antes de sua derradeira crítica ao formalismo, uma provocação inicial acerca do que ele via ao seu redor:

> Observei que algumas das pessoas que estão fazendo arte pretendem que seja "arte não, mas trabalho"; que alguns que compram arte elevam os objetos de sua coleção à categoria de "investimento financeiro"; que aqueles que exaltam uma rajada espontânea de tinta chamam-na "arte não, mas ação" ("pode retirar-se da Arte através de sua ação de pintar" era o brado conferido aos expressionistas abstratos); e que aquela arte de protesto, que veio logo em seguida, definiu-se como arte não, mas "energia sociopolítica real". Contra a barulheira desses outros critérios, os negociantes de arte engalfinham-se pelos troféus — não tanto se deixando seduzir pela arte quanto estocando-a com vistas a um "inventário de qualidade", enquanto a mídia celebra o sucesso de lances recordes no leilão recente. Ignore a arte — é o lustro rutilante da aquisição que conta. Qualquer coisa para realocar a arte no que chamei a "alteridade redentora da não-arte".[39]

Para situar tal diagnóstico, Steinberg traça um breve panorama de como a arte há muito já havia se tornado, nos Estados Unidos, sinônimo de "investimento", numa acepção mais assimilável e aceitável do que o velho adjetivo *arty* (algo como "afetado" ou "pretensamente artístico"). Ele localiza no pintor Thomas Eakins (1844-1916) uma das primeiras vinculações discursivas entre a pintura e a "ascese do trabalho" (no sentido de que a recompensa do trabalho é o próprio trabalhar). De fato, é este o valor geral que um historiador como James Flexner exaltava na pintura estadunidense, a começar por Eakins: "Durante os seus quatro anos de estudo na França e na Espanha, Eakins não procurou nem

---

[37] Steinberg, Leo. *Outros critérios*, op. cit., p. 109.

[38] Cumpre lembrar que, após a Segunda Guerra, o centro de difusão artística deslocou-se de Paris para Nova York. E que, se as vanguardas europeias se contrapunham ao conservadorismo da pintura acadêmica, essa querela não fazia muito sentido no contexto estadunidense. Ademais, como esclareço noutro momento, o velho dualismo realismo-abstração se transpôs à cisão norte-americana entre ação e linguagem (verbal, figurativa, narrativa). Ver, a este respeito: Beccari, Marcos N. *Antirrealismo*: uma breve história das aparências. Curitiba: Kindle Direct Publishing, 2019, p. 28-39.

[39] Steinberg, Leo. *Outros critérios*, op. cit., p. 14-15. Esse trecho se localiza no prefácio à edição brasileira, escrito em 2008, em que o autor resume e reflete sobre seus argumentos de 1968.

graça nem inspiração, mas acumulou habilidade técnica como um engenheiro aprendendo a construir uma ponte".[40] E é nesse mesmo espírito que o pintor Robert Henri (1865-1929) postula, em *The Art Spirit*, que "as coisas não são feitas de modo belo. A beleza é parte integral do ato de fazê-las".[41]

Importa percebermos que, por trás do imperativo modernista de "emancipar" a arte de outras linguagens e domínios, havia em curso um persistente ímpeto pelo qual "os artistas norte-americanos procuram imergir as coisas que fazem na alteridade redentora da não-arte. [...] O jogo consiste em manter a invenção e a criatividade como uma atitude de antiarte".[42] Ou seja, era como se os artistas, para se afirmarem como tais, tivessem que se emancipar da própria arte (isto é, mais precisamente, de todo o lastro artístico europeu). Cumpre lembrar que, no entanto, muito antes de artistas como Pollock e Kline obterem projeção internacional, já se encontrava consolidada nos Estados Unidos, na esteira de sua vasta tradição de pintura realista, a chamada "era de ouro da ilustração", atrelada a nomes como Norman Rockwell e a escolas como a Art Students League of New York e a National Academy of Design. Não surpreende, pois, que alguém como Andy Warhol se tornaria um designer/ilustrador bem-sucedido antes de se lançar como artista[43].

Quanto à sua arte, basta compararmos dois comentários acerca de suas famosas Marilyns. Em 1966, David Antin declarou que, diante delas, "somos tomados por um terrível embaraço. Essa impressão do colorido arbitrário, da imagem quase apagada, e o sentimento de estarmos sobrando. Em algum lugar da imagem há uma proposição. Não é claro".[44] O segundo comentário é do designer gráfico Lou Dorfsman, feito em 1988: "serigrafar a Marilyn em 12 esquemas de cores diferentes é uma ótima ideia, mas para mim não passa de uma piadinha

---

40 Flexner, James T. *American Painting*. New York: Houghton Mifflin, 1950, p. 65.
41 Henri, Robert. *The Art Spirit*. New York: Lippincott, 1960, p. 56.
42 Steinberg, Leo. *Outros critérios*, op. cit., p. 90.
43 Ver, a este respeito: Lupton, Ellen; Miller, Abbott. "Line Art: Andy Warhol e o mundo da arte comercial dos anos 1950". In: ____. *Design escrita pesquisa*, op. cit., p. 72-89. Um breve comentário: é preciso lembrar, aqui, que o design gráfico, embora ocupasse um universo bem distinto daquele das artes, também desempenhou, sobretudo nos anos 1950, o papel de uma "vanguarda" norte-americana. Um ilustrador como Ben Shahn, por exemplo, transitava facilmente entre o mundo das artes e o do design gráfico. O que não deixava de ser controverso, como relatam Lupton e Miller: "Dentro da mídia popular, a ilustração 'artística' carregava conotações de 'alta cultura' que lhe foram negadas pelo discurso dos museus e dos historiadores da arte" (ibidem, p. 84). Por outro lado, na medida em que a utilização da fotografia se difundia na indústria gráfica, diminuía gradualmente a demanda comercial por ilustração — o que curiosamente coincide, no início da década de 1960, com a ascensão da Pop Art, cuja iconografia (resíduos de design gráfico, quadrinhos, publicidade, celebridades etc.) já tinha uma conotação quase nostálgica para a classe média norte-americana.
44 Antin *apud* Steinberg, Leo. *Outros critérios*, op. cit., p. 124.

de design gráfico".[45] Quer dizer: enquanto o crítico encarava aquilo quase como um espécime de outro planeta, o designer atestava que Warhol vinha do mesmo meio comercial que sua obra supostamente critica.

A despeito, pois, de toda a discussão filosófica que seu trabalho suscitara[46], fato é que Warhol sabia "captar" muito bem, tal como um *marchand*, as últimas "tendências" do mundo artístico. Tanto que, pouco tempo antes de exibir, em 1962, a sua primeira obra pop (as latas Campbell), artistas como Jasper Johns e Robert Rauschenberg já se apropriavam da iconografia comercial, por vezes fazendo uso de serigrafia, antecipando até a reprodução de latas — por isso acabaram sendo rotulados como precursores da Pop Art, quando na verdade sempre estiveram noutro espectro discursivo[47]. Ao mesmo tempo, é significativo que Warhol e Johns tenham formação em design — e que Rauschenberg, em seu variado percurso acadêmico, tenha sido aluno do bauhausiano Josef Albers.

Com isso em vista, e voltando àquela pergunta sobre a que ponto artistas e designers estão cientes do prestígio que os acompanha, é fácil perceber como tal noção já circulava entre alguns artistas-designers do século passado — sobretudo considerando nomes como Jeff Koons e Damien Hirst. Isso pode nos levar a supor que o status geral de "artista" talvez tivesse maior influência há algum tempo atrás, sendo gradualmente sobreposto pelo de "designer". Não penso que seja o caso. A não ser que esse status de "artista" ainda se refira a algum tipo de circuito bem demarcado (como aquele que se estabelece entre galerias, museus e leilões). Pois se tomarmos o "artista" em sentido amplo, como há pouco eu me referia ao "designer", veremos que ambos seguem exercendo uma influência cada vez maior, sendo mesmo, amiúde, confundidos um pelo outro.

---

45 Dorfsman *apud* Lupton, Ellen; Miller, Abbott. *Design escrita pesquisa*, op. cit., p. 88.

46 A literatura crítica em torno de Warhol é atualmente incontável. Mas basta recordarmos alguns dos filósofos a ele contemporâneos que comentaram sobre sua obra: Barthes, Deleuze, Baudrillard e mesmo Foucault. Hal Foster chega a considerar Warhol a personificação de um "realismo traumático" que teria marcado a arte pós-guerra. Mas, a meu ver, um breve comentário de Foster sobre Richard Prince poderia servir igualmente a Warhol, e de forma até mais elucidativa: "Às vezes, essa ambiguidade torna seu trabalho provocador de uma forma que a arte da apropriação [ou a Pop Art], excessivamente confiante nessa criticalidade, não é, pois Prince [ou Warhol] está imerso na fantasia consumista que ele desnatura. Ou seja, às vezes sua crítica é eficaz precisamente porque está comprometida — porque nos deixa ver uma consciência cindida diante de uma imagem. Mas, então, essa cisão também pode ser outra versão da razão cínica". Foster, Hal. *O retorno do real*, op. cit., p. 140, nota 42.

47 Ao longo da década de 1950, Johns e Rauschenberg já expunham seus trabalhos e eram amigos próximos de Duchamp e John Cage. A partir da exposição *The Art of Assemblage*, de 1961, ambos assumem certa "filiação" mais definida. É somente no ano seguinte que Warhol entrará na cena artística. E por mais que se possa traçar relações entre o dadaísmo e a Pop Art, fato é que Warhol nunca dialogou com os artistas supracitados.

Por exemplo, não é difícil encontrar atualmente um título de autoajuda, na esteira de *O design de sua vida*, relacionado à arte: tenho em mente o *best-seller Roube como um artista*,[48] publicado em 2012 pelo designer e publicitário Austin Kleon. Na lista de testemunhos sobre o livro[49], encontramos frases como "pule cerca de 10 anos de tentativa e erro como artista", ou "conselhos que se aplicam a praticamente qualquer tipo de trabalho". Mas, é claro, a ideia de um livro prescritivo para artistas não é inédita: remonta desde as *Cartas a um jovem poeta*, de Rilke, até *A filosofia de Andy Warhol*, escrito pelo próprio. Além disso, é digno de nota que, no ano seguinte à publicação de *Roube como um artista*, um escritor como Neil Gaiman tenha publicado *Make good art* e, cinco anos depois, *Art Matters*[50] — livros que, embora não cheguem perto do faturamento de Kleon, venderam o que se espera de um escritor prestigiado no meio literário.

A questão é que não foi por acaso que Kleon e Gaiman tenham adotado "arte" no título de seus livros — os quais poderiam se intitular, por exemplo, "Roube como um publicitário/designer", "Faça boa literatura" ou "A narrativa importa". E eu não coloco em questão, aqui, se tais autores podem ou não ser considerados "artistas", apenas o fato de que ambos costumam ser apresentados profissionalmente de outro modo. Aliás, se antes eu dizia que os designers não compreendem o que "design" significa para as pessoas, talvez essa problemática já não importe tanto em relação à arte. Uma asserção como essa, todavia, requer certa cautela: não digo que o público não seja importante na arte, tampouco que a arte não tenha que fazer sentido — algo como "ou as pessoas a entendem e a apreciam, ou não a entendem e nem estão interessadas em entender". Não penso em nada disso. Penso apenas que, quando se fala em arte, tende-se a pressupor perspectivas diversas sem que isso — ao menos em comparação com o design — seja um problema.

Em outras palavras, tenho a impressão de que a inscrição de "artista" já se tornou mais afrouxada que a de "designer" — embora esta também esteja, ao que parece, seguindo o mesmo rumo. Isso nos encaminha a um último ponto: há um recente campo profissional

---

48 Kleon, Austin. *Roube como um artista*: 10 dicas sobre criatividade. Rio de Janeiro: Rocco, 2013. O título original (*Steal like an artist*) foi o livro mais vendido da Amazon em 2012, sendo rapidamente traduzido para mais de 27 idiomas. Após o sucesso do livro, o autor publicou mais três títulos relacionados: _____ . *Show Your Work!* 10 Ways to Share Your Creativity and Get Discovered. New York: Workman, 2014; _____ . *The Steal Like an Artist Journal*: A Notebook for Creative Kleptomaniacs. New York: Workman, 2015; _____ . *Keep Going:* 10 Ways to Stay Creative in Good Times and Bad. New York: Workman, 2019.

49 Disponível em: <https://austinkleon.com/steal/>. Acesso em maio de 2020.

50 Ver, respectivamente: Gaiman, Neil. *Make good art*. New York: William Morrow, 2013; _____ . *Art Matters*: Because Your Imagination Can Change the World. New York: William Morrow, 2018.

vinculado diretamente à indústria do entretenimento e no qual arte e design claramente se imiscuem. Refiro-me ao *concept art* ou, como também costuma ser chamado, *concept design*[51] — cuja tradução não é arte/design "conceitual", mas algo como "de concepção". Trata-se de uma demanda específica localizada na fase de pré-produção das obras de entretenimento: a concepção de personagens, cenários, artefatos e mundos inteiros. Para se ter uma ideia inicial da dimensão dessa área, basta inserir os termos "art of" no campo de busca do site da Amazon: é muito provável que não apareça nada relacionado a um artista individual (como os famosos livros da editora Taschen), e sim sobre o *concept art/design* de algum filme, animação, videogame etc.

A primeira universidade a oferecer esse tipo de formação foi a Art Center College of Design, em seu curso de Design de Entretenimento[52]. E atualmente, mediante o aumento crescente da produção fílmica e de videogames, já se pode notar, por meio das novas nomenclaturas de alguns cursos[53], a procura por uma outra área de atuação: a do *visual development* ("desenvolvimento visual") que, para além do *concept art/design*, se encarrega da direção, em todas as fases de produção, dos aspectos visuais de uma obra de entretenimento. Ora, é desse modo que hoje se cumpre com aquela "alteridade redentora da não-arte" que Steinberg salientava desde o final dos anos 1960. O entretenimento tornou-se o lugar por excelência de uma arte para não-artistas e de um design para não-designers. Ou, ainda, o que hoje chamamos de *concept art/design* ou *visual development* ocupa um lugar similar, embora com uma dimensão inédita, que outrora era reservado a artistas-designers como Warhol. Em suma, é por meio do entretenimento que a arte e o design adquirem a proeminência que os entrelaça na atualidade.

DE VOLTA AO COMPLEXO DESIGN-ARTE-ENTRETENIMENTO

Até aqui, esforcei-me em fazer ver certa constelação de valores, expectativas e conexões que orbitam ao redor da arte e do design, tentando com isso localizar não tanto o

---

[51] Ver, a este respeito: Lilly, Eliott J. *Big Bad World of Concept Art for Video Games*: An Insider's Guide for Students. Los Angeles: Design Studio Press, 2015; Celestino, Luiz. "O que é Concept Art?". *Brushwork Atelier*, 23 de maio de 2016. Disponível em: <https://brushworkatelier.com/blog/2016/2/3/o-que-concept-art>. Acesso em maio de 2020.

[52] Localizada em Pasadena, Califórnia, e fundada em 1930 (mas com o nome atual desde 1965), a Art Center College of Design inaugurou o curso de *Entertainment Design* em 2002, que atualmente se divide em três habilitações: *Concept Design*, *Character Animation* e *Game Design*. Um curso mais antigo da mesma universidade é o de *Illustration*, que dentre as suas cinco habilitações traz a de *Entertainment Arts*. Ver: <http://www.artcenter.edu/>. Acesso em maio de 2020.

[53] A exemplo do curso de *Visual Development* criado em 2013 pela Academy of Art University. E de acordo com o site Animation Career Review, há mais doze universidades que oferecem formação em *Visual Development*, como a Otis College of Art and Design, a California Institute of the Arts, a Full Sail University e a Rhode Island School of Design. Ver, respectivamente: <https://www.academyart.edu/>; <https://www.animationcareerreview.com/articles/visual-development-artist-career-profile>. Acesso em maio de 2020.

lugar que tais disciplinas ocupam atualmente, mas antes a força discursiva que ambas exercem — ou melhor, que se exerce sobre elas — na esfera da visualidade. Diante do exposto, resta definir uma noção que até aqui pode ter soado um tanto obscura, a de "complexo", bem como uma interpretação mais cuidadosa acerca do complexo design-arte-entretenimento — isto é, para além dos "contornos gerais" anteriormente traçados. Mas, para tanto, será preciso um breve recuo à questão disciplinar.

Ao publicar, em 1975, *Vigiar e punir*, Foucault pôs-se a mostrar, a partir da noção de panóptico[54], todo um arranjo de técnicas disciplinares que vigoraram do século XVIII ao XIX: o adestramento dos corpos, a divisão das atividades trabalho-descanso-lazer, a distribuição do espaço, a normatização de uma individualidade produtiva e disciplinada. Se, nessa obra, Foucault parecia restringir as práticas disciplinares ao domínio corporal, é porque os corpos eram os primeiros "dados" levados em conta na lógica utilitária, em seus cálculos para intensificar a produtividade e minimizar os gastos da produção. Mas é importante atentarmos ao panóptico enquanto imagem, e não só como um modelo de distribuição de corpos no espaço. Nesse sentido, trata-se de uma estrutura que se pretende parcialmente "transparente" — à diferença de um palácio, por exemplo, construído para ser visto à distância, ou de uma fortaleza erguida para ocultar o seu interior. Essa transparência parcial implica, aparentemente, um poder de "ver sem ser visto"; mas significa, antes de tudo, uma *dissociação* entre o ver e o ser visto: eu posso ver a todos (seja na torre ou a partir da cela), mas não sei quem me vê e sequer se estou sendo visto.

Só que tal impressão também não é de todo acurada. Porque se pudéssemos ver o panóptico a partir "de cima", em sua dimensão enquanto complexo, perceberíamos algo bem diferente: a quantidade dos que efetivamente podem ver a todos é quase nula, ao passo que praticamente todos que ali se encontram são passíveis de serem vistos. É desse modo que o panóptico funciona, em sua insidiosa transparência, enquanto complexo disciplinar: tornando invisível quem exerce o poder (não se sabe quem nos vigia e quem está no controle) e aumentando exponencialmente o número daqueles sobre os quais o poder se exerce (vemos os outros para vermos como podemos ser vistos).

Sob esse prisma, a própria noção de "disciplina" assume uma nova extensão. Em primeiro lugar, sua materialização não se reduz a uma estrutura arquitetônica como o cárcere, o hospital, a escola e a fábrica, mas se estende

---

[54] "Panóptico" foi um termo adotado em 1785 por Jeremy Bentham para descrever a disposição arquitetônica de uma prisão ideal que permitiria a vigilância de todos por cada um e de cada um por todos. Ver, a este respeito: Foucault, Michel. *Vigiar e punir*, op. cit., p. 162-192.

a complexos mais dilatados e menos institucionais, como o entretenimento. Um caso recente parece-me suficiente para ilustrar todo o alcance desse tipo de complexo: paralelamente aos primeiros alertas da proliferação mundial do "coronavírus" no início de 2020, circulou a *fakenews* segundo a qual a pandemia era nada mais que uma "jogada de marketing" para o lançamento da próxima franquia de *Resident Evil*, game de terror apocalíptico[55]. Para além do teor claramente conspiratório (e mesmo racista), esse caso mostra bem como o microcosmo de um videogame tem servido, mais e melhor do que qualquer instituição consolidada, como referência imediata para explicar o macrocosmo social. Aliás, note-se que, no contexto da referida pandemia, a instauração geral de uma "quarentena" não representou, apesar das aparências, o mesmo estado de reclusão que se dava mediante as pestes medievais. Afinal, a quarentena contemporânea implicou o ápice de consumo de internet e de serviços online, o que significa que as pessoas ficam mais "conectadas" quando estão fisicamente reclusas.

Em segundo lugar, já não faz muito sentido falar de "disciplina" enquanto prática coercitiva de adestrar os corpos e domesticar as massas — o que, claro, não quer dizer que tais práticas tenham deixado de existir. O termo adquire hoje um sentido mais relacionado a "desempenho", "resiliência" e "responsabilidade individual" — o que, por sua vez, não contradiz a tese de *Vigiar e Punir*, mas justamente a corrobora. Pois Foucault mostrou como, no século XIX, a combinação entre saberes diversos (como a anatomia, a fisiologia e a economia) serviu para moldar a noção moderna de "individualidade" (que continua em vigência), no sentido de fundamentá-la, educá-la e normalizá-la. Evidentemente, porém, muita coisa mudou de lá para cá, sobretudo em termos de vínculos sociais (ou "bolhas"), concorrência (ou "redes"), comunicação (ou "pós-verdade") e trabalho (ou "autoempreedimento"), de modo que a disciplinarização hoje se torna mais inteligível sob a forma de *complexo*.

Cabe ainda lembrar, antes de definir esse termo, que o próprio Foucault admitira não ser suficiente analisar a sociedade considerando apenas suas práticas disciplinares e institucionais[56]. Isso, no entanto, não nos autoriza a pensar a história em termos de "paradigmas" — como se tivesse

[55] A conspiração se sustentava na similaridade entre o símbolo da Umbrella Corporation (empresa fictícia do universo de *Resident Evil*) e o logotipo de uma real empresa chinesa de biotecnologia, além do fato de que "Racoon" (nome da cidade fictícia que, na narrativa do jogo, é o epicentro da proliferação do chamado vírus "C") é um anagrama de "corona". Ver, a este respeito: <https://piaui.folha.uol.com.br/lupa/2020/01/29/verificamos-resident-evil/>. Acesso em março de 2020.

[56] Ver, a esse respeito: Foucault, Michel. *Em defesa da sociedade*, op. cit., p. 302. Na ocasião, Foucault tentava distinguir norma disciplinar (direcionada aos indivíduos) e norma de regulamentação (voltada à população), distinção esta que também se aplica ao par disciplina-biopoder. A partir de então, no entanto, Foucault passa a adotar cada vez mais o léxico da "técnica" e da "tecnologia" (enquanto práticas imbuídas de estratégia) para analisar os processos históricos de exercício do poder, estendendo essa mesma terminologia aos seus estudos tardios sobre a ética antiga.

havido, em determinado momento, a substituição de um paradigma soberano por um disciplinar e, depois, por um biopolítico. Em vez disso, e aqui a noção de "complexo" parece-me útil, é possível examinar em toda sociedade uma articulação (ou propriamente um complexo) soberania-disciplina-biopoder, ainda que, a cada época e contexto, uma ou outra forma se sobressaia[57].

O que então seria, finalmente, um complexo? Hal Foster enfatizou nesse termo o sentido clínico de um bloqueio ou uma neurose "que é difícil identificar como tal, quanto mais superar, precisamente porque parece tão intrínseco, tão natural às operações culturais de hoje".[58] Embora eficaz para as críticas empreendidas pelo autor, esse sentido tende a realçar um mecanismo confinante e coercivo em detrimento de dinâmicas de articulação e expansão que me parecem próprias a um complexo[59]. Com efeito, o que melhor define o complexo é a tática quase invisível de tornar visíveis determinadas conexões. Se digo "quase invisível", é precisamente com vistas àquela transparência parcial que caracteriza o panóptico: tudo ali parece ser demasiado evidente — como é, para o público geral, a conexão arte-design —, ao passo que não se vê alhures o que cria ou permite uma tal evidência — como é o caso, na conexão arte-design, de algo tão vago (sob uma perspectiva acadêmico-disciplinar) quanto o entretenimento.

Um "complexo econômico", por exemplo, não equivale à economia enquanto disciplina e se alastra de forma quase invisível, à guisa de uma racionalidade neoliberal: é o que cria a evidência do "mercado" enquanto realidade última e lei geral da vida. Trata-se, pois, da dinâmica pela qual se articulam diversas esferas (como a pública e a privada) de tal modo que certos princípios econômicos (como o da "mão invisível") estejam na base de todas as decisões individuais, permitam a inteligibilidade de todos os fatos e comportamentos e possam legitimar ou deslegitimar a ação governamental.

---

57 "Devemos compreender as coisas não em termos de substituição de uma sociedade de soberania por uma sociedade disciplinar e desta por uma sociedade de governo. Trata-se de um triângulo: soberania-disciplina-gestão governamental, que tem a população como seu alvo principal e os dispositivos de segurança como seus mecanismos essenciais". Foucault, Michel. *Microfísica do poder*, op. cit., p. 428.

58 Foster, Hal. *O complexo arte-arquitetura*, op. cit., p. 13-14.

59 De maneira similar, Mirzoeff descreve o que chama de "complexo de visualidade" a partir do que ele depreende de um complexo militar-industrial: "a imbricação resultante entre mentalidade e organização produz uma visualizável disposição estratégica de corpos e um treinamento das mentes, organizada para sustentar a segregação física entre governantes e governados e a aquiescência mental a tais arranjos". Mirzoeff, Nicholas. *The right to look*, op. cit., p. 5. Entretanto, o resultado dessa imbricação, que o autor descreve logo na sequência, parece-me situar o conceito de "complexo" de maneira mais precisa e ao mesmo tempo mais abrangente: "o complexo resultante tem volume e substância, formando um mundo vivo que pode ser visualizado e habitado" (ibidem).

Já o complexo design-arte-entretenimento tem a particularidade de operar certa inversão funcional das disciplinas: se a disciplina, enquanto prática discursiva, funciona de modo a estabelecer as condições (domínios, competências, categorias etc.) para que determinado saber seja verdadeiro, o complexo em questão é capaz de, com seus próprios meios e critérios, realizar e evidenciar uma outra "verdade" — a ponto de, como vimos, levar alguns programas acadêmicos de arte ou design a se reconfigurarem em torno do entretenimento. Alguém poderia objetar que esse tipo de inflexão disciplinar não procede de um tal complexo design-arte-entretenimento, pois as disciplinas, as universidades e os profissionais sempre irão atrás do que lhes der mais lucro. E minha resposta imediata seria que tal objeção ilustra aquele "complexo econômico" que eu acabei de descrever. Mas, de forma menos apressada, essa objeção também me remete à vinculação supostamente necessária que, numa época distante, Jeremy Bentham (o idealizador do panóptico) estabelecera entre a regulação natural e espontânea do mercado, de um lado, e os mecanismos de correção e educação dos indivíduos inadequados às trocas mercantis, de outro.[60]

Análoga e anacronicamente, podemos traçar uma correlação entre o complexo econômico e o complexo design-arte-entretenimento, com a diferença de que o primeiro há muito não funciona (se é que um dia já funcionou) de maneira autorregulada e, menos ainda, às custas de um disciplinamento coercivo. Eis a inflexão: o complexo econômico não demanda mais por disciplina — o conformismo disciplinar não apenas tornou-se ineficaz, como já soa suspeito —, mas requer um desempenho máximo que se torna o alvo de uma "arte" ou um "design" que todo indivíduo deve realizar por si mesmo. Por sua vez, o entretenimento se encarrega de mostrar como autoevidente que em cada pessoa sempre resta um "valor a mais" — nova versão do que Marx chamava de "mais-valia" —, algo que transcende a esfera ordinária do trabalho, do dinheiro e da vida cotidiana. Há uma "verdade" que consiste em não se conformar às regras e que se revela como arte/design, como comprometimento pessoal para com o extraordinário. É o que, enfim, bem expressou o artista Jeremy Mann ao divulgar no Instagram um curta de animação de sua própria autoria:

> Crie para você. Crie não por dinheiro, mas pelo amor de trazer algo ao mundo como ninguém nunca viu antes. Suas regras, seus valores. Embora outra força possa estar te algemando e sufocando neste exato momento, ninguém pode tirar de você a capacidade de criar e aprender. Conhe-

[60] Ver, a este respeito: Bentham, Jeremy. "Defense of Usury". In: Stark, Werner (Ed.). *Jeremy Bentham's Economic Writings* — Vol. 1. London: Blackfriars, 1952, p. 121-207.

cimento e arte não conhecem fronteiras e não fazem distinção entre gênero, raça, classe ou idade. A arte é em si a verdadeira expressão do espírito humano, através da qual estamos todos conectados. [...] Trabalhe duro. Escute a sua própria voz. Compartilhe seus sonhos.[61]

Mesmo no âmbito acadêmico da arte e do design, não surpreende que a maioria dos ingressantes nesses cursos ainda justifique sua escolha sob a crença de que trabalhar como artista/designer é trabalhar com o que se gosta, um trabalho que dá prazer — enunciado que também não é raro entre os profissionais mais experientes. E já não é uma questão de disciplina (embora ainda haja o "trabalhe duro") o que legitima tal expectativa/expertise, mas sobremaneira a ideia de uma personalidade criativa, confiante e sonhadora ("escute a sua própria voz", "compartilhe seus sonhos") que com frequência se associa à imagem e ao ambiente de trabalho das empresas mais bem-sucedidas de design, tecnologia e, claro, entretenimento — onde arte e design caminham de mãos dadas.

Mas, como eu dizia, o complexo design-arte-entretenimento não se limita a uma profissão tão elevada quanto a dos artistas e designers. Mesmo porque o imperativo de ter prazer com o trabalho é o que todos os gestores, em parceria com marqueteiros e psicólogos, priorizam há quase um século. O princípio geral da motivação meritocrática, como se sabe, não é nenhuma novidade nas empresas; a novidade consiste em ver esse mesmo princípio vigorando entre os desempregados e em tantos outros grupos socialmente marginalizados. Logo, existe um jogo discursivo que ultrapassa os departamentos de recursos humanos, as inúmeras "técnicas comprovadas" pelos especialistas, a retórica humanista do "senso de pertencimento" etc. — nada disso alcança a maior parte da população. Já o entretenimento alcança. Por meio dele, muitas pessoas aprendem a conceber-se como artistas/designers em potencial, a valorizar-se e superar-se por um trabalho em torno de si mesmas, numa inédita sintonia com o complexo econômico. Em vez de disciplinamento, trata-se literalmente de entretenimento: estímulo à criatividade, ao esforço próprio, à autorrealização etc.

Alguns dirão que tudo isso não passa de acréscimo alienante ao que permanece estrutural: a lógica disciplinar, ou do capital, ou do colonizador etc. Sem dúvida, este seria um horizonte, senão mais reconfortante, mais fácil de se

---

[61] No original: "Create for yourself. Create not for money, but for the love of bringing something into the world the likes of which nobody has seen before. Your rules, your values. Although another force may have you shackled and struggling right now, ain't nobody can deny you the ability to create and learn. Knowledge and Art know no boundaries, they distinguish not between gender, race, class or age. Art itself is the true expression of the human spirit, through which we are all connected. [...] Work hard. Listen to your own voice. Share your dreams". Disponível em: <https://www.instagram.com/p/B-FTR7I-CkvK/>. Acesso em maio de 2020.

analisar. Mas talvez a arte e o design tenham finalmente se tornado algo mais do que se dizem ser, algo como um valor supremo que, no entanto, o rótulo vulgar de "entretenimento" tende a minimizar. Pois o que todos buscam já não é exatamente ser bem-sucedido, mas, a despeito dos fracassos inevitáveis, tornar-se artistas ou designers de si mesmos, nem que seja por um breve momento (conforme prenunciava Andy Warhol). Claro que, sob um ponto de vista acadêmico (como o meu), é realmente difícil levar a sério esse tipo de enunciado — dificuldade que, contudo, só favorece a sua banalidade estratégica. De fato, os critérios são outros. Nós precisamos começar a levar mais a sério o que todos nós, mesmo sem nos darmos conta, já estamos levando muito a sério.

7 Terreno baldio[1]

> O embaraço que faz rir quando se lê Borges é por certo aparentado ao profundo mal-estar daqueles cuja linguagem está arruinada: ter perdido o "comum" do lugar e do nome. Atopia, afasia. — Michel Foucault [2]

Por pertencer a todos e a ninguém, o espaço supostamente comum da linguagem é também um território acirrado de disputas e resistências. Se, para Foucault, poder e saber são vetores de forças estrategicamente articulados, é porque a condição de conflito é constitutiva da linguagem, da formação dos saberes, dos processos histórico-sociais e de subjetivação. Não se trata de antagonismo, mas de "agonismo": as posições não apenas se opõem, mas antes interagem e tencionam umas às outras. Seguindo esse olhar foucaultiano que enxerga diagramas de forças *sem centro*, proponho neste capítulo refletir sobre certo "terreno baldio" em que circulam as verdades contemporâneas, esse espaço anônimo e partilhável da linguagem que dispara novos modos de injunção e de enfrentamento no tocante às disposições políticas do tempo presente.

Parece-me claro que, num mundo em que a linguagem é a própria arena política, torna-se imperativo lançar algumas questões acerca dessa terra sem nome que não mais se sustenta sob a égide de um projeto utópico, sem lugar, mas que tem sido habitada como atopia, um lugar sem *topoi*, sem coordenadas comuns. A atopia é a incapacidade de se localizar, de reconhecer as relações que nos são mais

---

1 Este capítulo é uma versão revisada e expandida de: Beccari, Marcos. "Terreno baldio: a atopia contemporânea". In: Rozestraten, Artur; Beccari, Marcos; Almeida, Rogério de (orgs.). *Imaginários intempestivos*, op. cit., p. 129-143.
2 Foucault, Michel. *As palavras e as coisas*, op. cit., p. xiv.

familiares; é a uma tal situação que, parece-me, direcionam-se nossas hodiernas inflexões epistêmicas. Embora Foucault considere, desde *As palavras e as coisas*, a dimensão linguística como secundária em sua análise das condições de possibilidade para a produção de uma epistéme, esta última não deixa de ser uma configuração possível para certa experiência de linguagem, um modo de organizar o mundo e situar-se nele — ou, ao contrário, de não mais se situar.

Em outros termos, parte-se do pressuposto de que as palavras correntes operam como caixas de ressonância das relações de força atuantes nos processos de governamentalização contemporâneos. Tais processos referem-se menos a um projeto de governo do que à gama de ações que se espraiam no corpo social por meio da sedimentação e da disseminação de um conjunto de saberes e práticas — articulado, por sua vez, segundo dois princípios de ação complementares: um disciplinar (de exame individual) e outro biopolítico (de ordenamento populacional). Evocar essas duas noções-chaves do léxico foucaultiano cumpre, aqui, o papel de assinalar uma função insidiosa que hoje a linguagem tende a exercer: a de materializar e, ao mesmo tempo, levar adiante uma acirrada racionalização dos usos e costumes, tornando *úteis* tanto as condutas individuais quanto as condições de existência das populações.

Na esfera da governamentabilidade, pois, o condado estratégico da linguagem não se resume ao das gramáticas e vocabulários, mas engloba toda uma economia da verdade cujo valor retórico reside menos no que é dito do que no ato de dizer. O que está em jogo é precisamente a produção/regulação ininterrupta da verdade e dos modos de incitá-la e agenciá-la. Procurar o nível da produção discursiva da verdade na densidade política da linguagem não implica o esquadrinhamento de certos vocábulos localizados, tampouco a inferência de um nível profundo a ser perscrutado em determinados padrões. Trata-se apenas de sugerir um ponto de clivagem entre premissas e contradições, desvios e coincidências que se estabelecem e se desfazem no solo agônico do presente.

ENQUADRAMENTO: A NOVA ROUPA DO NEOLIBERALISMO

De saída, considerando o "hoje" como tônus último do pensamento foucaultiano, tomemos o cenário político brasileiro como enquadramento possível dentre tantos outros. Encontramo-nos no segundo ano de um governo notadamente reativo que, após mais de dez anos do chamado "petismo", propõe-se a transformar os paradigmas históricos da política nacional. Nesse cenário, logo no primeiro mês da nova administração, a polêmica declaração da ministra Damares Alves, "menino veste azul e menina veste rosa", foi apressadamente interpretada como distração calculada. É como se todos os movimentos do governo Bolsonaro que não digam respeito à *economia* fossem "cortinas de fumaça" (ou *firehosing*, na terminologia recente), como estratégia para desviar o foco da oposição. O argumento é certamente lógico, mas tende a suscitar outra cortina de fumaça: a de elevar a economia acima de outras esferas, corroborando com a premissa neoliberal da economia como ordem estrutural.[3]

O discurso de posse do presidente foi claro: impedir que a bandeira brasileira seja pintada de vermelho. Questões econômicas ficaram em segundo plano, ao passo que as duas palavras mais citadas foram "deus" e "ideologia". Por incrível que pareça, essa é a chave não apenas para conciliar os diversos interesses que compõem o atual governo (militares, ruralistas, banqueiros, neopentecostais etc.), mas também para cultivar seu eleitorado — representado basicamente por aqueles que vestiram a camisa "Ustra Vive"[4] no primeiro dia do ano. O essencial é lutar contra o socialismo, em defesa da família. É isso o que congrega os ministérios atuais, em especial o da Economia.

A questão é que, para a economia funcionar, como nos ensina Foucault, é necessário que se exerça poder sobre os corpos, sobre as identidades, sobre o gênero e a sexualidade. Economia e moral são duas faces da mesma moeda: uma coisa sustenta e viabiliza a outra. E por mais que noções como "ideologia de gênero" ou "doutrinação marxista" soem, de fato, como delírios dignos de Olavo de Carvalho[5], a lógica de fundo não é inédita. Ela está alojada há pelo menos trinta anos no cerne do neoliberalismo.

Desde a queda do Muro de Berlim, as elites assumiram pouco a pouco uma roupagem nova, a de um antídoto tecnocrático contra os excessos totalitários da Europa. Depois da era bipolar, afinal, a ordem do dia era aderir à "economia de mercado". Num mundo pretensamente "livre" de ideologias, todos poderiam finalmente aspirar ao progresso civilizacional, econômico, tecnológico etc. O chamado "estado de bem-estar social" tornou-se, assim, preponderante na década de 1990, quando algumas organizações internacionais (FMI e Banco Mundial) tomaram uma série de medidas para a liberalização do livre-comércio internacio-

---

[3] "A política e a economia [...] não são nem coisas que existem, nem erros, nem ilusões, nem ideologias. É algo que não existe e no entanto está inscrito no real, estando subordinado a um regime que demarca o verdadeiro e o falso". Foucault, Michel. *O nascimento da biopolítica*, op. cit., p. 27.

[4] O coronel Carlos Alberto Brilhante Ustra foi o torturador mais hediondo da ditadura militar no Brasil, um sádico que chegou a levar crianças pequenas para ver suas mães torturadas, cobertas de hematomas, urinadas, vomitadas e nuas, como forma de pressioná-las.

[5] Ex-jornalista e astrólogo, Olavo de Carvalho é um dos principais representantes do conservadorismo no Brasil e o principal influenciador de nossos atuais chefes de governo.

nal. A desculpa era a de que, com a redução da presença estatal, as empresas transnacionais teriam a "bondade" de promover o desenvolvimento econômico e a distribuição de renda nos países mais pobres.

O que aconteceu, é claro, foi o contrário: o fluxo de capital saía mais dos países pobres, tornando os países ricos mais ricos. Enquanto a lógica neoliberal insistia em dizer simplesmente que "nem tudo saiu conforme o planejado" (isto é, nem tudo foi privatizado), conspirações do tipo "nova ordem mundial" vieram a justificar o retorno de nacionalismos religiosos[6]. Mas no primeiro mundo as coisas continuaram indo muito bem (hegemonia bélica, cultural, econômica etc.), a ponto de os cidadãos alemães já se questionarem abertamente: a que tipo de ordem sobrenatural os nossos pais estavam obedecendo? Por que eles ainda nos dizem que não sabiam? [7]

É interessante notar, em retrospecto, que quando as coisas já pareciam estar todas resolvidas é porque nada fora resolvido de fato. Quanto mais a sociedade é apaziguada em seus dissensos constitutivos, tanto mais as elites conservam seu monopólio. Após a redemocratização no Brasil, por exemplo, ninguém mais quis lembrar da ditadura. E agora já são muitos dizendo que a ditadura não foi tão ruim assim, ou que sequer existiu. Diferentemente dos alemães, nós escolhemos esquecer[8]. A consequência desse processo é o recrudescimento de uma violência velada e banal, aquela que se propaga diariamente por todos aqueles que ainda dizem que não sabiam.

Se não somos capazes de reconhecer o *stablishment* neoliberal é pelo simples fato de que dele participamos. E tal participação não significa necessariamente pertencer às elites, mas sobremaneira endossar a falácia segundo a qual "todos somos iguais" (no sentido de que supostamente temos as mesmas oportunidades), encobrindo os abismos sociais sob a insígnia do esforço, do merecimento, do trabalho duro. Essa falácia depende de uma crença prévia, a do Mercado enquanto ordem divina ou natural: se não se consegue um bom emprego, a culpa não é da sociedade, mas apenas do indivíduo que "fracassa", já que o mercado seleciona os melhores de acordo com seus méritos. Conforme Boaventura de Souza-Santos já denunciava em 2003 (numa época ainda assombrada pelo "terrorismo"), trata-se da

[6] Ver, a este respeito: Gago, Veronica. *A razão neoliberal*: economias barrocas e pragmática popular. São Paulo: Elefante, 2018.
[7] Foi esse tipo de questionamento que motivou, por exemplo, o psicólogo Stanley Milgram (de descendência judia e alemã) a realizar, em 1961, o que ficaria conhecido como "Experiência de Milgram", demonstrando como a obediência à autoridade está na base do Holocausto. Ver, a este respeito: Dahia, Sandra Leal de Melo. "Da obediência ao consentimento: reflexões sobre o experimento de Milgram à luz das instituições modernas". *Sociedade e Estado*, v. 30, n. 1, p. 225-241, jan./abr. 2015. Disponível em: <http://ref. scielo.org/w4jkqg>. Acesso em maio de 2020.
[8] Ver, a este respeito: Safatle, Vladimir; Teles, Edson (orgs.). *O que resta da ditadura*: a exceção brasileira. São Paulo: Boitempo, 2019.

> [...] crença de que não há alternativas à realidade presente e de que os problemas e as dificuldades que esta enfrenta decorrem de a sua lógica de desenvolvimento não ter sido levada às últimas consequências. Se há desemprego, fome e morte no Terceiro Mundo, isso não resulta dos malefícios ou das deficiências do mercado, é antes o resultado de as leis do mercado não terem sido aplicadas integralmente. Se há terrorismo, tal não é devido à violência das condições que o geram, mas ao fato de não se ter recorrido à violência total para eliminar todos os terroristas.[9]

Esse mesmo imperativo reaparece na crescente adesão a agendas contraditórias: no discurso, por exemplo, que promete mais empregos e, ao mesmo tempo, a retirada de direitos dos trabalhadores — justificando-se com um argumento do tipo "não é fácil ser patrão no Brasil". Desse modo, a extrema direita vigora pelo próprio paroxismo neoliberal e sob a égide do anti-intelectualismo. Quanto a esse último fenômeno, alguns intelectuais chegam a explicá-lo em termos de "pós-verdade" ou "desconstrução" (como se Derrida tivesse se tornado um *bestseller*), quando no fundo se trata de algo bem mais antigo e tacanho: é a política da "*nossa* verdade", num misto de ressentimento latente e engajamento espontâneo. Ao contrário do que previam os pós-modernos, ademais, o debate público tende cada vez mais à intensificação das velhas narrativas — como o anticomunismo e a anticorrupção, esses mitos cultuados desde 1930, voltando com força em 1964. E no lugar de versões parciais, hoje prevalecem visões "alternativas" e totalizantes que acreditam conhecer um lado, o seu contrário e tudo o que estiver no entremeio. No lugar de uma pós-verdade, portanto, as conspirações anti-intelectuais alimentam uma ultra-verdade.

Eis a nova roupa do neoliberalismo. A ideia de que "menino veste azul e menina veste rosa" é imprescindível para que o governo possa minar terras indígenas, direitos trabalhistas, a previdência, a assistência social etc. Porque à medida que ressurgem certos ditames medievais como o da Terra plana, ganha força também a ideia de que distribuir renda significa reduzir o nível de crescimento econômico do país. Assim, como bem salientou Vladimir Safatle, "quando Jair Messias fala que irá lutar contra o lixo marxista nas escolas, nas artes e nas universidades, entendam que essa luta será a mais importante de seu governo, a única condição de sua sobrevivência".[10] Pois a ultra-verdade depende das conspirações mais obscuras, como a de que tudo é regido pela economia — o que também assinala a espessura dessa cortina de fumaça: a crença em sua transparência total.

---

9 Souza-Santos, Boaventura. "Suicídio coletivo?". *Folha de São Paulo*, 28 de março de 2003, s. p. Disponível em: <https://www1.folha.uol.com.br/fsp/opiniao/fz2803200309.htm>. Acesso em maio de 2020.

10 Safatle, Vladimir. "Nós, o lixo marxista". *Folha de São Paulo*, 4 de janeiro de 2019, s. p. Disponível em: <https://www1.folha.uol.com.br/colunas/vladimirsafatle/2019/01/nos-o-lixo-marxista.shtml>. Acesso em maio de 2020.

ALGUMAS COORDENADAS AO LARGO DA VERDADE

> A percepção que o homem ocidental tem de seu tempo e de seu espaço deixa aparecer uma estrutura de recusa, a partir da qual denunciamos uma palavra como não sendo linguagem, um gesto como não sendo obra, uma figura como não tendo direito a tomar lugar na história.[11]

Sob o prisma das análises clássicas do poder, as fábulas da ultra-verdade indicariam uma situação de monopolização do poder pelo Estado, expressão máxima de um regime totalitário. Mantém-se assim a dicotomia fundamental das trincheiras que classificam e nomeiam a esquerda e a direita, os esclarecidos e os alienados etc. Na contramão dessa lógica de chave humanista, Foucault tomava a análise microfísica do poder como princípio disparador da tarefa de problematização das políticas da verdade. O lugar analítico dessa microfísica reside nas instâncias sociais mais ordinárias (lares, escolas, hospitais etc.), perfazendo uma malha de confluência histórica de certos saberes que, por sua vez, legitimam e são legitimados nas relações de poder.

Saberes investidos de poderes são linguagens em ato. Essa atuação pela linguagem, sobretudo no sentido de fazer falar e fazer calar, materializa um regime de verdade, isto é, um arranjo histórico particular de saberes e poderes. Ao produzir uma política da verdade, tal regime opera *discursivamente*: trata-se de um jogo que mobiliza múltiplas linguagens, perpassando as dicotomias e condicionando o cálculo das equações de força. Sob esse viés, o exercício do poder é menos centralizado (de cima para baixo) do que "centralizante", emergindo de um horizonte descontínuo de práticas, condutas e modos de convivência que materializam politicamente uma verdade.

Numa leitura apressada dos regimes de verdade que ora vigoram no cenário nacional, poderíamos inferir que o poder é exercido pelo controle da linguagem e dos códigos de representação (como as cores que designam meninos e meninas). Nessa chave, a redução das categorias possíveis e a naturalização desse léxico esvaziado poderiam indicar uma sorte de regresso civilizacional. Ora, mas a eficácia das políticas vigentes reside precisamente na negação da racionalidade moderna: a verdade histórica, por exemplo, não apenas se revela enquanto disputa narrativa, mas também apaga os rastros dos interesses que fabricam velhos acontecimentos e novas memórias.

[11] Foucault, Michel. *Ditos e Escritos I*: Problematização do sujeito: psicologia, psiquiatria e psicanálise. Rio de Janeiro: Forense Universitária, 2005, p. 144.

É como se, paradoxalmente, a impermanência da verdade tivesse liberado novas verdades absolutas. Esse efeito desconcertante vem ao encontro das crises de legitimidade que certos diagnósticos de época não cessaram de repetir: sociedade pós-ideológica, do espetáculo, da pós-verdade etc. Epítetos como esses remetem a positividades que outrora pareciam legitimar-se por si mesmas, e nisso se ignora o fato de que, em havendo exercício de poder, a verdade e seus meios de legitimação sempre se transformam. Sob o prisma foucaultiano, com efeito, não é paradoxal nem desconcertante que a verdade não permaneça a mesma; o que se coloca em questão são as novas expressões de uma mesma e constante *vontade* de verdade. Nessa dimensão extramoral, nos termos de Nietzsche[12], cabe-nos indagar não somente quanto às práticas lógico-performativas que definem a aceitabilidade dos enunciados "verdadeiros", mas também o lugar discursivo em que se estabelecem, pela linguagem, as condições de produção e realização da verdade.

Tal lugar discursivo é instaurado e ratificado por um *corpus* institucional e de saber, mas também por práticas sociais de reclusão e de controle, assim como pela aplicação de certos dispositivos de subjetivação. No primeiro nível, trata-se de um campo epistêmico no qual o humano tornou-se, desde o século XIX, ao mesmo tempo sujeito e objeto do saber, portanto um invariante epistemológico que, por um lado, fundamenta e reflete toda forma de conhecimento e que, por outro, tende a colocar em dúvida esse mesmo saber[13]. Quanto aos procedimentos de reclusão/controle, não se efetuam apenas por força de coerção, mas antes por uma lógica que seleciona valores, induz perspectivas e produz verdades[14]. Noutros termos, o exercício do poder não é somente repressivo, mas primeiramente produtivo. Por conseguinte, é por meio das relações de poder que os indivíduos se constituem como sujeitos[15]. Os dispositivos de subjetivação, assim, abrangem toda a trama por meio da qual o indivíduo pode enunciar a verdade e que, no ímpeto de dizê-la, acredita que ela fale "por si mesma".

---

12 Ver, a este respeito: Nietzsche, Friedrich. *Sobre a verdade e a mentira*, op. cit.
13 Ver, a este respeito: Foucault, Michel. *As palavras e as coisas*, op. cit.
14 Ver, a este respeito: Foucault, Michel. *Vigiar e punir*, op. cit.
15 Ver, a este respeito: Foucault, Michel. "O sujeito e o poder", op. cit.

O homem decerto se esquece que é assim que as coisas se lhe apresentam; ele mente, pois, da maneira indicada, inconscientemente e conforme hábitos seculares — e precisamente *por meio dessa inconsciência*, justamente mediante esse esquecer-se, atinge o sentimento da verdade. No sentimento de estar obrigado a indicar uma coisa como vermelha, outra como fria e uma terceira como muda, sobrevém uma emoção moral atinente à verdade: a partir da contraposição ao mentiroso, àquele em quem ninguém confia e que todos excluem, o homem demonstra para si o que há de venerável, confiável e útil na verdade.[16]

O lugar instaurado a partir desses âmbitos é aquele da ordem da normalidade, da efetividade da linguagem, da distinção constante entre verdades e falsidades. Aqui se situam e se efetuam as práticas discursivas: onde falar e fazer pressupõem-se reciprocamente, a linguagem não se reduz a signos que traduzem coisas, nem à expressão de um pensamento segundo estruturas formais, mas materializa uma série preexistente de enunciados, forças e interesses que atravessam o registro linguístico. É nesse amplo território que a verdade pode "resplandecer", evidenciando nossos sonhos de progresso e emancipação ao mesmo tempo em que corrige/extirpa anomalias desviantes.

DA AUSÊNCIA DE CENTRO À VERDADE EM DEMASIA

Quando os homens não acreditam mais em Deus, isso não se deve ao fato de eles não acreditarem em mais nada, e sim ao fato de eles acreditarem em tudo.[17]

Foucault chamou de panóptico o regime da normalização disciplinar que se estabelece no século XIX. O panóptico é uma estratégia arquitetônica de distribuição do olhar no espaço: os que habitam a periferia são vistos, mas não podem ver aqueles que ocupam a parte central. Se antes havia um poder soberano que se exibia à vista de todos, na sociedade disciplinar todos passam a ser vistos por um olhar anônimo, isto é: cada um se converte em normalizador do outro e de si mesmo. A partir dessa tática panorâmica, a aplicação do poder torna-se economicamente eficaz ao ser individualmente introjetada. Nesse tipo de configuração, ademais, os regimes de verdade não se sustentam apenas pela interdição do dizer e dos códigos de representação, mas antes pela gestão coletiva sobre o que se pode dizer/pensar. Por conseguinte, as formas de legitimação da verdade não mais se restringem aos atos de atestar ou invalidar, autorizar ou punir, mas se atualizam em jogos de exames de si, tomada de posição e esclarecimento.

---

16 Nietzsche, Friedrich. *Sobre a verdade e a mentira*, op. cit., p. 37-38, grifos no original.

17 G. K. Chesterton *apud* Eco, Umberto; Bédarida, Catherine. "Umberto Eco rememora a vida sob o fascismo". *Le Monde/Uol*, 19 de março de 2015, s. p. Disponível em: <https://noticias.uol.com.br/midiaglobal/lemonde/2005/03/19/ult580u1470.jhtm>. Acesso em maio de 2020.

Ocorre que, embora invisível e anônimo, o olhar vigilante localizado no centro do panóptico ainda servia como um parâmetro da verdade. O que parece ter mudado não é tal modelo disciplinar, mas a centralidade antes reservada à verdade. É como se, ao longo do tempo, aqueles que habitam o panóptico tivessem percebido que nunca houve alguém vigiando-os na torre. O lugar da verdade, pois, escancara-se enquanto terreno baldio. Isso não significa vácuo de poder, mas justamente o acirramento das forças em jogo. Sem mais coordenadas comuns, proliferam-se palavras de ordem e figuras de autoridade, de modo que "baldio" não significa "vazio", e sim um espaço de acúmulo, distorção e vazamento de todas as verdades, como sugere Louis de Oliveira:

> Acúmulo por uma combinação e uma sobrecarga de gramáticas sobre gramáticas, que não se reservam a falar/expressar uma só linguagem; e vazamento porque não conseguem mais limitar-se a uma só base gramatical e, por isso, revelam-se segundo o que deixam vazar, do que é seu e do que do outro verte e a polui, para passar ao mundo da intensidade. De distorção porque, pelo que o sujeito forte sempre desejou — sob o erro de ter que conter esse desejo —, ele se viu obrigado, sobre a ironia, a invalidar esse mesmo desejo, até aprender (ao acaso) a distorcer seus relatos. A distorção, assim, recupera um desejo previsto.[18]

Nesse contexto, qualquer tipo de verdade é esperado. Os fatos são todos previsíveis porquanto já incorporados ao jogo, num efeito de saturação. O assassinato de Marielle Franco em 2018, repercutido amplamente em âmbito internacional, é lacônico quanto a isso: para uma parcela expressiva da população brasileira, trata-se apenas de uma resposta senão justa, ao menos já esperada contra determinado ideário que supostamente sempre defendeu "bandidos". Desse modo, os crimes passam a ser meramente casuais em um mundo onde qualquer verdade vale e no qual, portanto, mais importa *fazer valer* certa verdade particular do que cultivar qualquer ideal, já saturado, de orientação coletiva. O paroxismo que disso resulta exprime-se no recorrente diagnóstico de Boaventura de Souza Santos, segundo quem já "não é possível corrigir por via democrática as distorções cada vez mais grotescas dos processos democráticos reais".[19]

Ora, talvez o que esteja em jogo não seja o dilema de preservar ou não a democracia, mas a infinidade de sentidos

---

[18] Oliveira, Louis José Pacheco de. *Por uma reapropriação da ideia de homem*. Tese (Doutorado em Educação). São Paulo: Faculdade de Educação da Universidade de São Paulo, 2015, p. 257-258.

[19] Souza-Santos, Boaventura. "A difícil reinvenção da democracia frente ao fascismo social: Entrevista especial com Boaventura de Sousa Santos". *IHU On-Line*: Revista do Instituto Humanitas Unisinos, Porto Alegre, 08 dez. 2016. Disponível em: <http://www.ihu.unisinos.br/563035-a-dificil-reinvencao-da-democracia-frente-ao-fascismo-social-entrevista-especial-com-boaventura-de-sousa-santos>. Acesso em maio de 2020.

e valores possíveis que sustentam uma, dentre outras, verdade democrática. Até porque, ao contrário do que possa parecer, o que impera não é a incredulidade política; se pululam temores em demasia, é porque restam em igual medida esperanças sedimentadas em um horizonte no qual se explicita a arbitrariedade do que se espera: o triunfo da civilização, a preeminência da razão, a neutralidade da justiça etc. Por significarem tanta coisa ao mesmo tempo, tais axiomas persistem enquanto moedas correntes, fazendo qualquer meia-verdade valer por todas as outras. Assim, o jogo discursivo torna-se cada vez mais excêntrico, no sentido literal de ausência de centro. Cada indivíduo é o único centro possível, um centro de nada, mas também um reflexo de tudo o que se encontra ao redor desse mesmo nada[20].

Eis o que sobrou do panopticismo moderno: atopia, terreno baldio, sobras e restos de uma gramática saturada. A incapacidade de se localizar nesse ambiente não provém do tão anunciado fim (ou superação) da verdade, mas justamente de seu excesso, redundância e intercambialidade. Se, como vimos, não há práticas sociais sem que haja um determinado regime de racionalidade e de verdade por elas engendrado, talvez a própria atopia, esse lugar incomum, tenha se tornado a condição e o limite do regime que então vigora: o abismo insólito do excesso de clareza. O que está claro: nunca houve e nunca haverá um mesmo mundo, uma mesma gramática e um mesmo solo sobre o qual assentar nossos passos e projetos. O que há de insólito: em vez do pacífico florescimento de uma pluralidade de verdades (conforme a panaceia iluminista, ainda corrente, do diálogo e do debate construtivo), impõe-se o entulhamento intransitável de totalidades epistêmicas que ecoam sob a luz de estrelas mortas, como a reconstrução idílica e/ou conspiratória de um passado que jamais existiu.

Nada se perdeu, tudo se acumulou. Se certas noções deixam de ter validade, é porque a linguagem já não se mostra útil para traduzir o mundo, servindo antes para demarcar uma posição em um lugar qualquer. Uma posição como forma de subsistência face ao peso gravitacional, que se intensifica, dos velhos ideais. O indivíduo que assim subsiste, "longe de se mostrar aturdido e não conseguir reagir, age... desfazendo, construindo, jurando, perjurando, sustentando lições e quebrando essas mesmas lições, agora mais próximo de si mesmo e de uma gramática comum a

20 Vale lembrar que, ainda nos anos 1920, o cineasta russo Dziga Vertov já parecia intuir a descentralização do panóptico: "Eu sou o cine-olho. Eu, máquina, vos mostro o mundo como só eu posso vê-lo". Vertov, Dziga. "Resolução do conselho dos três". In: Xavier, Ismail (org.). *A experiência do cinema*. Rio de Janiero: Graal, 1991, p. 256. E de acordo com Jonathan Crary, o próprio advento do cinema, tributário à construção da visualidade no Ocidente, é um dos principais elementos que veio a desterritorializar a percepção moderna, dispersando o seu centro de gravidade para um olhar sempre em suspenso. Ver, a este respeito: Crary, Jonathan. *Suspensões da percepção*, op. cit., 2013.

todos".[21] De fato, o que mais se avulta é precisamente o uso comum de uma linguagem acumulada, naquilo que cada um pensa colocar de "si mesmo" em seu próprio discurso e em sua própria imagem, na persistência do hábito de ver desenrolarem-se, em pura transparência, os jogos da verdade e dos fatos. O que nisso tende a soar desagradável — e o "para quem?" já esclarece todo o litígio — é a arbitrariedade das ideias que, sob "um zelo tão grande para mantê-las além do gesto que as articula, uma piedade tão profunda destinada a conservá-las e inscrevê-las na memória dos homens — tudo isso para que não reste nada da pobre mão que as traçou, da inquietude que nelas procurava acalmar-se".[22]

A atopia assinala, em suma, menos o princípio ordenador da verdade que o campo em que esta se articula — um plano panóptico que, mais precisamente, carece de centro. A gramática moderna mantém-se, talvez mais do que nunca, conservada e ativa, amparando noções de progresso, origem, sujeito e, enfim, todo o velho léxico que pressupõe a universalidade do *logos*. No entanto, a despeito desses signos ainda familiares, os significantes em jogo colapsam e dispersam como sussurros ao vento, um ruído afásico que mal se ouve por sua alta frequência. Frente a tantas palavras acumuladas, mediante a visibilidade de todos os discursos, cada enunciado se vê impelido a legitimar-se de uma vez por todas, numa manobra custosa de recompor e cingir os demais enunciados, relegando-os ao silêncio. Daí que, nesse terreno baldio, toda dissidência é esperada. Onde tudo já foi dito, onde tudo já está aí, nada mais surpreende, nada mais arbitra ou significa; tudo se esgota de antemão.

O QUE RESISTE É O QUE PERMANECE A SER PENSADO

> Eu compreendo bem o mal-estar de todos esses. [...] eles não desejam ser privados, também e ainda por cima, do discurso em que querem poder dizer, imediatamente, sem distância, o que pensam, creem ou imaginam; vão preferir negar que o discurso seja uma prática complexa e diferenciada que obedece a regras e a transformações analisáveis a ser destituídos da frágil certeza, tão consoladora, de poder mudar, se não o mundo, se não a vida, pelo menos seu "sentido", pelo simples frescor de uma palavra que viria apenas deles mesmos e permaneceria o mais próximo possível da fonte, indefinidamente. Tantas coisas em sua linguagem já lhes escaparam: eles não querem mais que lhes escape, além disso, *o que dizem*, esse pequeno fragmento de discurso [...] cuja débil e incerta existência deve levar sua vida mais longe

21 Oliveira, Louis José Pacheco de. *Por uma reapropriação da ideia de homem*, op. cit., p. 276.
22 Foucault, Michel. *A arqueologia do saber*, op. cit., p. 253.

e por mais tempo. Não podem suportar (e os compreendemos um pouco) ouvir dizer: "O discurso não é a vida: seu tempo não é o de vocês; nele, vocês não se reconciliarão com a morte; é possível que vocês tenham matado Deus sob o peso de tudo que disseram; mas não pensem que farão, com tudo o que vocês dizem, um homem que viverá mais que ele".[23]

Para além do que conclamam os profetas do caos, os ressentidos, os apologistas da decadência da civilização, em cujas seitas esotéricas se confundem tradição e sectarismo, a atopia mostra-se menos como abismo estreito do que como abertura normalizada. É a abertura da linguagem para línguas dissonantes, da verdade para micro-ultra-verdades. Essa topografia híbrida, desmedida, é impensável; ou melhor, repousa sobre a resistência do pensamento: pensa-se somente lá onde o contrapeso do impensável pesa suficiente para que se possa pensar. Eis o peso impensável que Milan Kundera pôde intuir em seu romance maior: não é o peso que é insustentável, mas a leveza desse peso. Ou ainda, nos termos de Derrida, o que não pesa é o que resta a ser pe(n)sado:

> De um certo modo, o "pensamento" não quer dizer nada. Como toda abertura, este índex pertence, pela face que nele se dá a ver, ao dentro de uma época passada. Este pensamento não pesa nada. Ele é, no jogo do sistema, aquilo mesmo que nunca pesa nada. Pensar é o que já sabemos não ter ainda começado a fazer.[24]

Se antes o pensamento depositado em cada folha de papel ainda exercia um peso incomensurável sobre as prateleiras da história, esse trabalho de acumulação veio a culminar numa leveza autoritária, sem um chão que a sustente. Se continuamos a pensar sobre a verdade, é sob o contrapeso incontornável de *pensar-se pensando* a verdade. Decorre daí o estranhamento de tudo o que, paradoxalmente, ainda nos parece familiar — como no momento, da *Odisseia*, em que Ulisses retorna a Ítaca, quando Palas Atena criou uma névoa para desorientá-lo, tornando desconhecido o que lhe era mais conhecido. Pois nunca houve propriamente retorno, somente recomeços. Nessa mesma oscilação, não sabemos o que a verdade significa antes ou fora da ocasião em que a pensamos. Ela só pode ser determinada a partir do, ou melhor, como *resultado* do que lhe resiste, daquilo que a ela se adianta e que, portanto, permanece a ser pensado uma vez mais.

Viver na atopia solicita-nos estar atentos a esse apelo que resiste à frente do pensamento. Não se trata de um desígnio, de um fim teleológico no alvorecer de uma nova

23 Foucault, Michel. *A arqueologia do saber*, op. cit., p. 254, grifos no original.
24 Derrida, Jacques. *Gramatologia*. São Paulo: Perspectiva, 1973, p. 118.

verdade qualquer. É apenas um pensar que tanto se volta quanto surpreende a si mesmo, deslocando o próprio peso para onde não o esperávamos encontrar. Trata-se de um olhar ao mesmo tempo insaciável e cético, compreensivo e indulgente, que consiga conferir dignidade aos nossos gestos na mesma medida em que evidencia que nenhum gesto é livre o bastante para nomear as coisas. Sob esse prisma, a atmosfera movediça que nos cerca não deve ser motivo nem de apologia cega nem de melancolia visionária. A potência da linguagem nunca residiu no que ela codifica e fixa, mas na dimensão ambivalente da repetição de seu uso — ou, como poetiza o designer André Vallias: "O umbigo da língua? O ambíguo. A exatidão: seu jazigo".[25] Dizer algo é sempre tarde demais, ao mesmo tempo em que há sempre como recomeçar a dizer "uma vez mais". Sem norte, sem esperança, isto é: sem temor.

---

25 Vallias, André. "Língua". *Species*: Revista de Antropologia Especulativa, n. 1, nov. 2015, p. 100.

8 A dispersão de Fausto[1]

> De que valeria a obstinação do saber se ele assegurasse apenas a aquisição dos conhecimentos e não, de certa maneira, e tanto quanto possível, o descaminho daquele que conhece? — Michel Foucault [2]

O mito de Fausto, como se sabe, é associado principalmente à imagem do homem moderno em sua busca do saber absoluto, da superação da morte e do impulso por satisfazer seus desejos a qualquer custo e até em sacrifício de si mesmo. Não é raro, pois, pensar em Fausto como uma versão de Prometeu, embora a difusão literária do mito faustiano, que se diversifica desde o século XVI, não possa decerto ser reduzida a uma única versão. O personagem, afinal, é sem dúvida um dos mais recorrentes e mais reinterpretados da cultura moderna. Muito já se debateu, ademais, sobre as possíveis roupagens contemporâneas de Fausto, como a do desejo humano de fabricar a vida ou a de uma conduta ascética individualista.

Não pretendo retomar e discutir esse rico espólio de interpretações. Interessa-me, neste capítulo, esboçar um panorama genealógico da figura de Fausto enquanto modelo liberal de subjetivação. Para tanto, devo esclarecer alguns termos-chave. "Subjetivação", no léxico foucaultiano, é o modo como se dá a constituição do sujeito não apenas como derivação dos saberes e das relações de poder, mas antes como indivíduo devendo comportar-se eticamente desta ou

[1] Este capítulo é uma versão revisada e expandida de: Beccari, Marcos; Almeida, Rogério de. "A dispersão de Fausto: um esboço genealógico do sujeito liberal". In: Araújo, Alberto Filipe; Beccari, Marcos; Almeida, Rogério de (orgs.). *O mito de Fausto*: imaginário e educação (Coleção Mitos da Pós-Modernidade, Vol. III). São Paulo: FEUSP, 2020, p. 79-95.
[2] Foucault, Michel. *História da Sexualidade II*, op. cit., p. 13.

daquela maneira — como companheiro fiel, como cidadão etc. Esse comportamento se dá menos como um limite imposto à vontade dos sujeitos do que como condicionante que os *possibilita*.[3]

"Liberalismo" pode ser definido, grosso modo, como uma racionalidade política que toma corpo no século XVIII e que prioriza o respeito a certos direitos universais, a liberdade de iniciativa dos indivíduos e o bem-estar social. Tal modelo ao mesmo tempo de governo e de subjetivação sustenta-se em certas "leis naturais" — do mercado (Smith), do direito (Locke), da moral (Bentham) etc. — que devem circunscrever e regular tanto os interesses individuais quanto a atuação do Estado. Claro que, sobretudo a partir do século XIX, essa unidade do liberalismo "clássico" será cada vez mais fragmentada entre, por exemplo, os defensores de uma liberdade total aos atores do mercado (a chamada doutrina *laissez-faire*) e certo reformismo social mais favorável ao intervencionismo. Mas o que me interessa é pensar no liberalismo amplamente como lógica normativa que visa funcionar mais e melhor que o governo estatal, gerenciando a população em termos de ascese individual (mérito e responsabilização) e garantia de um "bem-comum".

O sentido aqui adotado de "genealogia", na esteira de Nietzsche e Foucault, nada tem a ver com a busca de uma origem, e sim com o mapeamento de condições de possibilidade da produção da verdade, assumindo de saída que toda forma de verdade, identidade e sucessão é construção histórica que resulta de interpretações diversas. Com efeito, Foucault não buscava compreender o que somos a partir de "modelos" do passado, mas sim contextualizar o passado na reflexão sobre o que somos no presente. Por sua vez, "o que Nietzsche não parou de criticar desde a segunda das *Considerações extemporâneas* é esta forma histórica que reintroduz (e supõe sempre) o ponto de vista supra-histórico [...] uma história que nos permitiria nos reconhecermos em toda parte",[4] presumindo assim um sujeito eterno, uma consciência sempre idêntica a si mesma. Contra tal prerrogativa metafísica, a genealogia é sempre uma história dos valores, dos ideais, dos conceitos — como o de "sujeito" ou o da própria "história".[5] Trata-se de dissipar qualquer unidade essencial dos sujeitos e suas narrativas para, em contrapartida, fazer aparecer as descontinuidades que os atravessam.

3 Concepção próxima daquela que Merleau-Ponty defende contra Sartre e sua liberdade no vazio, sem obstáculos. Ver, a este respeito: Merleau-Ponty, Maurice. *Fenomenologia da Percepção*. São Paulo: Martins Fontes, 1994, p. 496-520. No caso de Foucault, a maior parte de sua obra não aborda a subjetividade para além de um efeito do poder e dos saberes, isto é, assumindo que o indivíduo não pode encontrar nada em si mesmo, exceto a interiorização de forças e saberes dos quais provém. No entanto, a partir de 1980 Foucault passa a assumir que o indivíduo é capaz de, por si, problematizar e inventar a si próprio, ainda que essa relação consigo tenda a se reintegrar nos dispositivos em relação aos quais começara por resistir. Ver, a este respeito: Foucault, Michel. *A hermenêutica do sujeito*: Curso dado no Collège de France (1981-1982). São Paulo: Martins Fontes, 2004, p. 192-217.
4 Foucault, Michel. *Microfísica do poder*, op. cit., p. 70-71.
5 Por isso que, nos termos de Paul Veyne, "a obra inteira de ▶

Definidos tais conceitos, o mito de Fausto é aqui encarado tanto como visualidade quanto como formação discursiva que não apenas variam historicamente, mas que, ao variarem, indicam a maneira pela qual determinado problema, nesse caso o do sujeito, se coloca em diferentes momentos: o que sei eu, o que posso eu, quem sou eu? Embora nenhuma das respostas já elaboradas possa ser meramente "transposta" de uma época a outra, a sucessão (ou mesmo sedimentação) dessas respostas singulares que se acumulam ao longo dos séculos é o que prolonga esse tipo de problematização até o presente. E se tal visada genealógica, todavia, não nos diz com clareza o que nós somos no presente, indica ao menos como já fomos antes — o que serve para nos "mostrar que o que é jamais foi, ou seja, [que] é sempre na confluência de encontros, dos acasos, no curso da história frágil, precária, que são formadas as coisas que nos dão a impressão de serem as mais evidentes",[6] como a própria noção de "eu".

Pretendo, mais detidamente, mostrar como o mito de Fausto é capaz de conjugar visual e discursivamente duas práticas aparentemente distintas, a do cuidado de si e a da governamentalidade, como atinentes a um mesmo tipo de racionalidade, a do sujeito liberal. Para tanto, começo por interrogar a subjetividade ocidental a partir da omissão subjetiva em Platão e do apagamento do eu na *Odisseia* homérica. Esse desaparecimento condicionante do sujeito aponta para a compreensão, na sequência, de como uma conduta ética pode, com o passar do tempo, converter-se em subjetivação moral. Com isso em vista, retomo e amplio o comentário de Foucault acerca do mito de Fausto, e argumento que a simbólica de um "retorno a si mesmo" segue na esteira de um modo de organização societária que incita a liberdade como meio de subjetivação. Por fim, discorro sobre como tal racionalidade liberal estabelece, à maneira do pacto faustiano, uma relação de indissociabilidade congênita entre liberdade e sujeição (ou "responsabilidade"), bem como entre a gestão populacional e a condução de si mesmo.

▸ Foucault é uma continuação de *A genealogia da moral* nietzschiana: ela busca mostrar que toda concepção que acreditamos eterna tem uma história, 'deveio', e que suas origens nada têm de sublime". Veyne, Paul. *Foucault*, op. cit., p. 187.
6 Foucault, Michel. *Ditos e Escritos II*, op. cit., p. 325.

A OMISSÃO DO SUJEITO NA CONSTRUÇÃO DO SUJEITO

De início, é interessante pensar que, embora as noções de sujeito e subjetividade sejam definidas de maneiras diferentes pelas várias correntes filosóficas, tal variação pressupõe um sujeito implícito a enunciar qualquer definição. Se ainda há aqueles, por exemplo, que buscam definir algo como a "verdadeira filosofia" ou o "verdadeiro eu", é porque a precariedade dessas noções permanece indissociável de um sujeito de enunciação igualmente vago e difuso. Tal aspecto remete-nos de imediato ao gesto filosófico "inaugural" da obra de Platão, principalmente dos diálogos ditos socráticos, em que ele reivindica a especificidade de sua atividade em oposição a outras tantas práticas já consolidadas em sua época, como a retórica, a poesia e a sofística. Ou seja, Sócrates e Platão não simplesmente "inventaram" a filosofia como num lance de gênios, mas antes buscaram se diferenciar de outros discursos e tradições.[7]

Os diálogos de Platão podem ser caracterizados como um gênero literário muito peculiar que oscila entre ficção e relato e que, sobretudo, emprega uma retórica sutil para nos convencer de que não se trata apenas de uma narrativa subjetiva, e sim do registro fiel e objetivo dos diálogos. Chama atenção, nesse sentido, que Platão costumava se ausentar de seus textos como autor, como narrador e até como personagem, como se tal omissão pudesse garantir a verdade do discurso filosófico[8]. A voz do filósofo, afinal, não poderia mais celebrar os feitos do passado e reivindicar para si uma ligação sagrada com as origens, como podiam os poetas. Devia, em vez disso, propor e defender uma nova interpretação para os fatos — construindo, por exemplo, uma morte memorável de Sócrates contra a opinião do povo ateniense, que o via como mais um sofista subversivo. A tradição filosófica se erigirá sobre tal apagamento do sujeito enunciador, como um perpétuo "fazer de conta" que não há ninguém atrás do palco das ideias.

O que distinguiu, com efeito, a filosofia inaugurada por Platão das outras práticas discursivas vigentes em sua época — como a do próprio relato histórico, considerando que Tucídides já explicitava a *sua* visão da Guerra do Peloponeso — foi um gesto ficcional sofisticado: por meio de uma narrativa subjetiva e, ao mesmo tempo, quase anônima, instaurou-se a ficção de uma verdade objetiva. Em outros termos, foi sobremaneira pela insidiosa artimanha da ausência subjetiva que se pôde reivindicar uma verdade e uma validade não subjetivas. Marcel Détienne nos lembra, ademais, de que a figura do filósofo possui uma formação híbrida, oriunda de sabedorias de cunho religioso, como a do pitagorismo, e simultaneamente da primazia, na *polis* democrática, da palavra racional (*logos*) para a autonomia dos cidadãos-livres na organização política[9].

[7] Note-se que, por exemplo, como a trajetória de Sócrates poderia ser facilmente confundida com a do sofista Protágoras, ambos condenados em circunstâncias muito similares (durante crises da democracia ateniense) e sob acusações muito parecidas (ateísmo, educação subversiva). É apenas a partir da obra platônica, em sua denúncia aos sofistas e à influência homérica na educação grega, que Sócrates pôde se sobressaltar dentre os inúmeros intelectuais de seu contexto. Ou, como Gagnebin sintetiza ironicamente, "Platão está para Sócrates assim como Homero está para Aquiles". Gagnebin, Jeanne Marie. *Lembrar escrever esquecer.* São Paulo: Ed. 34, 2006, p. 196.
[8] Ver, a este respeito: ibidem, p. 193-200.
[9] Ver, a este respeito: Détienne, Marcel. *Mestres da Verdade na* ▶

Tal conjunção específica nos permite entender a manobra platônica mediante um quadro mais amplo, em que a aparente ausência de sujeito só se tornaria possível, paradoxalmente, a partir de uma subjetividade emergente. Como sabemos, não foram poucos os que buscaram identificar na Antiguidade grega as raízes da subjetividade ocidental — contenda que, contudo, nunca fora pacífica. Em *Shame and Necessity*, Bernard Williams questiona a famosa teoria de Bruno Snell segundo a qual os textos homéricos mostram que os gregos pré-socráticos não eram "sujeitos", pois não se consideravam a fonte de suas próprias ações. Em seu contra-argumento, Williams explica como os mitos e tragédias sempre pressupõem, e mesmo atuam como, coordenadas ético-subjetivas, por mais que tal noção ainda não tivesse sido propriamente criada[10].

Vale lembrar que, na *Odisseia*, as aventuras de Ulisses são cantadas por ele próprio, fato que se revela no início do Canto IX, quando ele toma a palavra na primeira pessoa e se identifica como protagonista de seus cantos. Adorno e Horkheimer chegaram a localizar no retorno de Ulisses a Ítaca uma alegoria primeira da formação do sujeito pela dominação da natureza e pela repressão de si. Um dos argumentos centrais reside na releitura, por parte dos autores, do episódio em torno do ciclope Polifemo, com especial atenção ao célebre ardil de Ulisses ao se autodenominar de "ninguém":

> Para ouvidos modernos, Odysseus [Ulisses] e Oudeis ["ninguém"] ainda têm um som semelhante, e é fácil imaginar que, em um dos dialetos em que se transmitiu a história do retorno à Ítaca, o nome do rei desta ilha era de fato um homófono do nome de Ninguém. [...] Na verdade, o sujeito Ulisses renega a própria identidade que o transforma em sujeito e preserva a vida por uma imitação mimética do amorfo.[11]

Adorno e Horkheimer partem da premissa de que a constituição do sujeito implica a renúncia aos prazeres do amorfo e do mágico, num processo de esclarecimento que resultaria dessa renúncia. Ocorre que, conforme assinala Jeanne-Marie Gagnebin, os autores de Frankfurt não citaram o texto corretamente: "'Ninguém' no texto homérico não é 'oudeis' [...], mas sim 'outis', outro pronome grego possível. Isso significa que, se há trocadilho em Homero, ele consiste num jogo entre *outis* (ninguém) e *metis*, essa inteligência ardilosa".[12] Tal inteligência, vale acrescentar, é própria de um sujeito que sabe usar dos nomes e das imagens para jogar

▸ *Grécia Arcaica*. São Paulo: WMF Martins Fontes, 2013.
10 Ver, a este respeito: Williams, Bernard. *Shame and Necessity*. Berkeley: University of California Press, 2008.
11 Adorno, Theodor W.; Horkheimer, Max. *Dialética do Esclarecimento*. Rio de Janeiro: Jorge Zahar, 1985, p. 70-71.
12 Gagnebin, Jeanne Marie. *Lembrar escrever esquecer*, op. cit., p. 35.

com o caráter ficcional, e às vezes enganador, da constituição de si, escapando assim de todo dualismo conceitual (*mythos-logos*, razão-desrazão etc.). Esse detalhe é importante não somente por obliterar aquele pressuposto da *Aufklärung*, mas também por sugerir que a subjetividade grega era capaz de *forjar-se* a si mesma, afetando a relação com os outros mediante uma relação consigo.

Pelo menos esta é a novidade que, a partir de *O uso dos prazeres*, Foucault atribui aos gregos[13]. Não que essa relação consigo fosse totalmente alheia às convenções e normas que regravam a vida pública; ao contrário, tal subjetividade emerge à medida que o "cidadão livre" se debatia entre o que ele é e o que deve ser, produzindo um distanciamento em relação aos papéis sociais e, por extensão, a si mesmo. A partir de então, o sujeito não cessará de se *refazer* em novos modos e conformações, o que implica *apagar-se* a todo instante, na esteira do "ninguém" de Ulisses e da omissão enunciativa de Platão, a ponto de o sujeito homérico tornar-se, ainda na Antiguidade, uma lembrança longínqua. Com efeito, se Foucault voltou-se aos gregos para compreender nossos modos de subjetivação, foi no sentido de procurar não algum gesto germinal, mas um *desaparecimento condicionante*. E, como acrescenta Deleuze,

> Se perguntamos o porquê dessa súbita introdução de um período longo no *Uso dos prazeres*, talvez a razão mais simples seja a seguinte: nós esquecemos rapidamente os velhos poderes que não se exercem mais, os velhos saberes que não são mais úteis, mas, em matéria moral, não deixamos de depender de velhas crenças, nas quais nem mesmo cremos mais, e de nos produzirmos como sujeitos em velhos modos que não correspondem aos nossos problemas.[14]

DO INDIVÍDUO ÉTICO À SUBJETIVAÇÃO MORAL

Retomemos, por um instante, o mito faustiano — antes de voltarmos, na sequência, à subjetividade antiga e à questão do desaparecimento condicionante do sujeito. As duas obras "clássicas" que definiram os contornos mais conhecidos do mito de Fausto — a de Christopher Marlowe, do século XVI, e a de Goethe, do século XIX —, embora distintas em vários aspectos e historicamente afastadas entre si, possuem pelo menos dois pontos em comum: ambas retratam um personagem inconformado com seu tempo e ambas têm

---

[13] Ver, a este respeito: Foucault, Michel. *História da Sexualidade II*, op. cit. Ademais, o terceiro volume de *História da sexualidade*, intitulado *O cuidado de si*, bem como o curso que Foucault dedicou à *Hermenêutica do sujeito*, insistem num mesmo ponto: o cuidado de si está ligado não a uma relação primordial consigo mesmo, mas antes a uma técnica, a *tekhné tou biou* (arte/técnica da vida), que faz do "si" o resultado de todo um trabalho ascético (*askésis*).

[14] Deleuze, Gilles. *Foucault*, op. cit., p. 114.

sua ocorrência em momentos de ruptura histórica — irrupção do humanismo e, depois, do romantismo. Fausto representa, nesse sentido, a figura do "livre pensador", um sujeito que não se deixa influenciar por ideias preconcebidas.

Ora, a elasticidade e, não raro, obscuridade dessa noção impõem-nos uma questão incisiva: até que ponto o livre pensador pode estar de fato apartado do modo de pensar em relação ao qual ele quer se distinguir? A pergunta já aponta retoricamente, claro, uma resposta. Qual seja, nenhum sujeito é tão autêntico e livre quanto se possa imaginar, o que equivale a dizer que toda subjetividade só pode se constituir a partir e no interior de uma racionalidade prévia. Mas a pergunta não admite somente uma resposta; ademais, serve aqui para sintetizar o percurso pelo qual Foucault foi levado, ao longo de sua obra, a encarar o sujeito primeiro como efeito de práticas e saberes que o implicam, e depois como instância simultânea de sujeição e elaboração de si mesmo.

A princípio, então, quando alguém se julga "inadequado" à sociedade em que vive, questionando em vez de aceitar passivamente o que é tido como verdadeiro, esta "sua verdade" não escapa à racionalidade contra à qual se opõe. Pois a indagação e a revolta são também meios de assimilar certo modo de pensar, levando o indivíduo a se constituir de tal ou tal maneira. A racionalidade de uma época é, com efeito, uma *condicionante* subjetiva — o que não equivale, no entanto, a um determinante estrutural.

É preciso ter claro que, se toda experiência *possível* é condicionada em sua inteligibilidade, este "possível" não tem o estatuto de uma necessidade. Afinal, as regras de um jogo não determinam, por si mesmas, o uso que se pode fazer delas; e mesmo aquilo que nos parece "necessário" pressupõe um modo possível de pensar, ou, mais precisamente, o que Nietzsche e Foucault chamavam de *vontade de verdade* — conceito bem resumido por Paul Veyne:

> Para citar Santo Agostinho, "amamos tanto a verdade que, quando amamos outra coisa que não ela, queremos que o que amamos seja a verdade". Haverá necessidade de dizer que nossas justificativas são sofismas, que julgamos a verdade de acordo com nossas escolhas e que não escolhemos de acordo com a verdade, e que são nossas escolhas que fazem aparecer fins? [...] Como ensinava Spinoza, não desejamos algo porque julgamos que é bom, mas julgamos que é bom porque o desejamos.[15]

Essa vontade de verdade, sempre inserida numa racionalidade pela qual nós "constatamos" as coisas, é capaz de tudo para assegurar-se de si mesma, como recusar até

---

15 Veyne, Paul. *Foucault*, op. cit., p. 207.

aquilo que a torna inteligível. É desse modo que o "livre pensador" não apenas busca pensar por si mesmo, mas antes decide que é necessário não mais pensar como os outros. Aqui uma nova questão merece ser levantada: por mais que tal sujeito nunca escape da racionalidade que lhe permite elaborar e defender a sua própria verdade, a vontade de verdade subjacente a tal atitude não possibilitaria também uma produção *ativa* de subjetividade, isto é, que o sujeito exerce sobre si mesmo? Colocando de maneira mais ampla, o que leva o indivíduo a querer se singularizar mediante sua cultura, sua sociedade, seu grupo social? Seriam suficientes, para isso, as formações discursivas e as relações de poder que engendram determinada racionalidade partilhada, a ponto de fazer com que cada indivíduo queira se autorreconhecer como sujeito?

Estas são, pois, as questões que Foucault procurou responder nos últimos dois livros que publicou em vida (volumes II e III de *História da sexualidade*), investigando como, sobretudo nas culturas gregas (clássica e helenística) e, em menor grau, na Roma imperial, a moralidade encontrava-se atrelada ao trabalho do indivíduo sobre si mesmo — práticas relacionadas ao que Foucault chamou de "estética da existência", "técnicas de si" e "vida como obra de arte". Como ele explica no curso *A hermenêutica do sujeito*,

> Para um grego, a liberdade humana encontra sua obrigação não tanto ou não apenas na cidade, não tanto ou não apenas na lei, tampouco na religião, mas na *tékhne* (esta arte de si mesmo) que nós mesmos praticamos. É, portanto, no interior desta forma geral da *tékhne toû bíou* [arte da vida] que se formula o princípio, o preceito "ocupar-se consigo mesmo". E lembremos justamente de Alcibíades que, pretendendo fazer carreira política e ter a vida de um governante, foi interpelado por Sócrates a propósito daquele princípio que ainda não percebera: não podes desenvolver a *tékhne* de que precisas, não podes fazer de tua vida o objeto racional que pretendes, se não te ocupares contigo mesmo. Portanto, é na necessidade da *tékhne* da existência que se inscreve a *epiméleia heautoû* [cuidado de si].[16]

Se, na racionalidade antiga, as normas de conduta ainda não tinham o peso de códigos prescritivos, pois admitiam diferentes caminhos possíveis de conduzir-se moralmente, é a dimensão ética que se sobressaía: o imperativo de cada indivíduo em relacionar-se consigo mesmo. Claro que, como salienta Veyne, "um sujeito que se estetiza livremente, ativamente, por práticas de si, é ainda filho de seu tempo: essas práticas não são algo que o próprio indivíduo inventa, são esquemas que ele encontra em sua cultura".[17] Mas o que chamava a

16 Foucault, Michel. *A hermenêutica do sujeito*, op. cit., p. 543.
17 Veyne, Paul. *Foucault*, op. cit., p. 182.

atenção de Foucault é o fato de que, no lugar de um sujeito moral universal, os antigos valorizavam um sujeito como obra a ser trabalhada. Logo, antes de haver algo como uma "história da moral", deve haver uma história de como o sujeito ético se convertera em sujeito moral, portanto uma história da *subjetivação* que se sobrepõe à da estética da existência.[18]

Eis o desaparecimento condicionante do sujeito, conforme eu dizia anteriormente. À medida que a subjetividade se institucionalizava, a relação do sujeito consigo mesmo cedia lugar a um saber moral e a procedimentos de sujeição. Mas tal percurso só se faz visível se for considerado num longo período de tempo. Os estoicos, por exemplo, inicialmente buscavam uma existência estética pautada por um princípio de moderação do prazer, mas aos poucos passaram a conduzir-se segundo princípios universais da natureza e da razão — conduta que, porém, ainda não tinha a força de proibição que alcançará mais tarde. No Império Romano, principalmente a partir do século II, a figura do filósofo já não detinha a autoridade de um Aristóteles formando discípulos em sua escola (embora tal tradição, a exemplo de Epiteto, não tenha desaparecido por completo). Alguém como Sêneca representa uma figura ali mais estimada, a do "filósofo cortesão": os senhores romanos mais importantes costumavam hospedar filósofos em suas casas ou os recebiam em seus banquetes. O filósofo então atuava como uma espécie de missionário moral que dirigia mensagens edificantes a uma elite ilustrada (função esta que ainda hoje subsiste).

Se para essa minoria esclarecida era apenas "conveniente" ou "recomendável" seguir certas regras que remetiam a uma lei universal, para os primeiros cristãos *deve-se* necessariamente cumprir as leis de Deus, cujo julgamento que as referenda, pela salvação ou danação, se estende a todas as almas[19]. Fato é que, se dos gregos aos cristãos a constituição do sujeito foi radicalmente deslocada e enrijecida, resta algo de invariável nesta longa inflexão: a vontade de verdade que incita tanto uma estética da existência quanto a subjetivação pautada em códigos morais. Ou seja, tanto a submissão quanto a revolta e qualquer iniciativa de liberdade não se resumem a efeitos de uma mesma racionalidade histórica que se impõe por si mesma, pois também derivam de escolhas individuais que uma vontade de verdade faz germinar.

Nesse sentido, é pertinente lembrar o que Max Weber, na esteira de Nietzsche, chamava de *ethos*: um modo de ser constituído simultaneamente por condicionamentos

---

18 Ver, a este respeito: Foucault, Michel. *Ditos e escrito V*, op. cit., p. 290.

19 Claro que, mais uma vez, a moral cristã não se impôs da noite para o dia. Até o fim do Império, muitos romanos ainda não viam muito sentido em cultuar somente um deus e se mantinham reticentes ao comportamento monástico de distanciamento do mundo público — prática ancorada na formação das primeiras seitas cristãs e na qual se pautará a conduta da Igreja durante a baixa Idade Média.

sociais e disposições subjetivas. Em seu famoso texto acerca do espírito do capitalismo, Weber nos mostra que o *ethos* do puritano laborioso, poupador e ascético era, mais do que um comportamento religioso, um estilo de vida. Posteriormente, esse *ethos* estendeu-se como norma e sob uma forma lacônica, isto é, orientada apenas à busca racional por rendimento e lucro. Ora, ao constatar que, enquanto o puritano *queria* ser um homem de profissão, nós já estamos obrigados a sê-lo, Weber descreve a seu modo como determinada conduta ética se converte em subjetivação moral e mormente em racionalidade social: "Quis o destino [...] que o manto virasse uma rija crosta de aço".[20]

DO RETORNO A SI MESMO COMO CONTRATO SOCIAL

> Não posso deixar de pensar que há uma figura cuja história seria interessante realizar porque ela nos mostraria, penso eu, como se colocou o problema das relações entre saber de conhecimento e saber de espiritualidade, do século XVI ao século XVIII. É evidentemente a figura de Fausto. Fausto, a partir do século XVI (isto é, a partir do momento em que o saber de conhecimento começou a fazer valer seus direitos absolutos sobre o saber de espiritualidade), é aquele que representou, creio, até o final do século XVIII, os poderes, encantamentos e perigos do saber de espiritualidade.[21]

No curso *A hermenêutica do sujeito*, Foucault menciona o Fausto de Goethe como expressão moderna de um "voltar-se a si mesmo". Antes de explicar sua interpretação, o filósofo atenta para o fato de que, na versão de Marlowe, Fausto é *condenado* por ter cedido à tentação do "saber espiritual", ao passo que o herói é *salvo* na versão de Lessing (século XVIII), que o converte em herói da crença no progresso civilizacional por meio do conhecimento. "Quanto ao Fausto de Goethe, por sua vez, é novamente o herói de um mundo do saber espiritual em desaparecimento".[22] As noções de "espiritualidade" e "saber espiritual" às quais se refere Foucault remontam a versão cristã do cuidado de si, uma conduta que passou a competir com o princípio teológico (mais atuante na tradição escolástica) de uma base estritamente racional para a vocação e a fé. Nesse sentido, "o

---

20 Weber, Max. *A ética protestante e o "espírito" do capitalismo*. São Paulo: Companhia das Letras, 2004, p. 165. Atente-se ao fato de que, em Weber, a ideia de uma razão generalizada se refere apenas à ordem econômica capitalista. Na mesma obra, contudo, numa passagem dedicada ao caráter "relativo" e "impessoal" do amor ao próximo no calvinismo, encontra-se a expressão "configuração racional do cosmo social" (p. 175). Nesse sentido, e desde que o social e o econômico não sejam reduzidos a dimensões autônomas, é possível entendê-los como faces de uma mesma racionalidade.
21 Foucault, Michel. *A hermenêutica do sujeito*, op. cit., p. 374.
22 Ibidem, p. 375.

grande conflito que atravessou o cristianismo desde o fim do século V (incluindo Santo Agostinho, sem dúvida) até o século XVII [...] não ocorria entre a espiritualidade e a ciência, mas entre a espiritualidade e a teologia".[23]

Para além do cristianismo, de fato, muitos dos saberes que florescem ao longo da Ideia Média não faziam clara distinção entre ciência e espiritualidade ao presumirem, a exemplo da Alquimia, que o acesso ao conhecimento é indissociável de uma permanente transformação do sujeito a partir de si mesmo. E ao mencionar Fausto, Foucault estava a argumentar que, na contramão das narrativas que apresentam o conhecimento científico como uma superação dos saberes espirituais, os vínculos do sujeito para consigo mesmo "não foram bruscamente rompidos como que por um golpe de espada".[24] Afinal, o que todas as ciências já estudadas por Fausto não teriam sido capazes de lhe proporcionar é a verdade de si: ele havia procurado por todo lugar o que só poderia ser encontrado em sua relação consigo mesmo, na elaboração artística de sua própria existência. Se, portanto, desde o monólogo inicial (em Goethe), que antecede o pacto com o diabo, Fausto já clamava pela salvação[25], o vínculo a ser doravante selado seria, no fundo, um pacto para consigo mesmo: o cuidado de si.

Embora nisso se encerre o comentário de Foucault sobre o mito faustiano, eu gostaria de acrescentar que no pacto de Fausto talvez haja algo além do cuidado de si, na medida em que Mefistófeles faz de tudo para que aquela alma se satisfaça plenamente como condição para que ele possa levá-la ao inferno. Ora, a despeito da aposta cósmica entre Deus e Satanás, esse resguardo diabólico que acompanha o pacto de Fausto pode ser lido à luz de uma outra questão que Foucault insiste ao longo de toda *A hermenêutica do sujeito*: o cuidado de si não se reduz a uma relação consigo, tampouco ao conhecer-se a si (Sócrates), mas depende de uma permanente elaboração artística (*tékhne*) que faz do "si" o objeto e o resultado de toda uma ascese (*askésis*). Nesse sentido, pois, o que está em jogo na aposta da qual Fausto faz parte é um sujeito que está sempre por construir — o que se mostra, por exemplo, quando Fausto culpa Mefistófeles pelas mortes em torno de Gretchen (sua mãe, seu irmão e seu filho recém-nascido), e o demônio replica que Fausto, por ter agido *livremente*, é quem tem toda a culpa. Mefistófeles é o meio pelo qual Fausto pode se responsabilizar e, a partir disso, reelaborar a si mesmo.

---

23 Ibidem, p. 36-37.
24 Ibidem, p. 36.
25 "Leia-se o começo do Fausto de Goethe, o famoso monólogo de Fausto logo no início da primeira parte, e se encontrará ali precisamente os elementos mais fundamentais do saber espiritual, precisamente as figuras deste saber que sobe até o topo do mundo, que apreende todos os seus elementos, que o atravessa de lado a lado, conhece seu segredo, mergulha até em seus elementos e, ao mesmo tempo, transfigura o sujeito e lhe traz a felicidade". Ibidem, p. 375.

De modo mais amplo, no entanto, Mefistófeles pode ser entendido como metáfora de toda uma contingência de processos disciplinares e de normalização que é subjacente à constituição do sujeito moderno. Se o sujeito lockiano, por exemplo, proprietário de si mesmo, podia acreditar que gozava do livre exercício de sua razão e vontade, proclamando ao mundo sua autonomia irredutível, não o fazia apenas por ter se "emancipado" de antigos códigos institucionais, mas antes por se amparar em novas regras morais, políticas, econômicas, estéticas e intelectuais. Nesse ínterim, o pacto faustiano, apesar de ter sido selado com sangue (em alusão aos laços medievais), na verdade remete à forma geral do contratualismo: o acordo voluntário entre pessoas livres com interesses em comum, sempre garantido por uma instância soberana, é uma das matrizes da mentalidade liberal, isto é, do sujeito dotado de direitos inalienáveis e guiado por seus interesses. Mefistófeles é, portanto, também *Leviatã*: sem um Estado garantidor (ou, na narrativa faustiana, uma ordem cósmica fiadora), não existiria liberdade individual.

Ocorre que, se o pacto com o diabo fora prontamente aceito por Fausto, a sociedade como um todo não se "convertera" de maneira imediata e espontânea a uma tal proposta. Não basta que uma liberdade assim prometida seja apenas postulada teoricamente; suscitar na prática essa liberdade requer todo um trabalho de racionalização até o mais íntimo do sujeito, com processos normativos que conduzem, pautam, educam esse pensamento. Pressupõe, por exemplo, que os interesses individuais estejam assegurados por uma "mão invisível" a manejar trocas e disputas que serão, somente assim, proveitosas a todos — mas é preciso fabricar e manter tal engrenagem. O que implica produzir indivíduos úteis, dóceis ao trabalho e dispostos ao consumo, ou seja, todo um *ethos* que exalta um sujeito que "faz a si mesmo", que trabalha não apenas em função de suas necessidades, mas também de seus interesses, do pleno exercício de sua liberdade e, enfim, de sua autorrealização.

Se esse quadro já não corresponde ao resgate do saber espiritual e ao retorno a si mesmo que Foucault reconhece no mito de Fausto, é porque, como vimos, toda prática ético-estética pode, ao longo do tempo, converter-se em subjetivação moral. Mas antes de avançar com tal digressão, devo pontuar que, embora eu já esteja alargando a perspectiva foucaultiana sobre Fausto para além do que seus escritos nos fornecem, não estou a contradizê-la. Pois, em primeiro lugar, é preciso lembrar que o interesse de Foucault pela constituição do sujeito não veio a se sobrepor ao seu interesse pela governamentabilidade;

na verdade, ambos surgem quase simultaneamente[26]. Esse último termo foi introduzido precisamente para abranger as múltiplas formas dessa atividade que perpassa desde o governo dos outros até o autogoverno do indivíduo: "Chamo 'governamentabilidade' ao encontro entre as técnicas de dominação exercidas sobre os outros e as técnicas de si".[27]

É nessa relação que se tem para consigo mesmo (Fausto) e, simultaneamente, para com os outros (Mefistófeles) que se pôde conceber uma racionalidade que requer a liberdade como condição de possibilidade: "governar não é governar *contra* a liberdade ou *a despeito* da liberdade, mas governar *pela* liberdade, isto é, agir ativamente no espaço de liberdade dado aos indivíduos para que estes venham a conformar-se por si mesmos a certas normas".[28] O que está em causa no liberalismo é, com efeito, a invocação ininterrupta da liberdade individual, e não a sua interdição, num jogo de incitação, regulação e diversificação dos modos de vida, em vez de contenção deles. Nesse complexo e instável jogo de regras supostamente naturais e de estratégias anônimas, os sujeitos são tanto efeitos do poder — este entendido não como ideologia, coerção ou soberania, mas como agonismo de uma "microfísica", ou seja, como um campo múltiplo de focos locais e móveis — quanto seus pontos de partida e também de resistência. No interior de uma racionalidade governamental, portanto, saberes e poderes conjugam-se e afetam-se, formando os contextos em que vivemos, as verdades nas quais acreditamos, num processo incessante de fabricação subjetiva.

A FABRICAÇÃO DO SUJEITO LIBERAL

Segundo Dardot e Laval, uma das inovações do neoliberalismo consiste em "vincular diretamente a maneira como um homem é 'governado' à maneira como ele próprio 'se governa'".[29] Para ilustrar esse princípio, os autores analisam o livro *L'entreprise de soi* ("A empresa de si mesmo") do consultor internacional Bob Aubrey, para quem "falar em

---

[26] Ao menos desde a publicação, em 1976, de *A vontade de saber* (primeiro volume da *História da sexualidade*), a noção de "razão governamental" é associada diretamente à subjetivação dos indivíduos. Ademais, é possível pensar na sucessão da obra foucaultiana como, a despeito da ausência de qualquer projeto sistemático de pensamento, um constante preenchimento de lacunas. Em *História da loucura*, seu primeiro livro, vemos como aquilo que leva uma sociedade a excluir loucos, doentes ou criminosos é o mesmo que leva, inversamente, o sujeito a conceber a si mesmo e a comportar-se conforme determinada racionalidade. Em *As palavras e as coisas*, Foucault se pergunta sobre quais estratos de saber foi possível conceber um homem que se autorreconhece à medida que se deixa determinar por sua própria finitude. Em *Vigiar e punir*, enfim, vemos como as prisões só se tornaram concebíveis à guisa de um novo modelo de indivíduo, a um só tempo disciplinado e produtivo, que internaliza um regime de poder pautado na vigilância de todos por cada um e de cada um por todos. Em suma, a temática da produção do sujeito atrelada aos jogos de verdade e às relações de poder está presente em toda obra de Foucault. Ver, a esse respeito: Cremonesi, Laura et. al. (eds.). *Foucault and the Making of Subjects*, op. cit.

[27] Foucault, Michel. *Ditos e Escritos IX*, op. cit., p. 265.

[28] Dardot, Pierre; Laval, Christian. *A nova razão do mundo*, op. cit., p. 19.

[29] Ibidem, p. 333.

empresa de si mesmo é traduzir a ideia de que cada indivíduo pode ter domínio sobre a sua vida: conduzi-la, geri-la e controlá-la em função de seus desejos e necessidades, elaborando estratégias adequadas".[30] Embora Dardot e Laval associem tal discurso à racionalidade neoliberal, que se distingue em vários aspectos da liberal, interessa-me o fato de que Aubrey afirma ter tomado a expressão "empresa de si mesmo" de Foucault para transformá-la num método de formação profissional.

Ora, é inusitado observar como a própria analítica foucaultiana pôde se converter num conjunto de propostas prescritivas no âmbito de um autoempreendedorismo. De acordo com Aubrey, numa realidade em que mais nenhum trabalhador sabe como será seu dia de amanhã, chegou a hora de substituir o contrato salarial por uma nova relação contratual: a de si para consigo mesmo. Afinal, se cabe apenas ao indivíduo a responsabilidade pela valorização de seu próprio trabalho no mercado, a empresa de si mesmo seria a única instância a lhe garantir autonomia e liberdade, na medida em que o estimula a exercer suas competências, a concentrar sua energia criativa e a provar o seu valor. É essa equivalência entre a valorização do trabalho e a valorização de si próprio que leva Aubrey a comparar a empresa de si mesmo a uma versão contemporânea do cuidado de si. Mas, conforme asseveram Dardot e Laval,

> A assimilação das práticas de gestão às práticas antigas é, evidentemente, um procedimento falacioso, que visa dar-lhes um forte valor simbólico no mercado da formação dos assalariados. O que é suficiente estabelecer aqui é que a ascese da empresa de si mesmo termina com a *identificação* do sujeito com a empresa, deve produzir o que chamamos antes de sujeito do envolvimento total, ao contrário dos exercícios da "cultura de si mesmo" dos quais trata Foucault, cujo objetivo é estabelecer uma *distância* ética em relação à si mesmo, uma distância em relação a todo papel social.[31]

Essa noção distorcida do cuidado de si como autovalorização procede, ademais, de uma interpretação rasa e despolitizante acerca do último Foucault. Segundo essa leitura, o interesse tardio de Foucault em torno da subjetividade antiga o teria levado a abandonar a problemática dos jogos de poder e de verdade — que, como vimos, manteve-se central em seus últimos trabalhos —, como se o advento grego de uma estética da existência fosse desprovido de qualquer dimensão política. Mais ainda, se seguirmos tal leitura, o liberalismo teria propiciado certo retorno ao *ethos* grego. Ora, desnecessário apontar aqui a distância abismal entre,

30 Ibidem.
31 Ibidem, p. 339, grifos no original.

por exemplo, a democracia grega (aristocrática) e a democracia liberal moderna (burguesa). Basta lembrar que desde a Antiguidade o cuidado de si já cedia lugar a um saber moral e a procedimentos de sujeição. Destes derivaram os códigos de conversão (*metanoia*) do ascetismo cristão que, em especial nos séculos III e IV, fez prevalecer uma moral da abnegação, do rompimento com o eu, transformando em virtude a obediência às ordens divinas. Mais adiante, nos primórdios do protestantismo, a ascese do trabalho traduzirá o sucesso nos negócios como sinal da eleição divina, de modo que a salvação individual passe a requerer uma disciplina sistemática sobre si mesmo. E todo esse percurso ainda não é suficiente para tornar o "mercado" um espaço de liberdade, tampouco para fazer emergir a lógica de uma "empresa de si mesmo".

Para compreender a formação do liberalismo moderno, podemos começar por refletir sobre a difusão, do século XVI ao XVIII, de novos tratados acerca da "arte de governar" — desde, por exemplo, *O príncipe* de Maquiavel até *O espírito das leis* de Montesquieu. Segundo Foucault, a problemática de toda essa literatura, com exceção única de Maquiavel, consiste em criticar a doutrina do "príncipe soberano" com o intuito de introduzir aos poucos a economia (no sentido antigo de gerir a casa e a família) no nível da gestão de um Estado[32]. Isso assinala uma ruptura notável: enquanto a finalidade da soberania restringe-se a ela mesma (isto é, a manter-se soberana), essa emergente forma de governo visa "fazer, por vários meios, com que determinados fins possam ser atingidos"[33] — como o enriquecimento da nação (e não apenas das cortes), o que não pode ser meramente instituído sob a forma de leis, pois implica fornecer às pessoas meios de subsistência, discipliná-las ao trabalho, incentivar o mercado comercial etc.

Claro que, novamente, a passagem de um regime a outro nunca é imediata ou sequer definitiva[34]. O mercantilismo, que foi o primeiro limiar de saída da matriz feudal, ainda se fazia valer pela forma geral da soberania, além de manter-se limitado, em seu modelo de governo, a uma estrutura monárquica. Se o mercantilismo, portanto, ainda bloqueava o pleno incremento de um governo de Estado, algumas circunstâncias gerais que se formaram ao longo do século XVII na Europa favoreceram o desbloqueio: a expansão demográfica, a abundância monetária e o aumento da produção agrícola.

---

[32] Ver, a este respeito: Foucault, Michel. *Microfísica do poder*, op. cit., p. 407-431. Deve-se ter em vista, aqui, que tal problemática emerge historicamente na convergência de dois processos amplos: o de dissidência e dispersão religiosa desde a Reforma, e o de superação da estrutura feudal pela instauração dos grandes Estados territoriais, administrativos e coloniais.

[33] Ibidem, p. 418.

[34] Foucault esclarece, nesse ínterim, que não se trata de associar dispositivos governamentais a determinadas épocas históricas. O que muda de uma época a outra é o modo em que essas diferentes formas de exercício do poder se relacionam entre si e, no contexto desse jogo, qual desses dispositivos cumpre a função dominante. Ver, a este respeito: ibidem, p. 428.

Com isso, tornava-se efetivamente possível ampliar a noção de economia em direção à população como um todo: "foi graças à percepção dos problemas específicos da população, graças ao isolamento desse nível [econômico] de realidade, que o problema do governo pôde enfim ser pensado, sistematizado e calculado fora do quadro jurídico da soberania".[35] Por conseguinte, o surgimento no século XVIII da "economia política" como ciência é indissociável da noção de população enquanto campo de intervenção e objeto da técnica governamental — o que coincide com a *biopolítica*, uma racionalidade de gestão centrada nos fenômenos próprios da população, como a natalidade, a sexualidade, a criminalidade, a educação etc.

Nesse ponto, devo insistir que a analítica da governamentalidade aparece, em Foucault, diretamente atrelada a uma analítica da subjetivação. Foi no âmbito dessa correlação que, em seu curso *Nascimento da biopolítica*, Foucault investigou o liberalismo não como uma teoria, nem como uma ideologia, tampouco como um modo de governar, mas antes como uma crítica da interferência estatal e, ao mesmo tempo, como condição de inteligibilidade da biopolítica[36] — porque, para que os governos possam gerir a população, é necessário que os indivíduos se considerem a si mesmos enquanto constituintes dessa população. Um dos meios para tanto reside na relação contratual pela qual o Estado garante os direitos e a liberdade de iniciativa dos cidadãos. Foi essa mesma lógica, contudo, o que permitiria que os indivíduos questionassem não tanto "por que é necessário haver um governo, mas em que se pode prescindir dele e sobre o que é inútil ou prejudicial que ele intervenha".[37] Foucault resume nesses termos como, em especial na primeira metade do século XIX, o discurso liberal passa a confrontar a razão de Estado, exigindo-lhe que se justifique ante a sociedade.

O mercado torna-se, então, o lugar privilegiado para fazer valer o imperativo liberal acerca da necessidade de limitar a ação do governo. Em sua forma mais extremada, tal imperativo se enuncia pelo credo naturalista do *laissez-faire* ("deixai fazer"), segundo o qual bastaria deixar o mercado por sua própria conta para que uma sociedade tenha estabilidade e crescimento — donde qualquer intervenção do Estado só poderia desregular e perturbar esse curso espontâneo. Ocorre que o liberalismo não se reduz a essa ideia simplista; e reduzi-lo a isso implica inferir uma possível "retirada do Estado" diante do mercado, ou que este se "infiltraria" naquele e passaria a ditar a política que os governos devem seguir. Ora, o mercado sempre foi amparado pelo Estado[38]. Pois o mercado não apenas materializa a

35 Ibidem, p. 423.
36 Ver, a esse respeito: Foucault, Michel. *Nascimento da biopolítica*, op. cit., p. 30.
37 Foucault, Michel. *Microfísica do poder*, op. cit., p. 433.
38 Fato que se torna mais evidente, no entanto, a partir ▶

lógica contratual que alicerça o Estado moderno, como também é o espaço pelo qual os indivíduos, em nome de sua própria liberdade, podem conformar-se por si mesmos às normas disciplinares de um regime biopolítico, isto é, de gestão e regulação sistemática da vida individual e coletiva da população.

Por isso que Foucault situa o liberalismo, para muito além da "esfera econômica", no domínio da subjetivação. Messe sentido, trata-se da racionalidade segundo a qual todo indivíduo deve exercer sua liberdade e agir conforme seus interesses — o que, mais precisamente, equivale a dizer que ser livre e ter interesses é o *dever* de todos. Essa lógica requer, como vimos, a segurança dos contratos com base em um quadro estável de regras fixas. Mas não só. Requer também acreditar que o mercado, em seus jogos de ônus e bônus, se estende às relações pessoais, às relações consigo mesmo, aos modos de aprendizagem, de fruição, de responsabilização etc. Afinal, se todos supostamente possuem os mesmos "recursos" (liberdade e esforço próprio), o destino de cada um é uma questão de saber o que se quer e estar disposto a apostar, a correr riscos e a perder. O mercado, em suma, como uma lei geral da vida. Uma vez consciente disso, o sujeito percebe a si mesmo como o único responsável por aquilo que lhe acontece — tal como um Fausto dando-se conta de que, por ter agido livremente, é somente ele quem tem toda a culpa.

Acontece que esse "livremente" só existe sob a tutela de Mefistófeles. Ou seja, se para a razão liberal nada há de mais caro que a liberdade, é porque tal promessa (ou aposta) depende de (e literalmente custa) todo um sistema de normas instaurado por meio de um trabalho contínuo de interiorizações — de modo que ser livre pressupõe, antes de tudo, ser "responsável". Significa saber que, para ganhar, é preciso aceitar o risco de perder. Assim, se o fracasso e o sucesso são somente resultados de escolhas individuais, deve-se responsabilizar os desempregados, os delinquentes, os depressivos, fazendo-os arcar com o "custo" crescente que eles representam à sociedade, do mesmo modo como se deve recompensar quem é bem-sucedido por ser igualmente responsável por

▶ da década de 1930, quando o keynesianismo britânico e, mais adiante, o ordoliberalismo alemão procuravam, de maneiras distintas, "salvar" os mercados do liberalismo clássico. E mesmo hoje, passada a grande crise financeira de 2008, os Estados ditos "desenvolvidos" continuam a atuar como fiadores supremos do mercado. Ademais, em *Nascimento da biopolítica* Foucault nos fornece um argumento contundente: o advento dos Estados totalitários não resultou da totalização do Estado, mas, ao contrário, procede justamente da subordinação do Estado a um partido e, por intermédio deste, a seu líder. Logo, o regime totalitário foi o único capaz de levar à cabo, por outros meios, a promessa liberal de um "Estado mínimo". Ver, a este respeito: Foucault, Michel. *Nascimento da biopolítica*, op. cit., p. 263-264.

sua sorte. Não é por acaso que, no âmbito governamental, a redução ou isenção de impostos sobre grandes empresas e fortunas muitas vezes se justifica como um meio de incentivar o investimento e o crescimento econômico.

Vê-se claramente, então, que o liberalismo não se resume a uma crítica contra a intervenção do Estado. A questão é que, sob um regime biopolítico, o governo enquanto instituição é secundário em relação ao governo como racionalidade que incita, no sujeito, uma relação consigo mesmo e com os outros. Essa relação específica diz respeito à constituição do sujeito liberal ou, mais precisamente, às práticas liberais de subjetivação. É nesse ínterim que as dificuldades da existência, como a doença e a miséria (as desgraças de Fausto), já não podem mais ser relacionadas a uma má gestão governamental (a influência de Mefistófeles), mas somente ao fracasso de um indivíduo que, por falta de responsabilidade, esforço ou livre iniciativa, foi incapaz de usufruir das oportunidades radiantes que o mercado a todos oferece.

****

A dispersão de Fausto enquanto paradigma liberal de subjetivação revela-se, por fim, não como dissolução discursiva, mas como normalização de uma racionalidade que, de tão naturalizada, já não é sequer percebida como tal. É importante, sob esse aspecto, não confundir a ideologia triunfante da nova direita e a racionalidade liberal que não mais a fundamenta. A lógica liberal opera, como vimos, por incitação e responsabilização, e não por coerção e ameaça — sendo esta apenas uma das tantas diferenças que Dardot e Laval delineiam, em *A nova razão do mundo*, entre liberalismo e neoliberalismo.

Vale mencionar, quanto a isso, a premissa de Naomi Klein em *A doutrina de choque*: a técnica do eletrochoque, desenvolvida pela psiquiatria dos anos 1940 para curar doentes mentais, teria inspirado, dez anos mais tarde, a CIA a financiar pesquisas para "quebrar" a capacidade de resistência dos prisioneiros, todas descritas em manuais secretos[39]. Segundo Klein, uma pessoa que logo

---

39 Tais manuais explicam que o choque provoca uma paralisia psicológica no eletrocutado, impingindo-lhe um estado de consciência suspensa por certo intervalo de tempo. Nesse momento, o prisioneiro interrogado torna-se mais sugestionável do que antes do choque. E, nesses manuais secretos, encontra-se ainda a hipótese de que essas técnicas poderiam surtir efeito semelhante em sociedades inteiras. Por exemplo, o "estado de choque" provocado por uma guerra, por um atentado terrorista de grande impacto ou mesmo por um desastre natural pode tornar os indivíduos inclináveis a apostar em novos líderes que prometem medidas radicais que, em outras circunstâncias, soariam demasiado impopulares. Ou seja, o principal é ▶

entendeu o alcance dessa técnica foi o economista Milton Friedman, importante consultor dos chefes de Estados que impulsionaram o neoliberalismo das últimas décadas[40]. Na contramão do imperativo liberal anti-intervencionista, Friedman propunha um intervencionismo coercitivo: assim como os prisioneiros são "amaciados" pelo choque elétrico, certos choques econômicos controlados (contingenciamento orçamentário, aumento das taxas de juros, controle de preços etc.) podem produzir efeitos similares na população, tornando-a mais suscetível a aceitar, por exemplo, que se acabe com o gasto "exorbitante" e "intolerável" dos serviços públicos e programas de proteção social.

Se nessa estratégia, disseminada ao longo dos anos 1970, ainda restava algo de liberal, era apenas a facilidade de se culpar os "parasitas" (desempregados, funcionários públicos, aposentados etc.) que vivem "às custas" da coletividade e que, quando em situação de risco, não conseguem "dar a volta por cima" — o thatcherismo e o reaganismo exploraram largamente esse mote, propagando a ideia de que a sociedade não deveria mais se responsabilizar pela sorte dos indivíduos. Por isso, não nos enganemos: não estamos mais a lidar com um "Mefistófeles liberal". As políticas neoliberais não foram implementadas em nome do mercado, mas em nome de imperativos técnicos de gestão, em nome da eficácia e do rigor, ou até mesmo da "racionalização" da administração pública. Hoje, enfim, a dispersão de Fausto repousa na imagem de um sujeito que vê sua pretensa liberdade fraturada diante do espelho.

Noutros termos, embora cada vez mais se adote termos como "trabalho de si mesmo", "realização de si mesmo", "dono de si mesmo", isso não significa que o sujeito liberal esteja às voltas com aquilo que Foucault chamava de "cuidado de si". Em vez disso, tal como vimos no desaparecimento condicionante do sujeito desde a Antiguidade, a ascese (neo)liberal já encontra sua justificação última numa ordem econômica que ultrapassa o indivíduo. Afinal, este trabalha não apenas para ser livre, para seguir seus interesses e apostar em si mesmo, mas antes como compensação à ameaça constante do desemprego, como uma necessidade de superar seus interesses, como único meio de existir. Claro que, de resto, o discurso liberal mantém-se onipresente na microfísica do cotidiano, incitando os indivíduos a "cuidarem de si mesmos", a não mais contar com a solidariedade do governo, a calcular e maximizar seus interesses, perseguin-

▸ agir rapidamente: logo após um "choque coletivo" de qualquer natureza, os governantes podem adotar medidas radicais e impopulares, mas de uma só vez, antes de a população recobrar a consciência suspensa pelo choque. Ver, a este respeito: Klein, Naomi. *A doutrina do choque*: a ascensão do capitalismo de desastre. São Paulo: Nova Fronteira, 2008.
40 Friedman consagrou-se como principal figura da chamada Escola de Chicago após sua teoria monetária lhe render um prêmio Nobel de Economia. Ele postula que as políticas de regulação macroeconômicas (na linha keynesiana) perdem eficácia mediante o rápido aprendizado dos agentes econômicos.

do metas cada vez mais acirradas num contexto de concorrência cada vez mais radical. Logo, o pacto faustiano consistiu e ainda consiste em orientar sistematicamente a conduta dos indivíduos, como se estes estivessem sempre e em toda a parte comprometidos "consigo mesmos".

É preciso, no entanto, manter em vista aquilo que Foucault observa na ética dos antigos: mediante uma dada racionalidade que, em determinada época, condiciona nossos modos de pensar, de agir e de ser, os sujeitos não se constituem necessariamente de maneira passiva a partir dela, pois sempre haverá estratégias singulares para que tal racionalidade seja reinterpretada, reorganizada, retraduzida. Sempre haverá, portanto, a possibilidade de os sujeitos criarem, uma vez mais e no limite do possível, a si mesmos.

9   O espelho de Drácula[1]

[...] que a beleza quebre o espelho com tempo e com astúcia, e não com impaciência depois, ao ver seu desengano. — Baltasar Gracián [2]

E um pôr-do-sol é belo por tudo aquilo que nos faz perder. — Antonin Artaud [3]

A mitologia que era cantada pelos antigos poetas não chegou a nós como uma religião. Desde a conversão do Império Romano ao cristianismo, no século IV, os cultos às divindades do Olimpo se extinguiram. Esses personagens greco-romanos passaram, então, ao registro da literatura, da filologia, do entretenimento. Eles ainda persistem, e persistirão, pois permanecem fortemente vinculados às mais notáveis produções da poesia e das belas artes, antigas e modernas, para caírem no esquecimento. Só que a compreensão atual do mundo não se abstém de novos mitos que, embora dispersos, retomam temas e narrativas que já animaram outros tempos.

Interessa-me pensar, aqui, no mito de Drácula não a partir dos mitos antigos, mas a partir da formação discursivo-visual que historicamente o circunscreve. Também não é o caso de uma abordagem historiográfica que visa responder se determinados personagens ou lendas poderiam remeter, de maneira hiperbólica, a pessoas e eventos históricos. Trata-se de encarar os mitos como imagens que

[1] Este capítulo é uma versão revisada e expandida de: Beccari, Marcos; Almeida, Rogério de. "A morte infinita: uma breve genealogia de Drácula". In: Araújo, Alberto Filipe; Beccari, Marcos; Almeida, Rogério de (orgs.). *O mito de Drácula*: imaginário e educação (Coleção Mitos da Pós-Modernidade, Vol. II). São Paulo: FEUSP, 2019, p. 171-187.
[2] Gracián, Baltasar. *A arte da prudência*. São Paulo: WMF Martins Fontes, 2009, §110.
[3] Artaud, Antonin. *O teatro e seu duplo*. São Paulo: Martins Fontes, 2006, p. 79.

projetam simbolicamente[4] certas condutas, valores, lógicas e contradições. Por exemplo, Cronos (ou Saturno), que devora os próprios filhos, é a concepção de uma força (o tempo) que destrói tudo o que ela própria cria. Assim, em vez de aludirem a uma realidade independente, os mitos refletem e incidem diretamente sobre a nossa compreensão da realidade. Com efeito, são fontes profícuas para uma abordagem analítica ou, mais precisamente, genealógica[5], no sentido de investigar a formação dos valores e concepções sociais.

 O imaginário é, sob esse viés, sempre circunscrito historicamente. Não é simples, por exemplo, estabelecer uma conexão direta entre a noção contemporânea de "zumbi" e o que é descrito como "inumano" na *Odisseia* (monstros, deuses, animais etc.). Em sua primeira incursão, Ulisses desembarca na ilha dos Lotófagos, um povo pacífico e vegetariano que vive no esquecimento absoluto. Como Homero não pertencia mais à chamada "era dourada" onde se praticava vegetarianismo e antropofagia, a primeira marca que ele atribui ao humano é a memória dos mortos e a prática de cocção. Ora, isso não é o suficiente para traçarmos uma linha até os "zumbis". Pois estes não representam o inumano, mas antes um estado intermediário: são mortos-vivos privados de vontade própria, sem personalidade, movidos somente por instintos. Uma versão mais próxima do zumbi reside no "andróide" (ou "replicante", como no filme *Blade Runner*), um autômato tecnológico que não tem sentimentos, mesmo que ele pense e aja como se os tivesse. Diferente dos zumbis, não há como distinguir o andróide de uma pessoa normal, mas persiste aqui o estado intermediário: a ideia de que alguns de nós podemos ser zumbis vivendo na ilusão de seres autoconscientes (em provável alusão a uma concepção behaviorista da mente humana).

 Essa condição limítrofe também se encontra, recuando ao imaginário oitocentista, na figura do conde Drácula, cujos contornos mais conhecidos remontam ao romance de Bram Stoker — mas que, como é próprio dos mitos modernos, dispersa-se em incontáveis versões e adaptações. Um de seus principais

4   "Simbolicamente" não significa, aqui, alegoricamente. Pois os mitos não apenas representam ideias e qualidades sob forma figurada, mas funcionam como "metáforas vivas", nos termos de Paul Ricouer, ou como narrativas que orientam nossa lida com o mundo. "O 'é' metafórico significa a um só tempo 'não é' e 'é como'. Se assim é, somos levados a falar de verdade metafórica, mas em um sentido igualmente 'tensional' da palavra 'verdade'". Ricoeur, Paul. *A metáfora viva*. São Paulo: Loyola, 2005, p. 14.

5   Cumpre retomar, aqui, a noção de genealogia como ontologia histórica do presente: "Primeiro, uma ontologia histórica de nós mesmos em relação à verdade através da qual nos constituímos como sujeitos de saber; segundo, uma ontologia histórica de nós mesmos em relação a um campo de poder através do qual nos constituímos com sujeitos de ação sobre os outros; terceiro, uma ontologia histórica em relação à ética através da qual nos constituímos como agentes morais". Foucault, Michel. "Sobre a genealogia da ética: uma revisão do trabalho", op. cit., p. 262.

traços, como se sabe, é a imortalidade, ou melhor, a condição de morto-vivo condenado a se nutrir de sangue para sobreviver. Por conseguinte, sua imagem não é refletida no espelho devido a ausência de vida (ou alma), e ele não é capaz de sobreviver quando exposto à luz solar. A maioria das interpretações literárias associa tais aspectos a uma resposta romântica contra as "luzes" do progresso;[6] nesse sentido, Drácula representa o velho espírito aristocrata que ainda tentava resistir, no século XIX, à vida urbana e burguesa. Outras análises associam o personagem ao duplo da identidade, como sintetiza Clément Rosset: "O destino do vampiro, cujo espelho não reflete nenhuma imagem, simboliza aqui o destino de qualquer pessoa e de qualquer coisa: não poder provar sua existência por meio de um desdobramento real do único e, portanto, só existir problematicamente".[7]

  O que particularmente me instiga no mito de Drácula, todavia, é sua condição potencialmente eterna de vagar no mundo como um morto-vivo. Não se trata do clássico desejo de eternidade, mas de uma permanência *problemática* no mundo. É problemática por não pertencer nem ao registro da vida (perecível, social, temporária etc.), nem ao registro da morte (a inexistência ou a passagem a um outro plano). Essa condição limítrofe não é exatamente um privilégio; a sina de Drácula é a de ser o único imortal em meio aos mortais, cujo sangue o mantém vivo. Sua existência está condenada à reclusão, tal qual uma sombra que não possui lugar, nem saída, em um mundo humano. O que isso nos diz sobre o horizonte moderno? Quais são as condições discursivas que possibilitam tal imagem? E quais são os modos de ver que estão em jogo em Drácula, particularmente em sua reclusa condição de morto-vivo? É o que pretendo delinear, de maneira abreviada, neste capítulo: uma genealogia em torno da condição ontologicamente problemática que Drácula nos faz ver enquanto discurso e visualidade.

UMA IMORTALIDADE PROBLEMÁTICA

  Primeiramente, é preciso assinalar que a imortalidade de Drácula não condiz à alma, mas somente ao corpo. Como se sabe, o cristianismo se apropriou do conceito grego de *psyche*, que habitualmente é traduzido por alma e entendido como uma parte de nós destinada a sobreviver à morte do corpo. Mas a alma nem sempre significou

---

6 Ver, por exemplo: Martins, Alexandre Sobreira. "Drácula: Um flâneur na Londres Vitoriana". *Revista de Estudos da Literatura*, v. 5, Belo Horizonte, p. 291-298, out. 1997; Perrot, Michelle. "A família triunfante". In: _____ . *História da Vida Privada* — Vol. 4: Da Revolução Francesa à Primeira Guerra. São Paulo: Companhia das Letras, 2009, p. 79-90; Williams, Raymond. *O campo e a cidade na história e na literatura*. São Paulo: Companhia dos Letras, 1990.

7 Rosset, Clément. *O real e seu duplo*: ensaio sobre a ilusão. Rio de Janeiro: José Olympio, 2008, p. 91. Ver também, a este respeito: Martins, André. "Imagem e sua Imanência em Clément Rosset". *Revista Ethica*, Rio de Janeiro, v. 9, n. 1-2, p. 53-67, 2002.

isso. Se voltarmos a Homero, veremos que tanto na *Ilíada* quanto na *Odisseia* não se encontram termos precisos para indicar o que, a partir do século V a.C., será chamado corpo e alma. A palavra *soma*, que pode ser traduzida por corpo, denota em Homero os despojos, o cadáver, o homem morto. Por sua vez, o termo *psyche* aparece como último sopro de vida dos humanos: é uma larva ou um espectro que sai pela boca (ou por um ferimento) e segue voando rumo ao *Hadês* (o mundo inferior), onde permanece como vã imagem do defunto, num estado desprovido de consciência e destinado ao esquecimento. Para Homero, portanto, os humanos são irremediavelmente mortais e, quando morrem, sua memória permanece ligada ao cadáver, e não à *psyche* — donde o corpo insepulto, deixado à deriva, representava aos gregos o maior infortúnio após a morte.

Essa concepção sofre uma reviravolta radical com um movimento religioso iniciado por volta do século VI a.C., o orfismo, formado de comunidades fechadas que celebravam um culto especial a Dioniso e consideravam o poeta trácio Orfeu seu fundador. Segundo os órficos, no corpo se esconde um princípio divino (um *dáimon*) que constitui o nosso eu profundo, a *psyche*. Nasce assim a noção de alma como algo que não somente preexiste e sobrevive ao corpo, mas que também se contrapõe a ele como uma substância totalmente alheia. Já se assumia, ademais, que a alma está presa no corpo por causa de uma culpa originária. Os órficos estavam convencidos de que, depois da morte, as almas eram julgadas, e aquelas que ainda não haviam sido purificadas totalmente reencarnavam em novos corpos, para expiar sua culpa. Mas para os órficos a alma nada tinha a ver com a consciência ou com o conhecimento; o mérito dessa ligação caberá obviamente à Platão, desembocando no cristianismo.

Mas há também no cristianismo um tipo de imortalidade não atrelada à alma, e sim a uma doença que nunca morre. Refiro-me à obra *De Sacrificius Abelis et Cainis* ("O sacrifício de Caim e Abel", que marca a origem da associação entre Caim e o vampirismo) de Fílon de Alexandria, conhecido por conjugar a antiga exegese judaica ao estoicismo de seu tempo. Filho de Adão e Eva, Caim teria sido o primeiro assassino do mundo, e sua descendência, inaugurado as práticas de poligamia e violência, além de incitar o dilúvio enfrentado por Noé. No texto de Fílon, Caim é associado a uma doença que sempre volta a nascer, explicando assim o sentido de "eterno" que ele encarna:

> Talvez seja justamente esse o sinal indicador de que Caim não deveria ter sido morto: o fato de que ele nunca foi eliminado. Em todo o livro da Lei, de fato, Moisés não informa a morte de Caim, aludindo alegoricamente ao fato de que,

como a Cila do mito, a estupidez é um mal imortal, que não experimenta aquele fim completo que consiste em ser mortos, mas que sofre por toda a eternidade o fim no sentido de continuar a morrer. Oh, se acontecesse o contrário, e as coisas desprovidas de valor fossem descartadas e sofressem uma completa destruição! Ao contrário, sempre excitadas, provocam, nos que foram capturados por elas uma vez, *a doença que nunca morre*.[8]

Em que pese o teor alegórico de Fílon, em alguns círculos suas palavras foram assimiladas literalmente e, por conseguinte, Caim passou a ser visto como um ser que, punido por Deus, é incapaz de morrer (o que ainda não equivale à imortalidade vampírica, que é apenas potencial, ou seja, passível de ser interrompida). Disso importa reter que esse tipo de imortalidade do corpo, e não da alma, é claramente distinto da promessa cristã da vida eterna. A condição de Caim é, ao contrário, mais como um castigo ou maldição: condenado a vagar na escuridão (sobretudo no sentido de reclusão social), ele deverá ser eternamente lembrado por seus atos, sendo também forçado a repeti-los para lembrar-se de quem é. A impossibilidade de morrer, portanto, é como uma doença que nunca morre — ou, ainda, como uma morte que nunca termina.

A VIDA E A MORTE NA AURORA DA MODERNIDADE

Apesar de todo o enredo de Bram Stoker se passar na era vitoriana, a origem do protagonista é vagamente situada[9] na Idade Média: Drácula teria sido um conde da Transilvânia (Romênia) que, após a sua morte, tornou-se um vampiro e foi perseguido nos séculos seguintes, até decidir mudar-se para Londres, onde a trama literária se inicia. E embora tal história não pertença originalmente ao imaginário medieval, parece-me pertinente, aqui, retomar alguns dos elementos que na aurora da modernidade já prescreviam um lugar problemático entre a vida e a morte.

---

8 Fílon de Alexandria *apud* Reale, Giovanni. *O saber dos antigos*: terapia para os tempos atuais. São Paulo: Loyola, 2002, p. 116, grifos meus.
9 O próprio conde relata, no início da narrativa de Bram Stoker, suas batalhas travadas da Europa Central contra os povos que tentaram invadir seu território, como os turcos e os magiares. Mais adiante, o professor Van Helsing faz um levantamento acerca da procedência do vampiro, ligando-o ao nobre Vlad III, conhecido como "o Empalador", e indicando que seus poderes sobrenaturais viriam de um pacto com o demônio. Ver, a este respeito: Stoker, Bram. *Drácula*: edição comentada. Rio de Janeiro: Zahar, 2015, p. 269-270. No filme de Francis Ford Coppola (*Drácula de Bram Stoker*, 1992), o prólogo acrescentado estabelece uma origem mais exata, localizando Drácula nas primeiras Cruzadas cristãs.

Foucault inicia sua *História da loucura* descrevendo como, durante quase toda a Idade Média, o leproso era tido por incurável e, por conseguinte, excluído. A lepra era a manifestação de Deus na Terra, uma amostra da cólera divina contra os pecadores. Tratava-se, portanto, de uma doença *moral*: as chagas no corpo do leproso eram a evidência explícita de seus pecados. Na alta Idade Média, no entanto, a lepra foi progressivamente erradicada da Europa, provavelmente em razão da própria segregação à qual os leprosos haviam sido condenados. E, no final do Renascimento, o lugar deixado vazio pelos leprosos foi ocupado por aquela massa, um tanto indiferenciada, de indivíduos que compunham o que Foucault denomina *desrazão*: vagabundos, pobres, loucos, libertinos, homossexuais, feiticeiros e prostitutas. No lugar das foices, dos esqueletos e da putrefação dos corpos, a imagem do louco impunha-se como espetáculo moral.

A visualidade da loucura não apenas serviu como crítica moralizante, mas também se sobrepunha à da morte, de modo que ambas passam a se imiscuir numa mesma inquietação. Ou seja, a partir de um discurso sobre a loucura que era também um discurso sobre a morte, esta última passava a ser mais temida. Se antes a morte se expressava por meio da lepra — a exclusão do leproso indicando que há seres vivos cuja presença aterrorizante antecipa os efeitos da morte —, o que expressava a loucura é o riso diante da morte. O Renascimento descobriu, com efeito, uma dupla presença da morte: de um lado, nos olhos fixos, na carne fria e nos músculos rijos do defunto; de outro, no olhar frenético, nas bocas espumantes e nos delírios dos insensatos. Os loucos riam da morte porque esta restava implícita no discurso em torno da loucura.

Uma morte que se anuncia a partir do corpo vivo era uma presença inquietante. O imaginário das "naus dos loucos" — embarcações que, conforme muitos pintores e escritores a tematizaram, levavam os loucos para fora das cidades — reforçava o sentido de uma viagem sem volta, de uma passagem, ainda em vida, para o limbo da existência. Em algumas cidades europeias, ademais, existiam casas de isolamento para loucos localizadas no limite entre o perímetro da cidade e o território inabitado, entre a terra e a água, entre o habitat da razão e a nulidade da deriva. Alinhando-se aos perigos que eram então imaginados sempre à espreita fora da cidade, a loucura fazia alusão a certa iminência do nada, ao vazio e à morte que circundam a vida social.

Em suma, a ameaça da loucura era latente: diferente dos leprosos, que podiam ser identificados à distância, não havia estigmas para a loucura. Logo, a morte não chegava somente a partir dos outros, passando a assombrar intimamente os indivíduos. Em *O homem diante da morte*, o historiador Philippe

Ariès descreve como, no final da Idade Média e início da Renascença, passou-se a associar pela primeira vez a morte a um sentimento de identidade pessoal, assinalando o estágio que o autor denomina "morte de si".[10] A partir do século XIII, época da *Divina Comédia* de Dante Alighieri, a noção de juízo final tal como a conhecemos hoje começa a ganhar forma: diferente da morte em massa (como no caso das pestes),[11] o juízo final incide sobre cada alma em particular, separando os indivíduos entre os eleitos e os condenados. Entram em voga, pois, os manuais de preparação para a morte (*ars moriendi*), fornecendo instruções sobre como alcançar a salvação, como se portar no momento de morrer etc.

Se o destino das almas era assim deslocado de um purgatório pós-morte para o momento agônico em vida, a lida com a morte logo se bifurcaria: de um lado, lança-se a um ascetismo austero com vistas à salvação da alma; de outro, cultiva-se um sentimentalismo laico, valorizando as vicissitudes e prazeres da vida terrena. No primeiro caso, trata-se de renunciar aos desejos imediatos em nome de uma esperança no além[12] — o que leva o indivíduo, conforme o adágio de Nietzsche, a preferir "querer o nada a nada querer".[13] Já o sentimentalismo derivou da doutrina calvinista da predestinação: apesar da incapacidade humana de acessar os desígnios divinos e, portanto, de garantir a salvação da alma, seria possível ao menos "sentir" o dom da Graça por meio da experiência passional[14]. Essa consagração das paixões e volições, ademais, será uma das instanciações posteriormente associadas aos nacionalismos folclóricos no seio do romantismo em geral, que por sua vez influenciará a literatura gótica.

Em ambos os casos, ascetismo ou sentimentalismo, formava-se um indivíduo consciente da própria finitude. Ao mesmo tempo, a inovação renascentista da "dissecação" abria a morte para ser lida. O cadáver aberto clarificava a finitude humana e, ao mesmo tempo, sublimava o corpo. Ao ser assim exposto,

---

10 Ver, a este respeito: Ariès, Philippe. *O homem diante da morte*. São Paulo: Unesp, 2014. Ao longo do livro, Ariès delineia cinco estágios históricos da cultura ocidental frente à morte, sendo a "morte de si" o segundo, precedido pelo da "morte domesticada". Quanto a esse primeiro estágio, verificável desde a Antiguidade, é marcado pela inserção da morte na vida social, que ritualiza a aceitação do morrer como uma passagem ou como um sono impessoal.

11 Não havia espaço, por exemplo, para a agonia individual nas representações do "triunfo da morte", como nos quadros de Pieter Brueghel e Hieronymus Bosch: as pestes medievais sustentavam a imagem triunfal de uma morte cega abatendo-se abrupta e indiferentemente sobre todas as pessoas.

12 Em seu livro mais conhecido, Max Weber sustenta que, uma vez secularizado pela burguesia, o ascetismo abstém-se do senso de transcendência pós-morte. O que permanece é a insatisfação para com a vida, o que será compensado pela crença num progresso terreno e no valor do trabalho. Ver, a este respeito: Weber, Max. *A ética protestante e o "espírito" do capitalismo*, op. cit.

13 Nietzsche, Friedrich. *Genealogia da moral*: uma polêmica. São Paulo: Companhia das Letras, 1998, III, § 28.

14 Ver, a este respeito: Campbell, Colin. *A ética romântica e o espírito do consumismo moderno*, op. cit.

afinal, o corpo se desvela na mesma medida em que se volatiza, perdendo opacidade e densidade — não por acaso a habilidade de "tornar-se névoa" já era frequente nos folclores vampíricos. Em *O nascimento da clínica*, Foucault argumenta que o agente dessa sublimação do corpo e da morte é o discurso-como-visão: o olhar médico que penetra a barreira da pele em direção ao interior secreto do corpo, investigando cada recesso, traçando mapas e gráficos, declarando essa terra descoberta como o último posto avançado do império da finitude humana[15]. Eis o pontapé inicial de um longo processo secular que, avançando para além do olhar médico, tornará o corpo um produto de uma infindável série de técnicas, saberes e disciplinas.

Mas o olhar moderno, para alcançar o domínio sobre a vida, não abaterá por completo o temor da morte. Embora o tempo das grandes devastações da fome e da peste tenha findado no século XVIII, persistirá ambíguo um antigo signo da vida e da morte: o sangue, essa substância que sempre precisou ser drenada para que os cadáveres fossem dissecados e estudados. Como se sabe, foi já no século XVI que Leonardo da Vinci descobrira o sistema circulatório tal como o conhecemos hoje, ao estudar em autópsias humanas (portanto sem observar o sangue em si) a relação, obscura em sua época, entre o coração e os vasos sanguíneos. Denso e amorfo, o sangue permanecerá, até a abolição das guilhotinas da Revolução Francesa, como um percalço na ordem simbólica, fazendo ainda alusão à devastação das pestes, aos algozes e carrascos, aos suplícios religiosos, enfim, aos triunfos da morte. O sangue era o preço a ser pago pela disciplinarização do corpo; sua monstruosidade é aquela de todas as secreções invisíveis que recuam para o coração como refugos da arena obscura, latente e subterrânea da morte.

A ERÓTICA DO SANGUE

No prólogo do filme *Drácula de Bram Stoker*, de 1992, em uma cena que se passa no final da Idade Média, vemos o sangue jorrar da cruz, dos anjos e das velas, inundando a capela onde a maldição de Drácula tem início, quando o protagonista sentencia: "O sangue é a vida e ele será meu". Em uma sociedade em que a fome, as epidemias e as guerras faziam da morte uma presença iminente, o sangue constituía um dos valores essenciais. Além do papel instrumental de "derramar o sangue" que garantia o poder dos soberanos, toda a ordem social era fundada no

15 Ver, a este respeito: Foucault, Michel. *O nascimento da clínica*, op. cit., p. 141-168.

sangue: os sistemas de aliança, a diferenciação em castas ou classes sociais, o valor das linhagens etc. Muitas condutas e procedimentos morais, não obstante, remetiam a preceitos como ter um certo sangue, ser do mesmo sangue, proteger o sangue, jurar com o sangue etc.

Segundo Foucault, essa centralidade do sangue é indissociável do velho regime da lei soberana, constituído a partir da pena capital de morte. No decurso entre os séculos XVII e XIX, porém, teria havido uma transição "de uma simbólica do sangue para uma analítica da sexualidade".[16] A sexualidade deve ser pensada, aqui, como um saber sobre o sexo que, a partir das disciplinas anatômico-políticas (que Foucault localiza no século XVII) e das técnicas de regulação da população (que emergem no século XVIII), propiciou o exercício do poder sobre a vida. Ou seja, no lugar da imposição da morte pelas leis do sangue, o poder começa a ser praticado pela gestão dos corpos e da vida. Essa transição teria sido favorecida pelo desenvolvimento econômico, sobretudo agrícola, da Europa no século XVIII, quando o aumento da produtividade e dos recursos naturais ainda estava à frente do crescimento demográfico[17]. No lugar das linhagens sanguíneas, por conseguinte, são as funções que os corpos desempenham nos sistemas de produção o que passa a balizar as formas de segregação e hierarquização social, num processo integrado cuja manutenção poderia ser distribuída entre diversas instituições: a família, a escola, a polícia etc.

É nessa conjuntura que a sexualidade adquire uma importância que, diferente do sangue, não se impõe em termos de raridade e descendência, mas como uma vontade de saber paradoxalmente tão disseminada quanto secreta. O sexo, que antes era percebido como imoral e pecaminoso, adquire na modernidade um valor similar àquele que permeava a alma cristã. E um assunto que outrora representava perversão ou loucura passa a exercer, ainda que de forma censurada, um fascínio sobre a intimidade. Não é que antes não se fazia ou se pensava em sexo, mas apenas que isso não era algo a ser dito para além da esfera confessional. Também não é que, de uma hora para outra, todos os tabus em torno do sexo tenham se exaurido; a questão é que, incitado e moralizado, o sexo tornava-se um meio privilegiado para a gestão política dos corpos, da saúde, dos hábitos e costumes, das condições de vida e de todo o espaço da existência. É nesse sentido que, conforme esquematiza Foucault,

16 Foucault, Michel. *História da sexualidade I*, op. cit., p. 160. Não se trata de uma ruptura ou de uma sucessão direta, mas apenas de uma transferência de hegemonia. Foucault esclarece, nesse sentido, que ambos os regimes se justapõem — a exemplo do nazismo, que ainda cultivaria a preocupação medieval de proteger a pureza do sangue e fazer triunfar a raça.

17 "Esse biopoder, sem a menor dúvida, foi elemento indispensável ao desenvolvimento do capitalismo, que só pôde ser garantido à custa da inserção controlada dos corpos no aparelho de produção e por meio de um ajustamento dos fenômenos de população aos processos econômicos". Ibidem, p. 151-152.

enquanto o sangue sustentava o domínio da lei, da morte e da soberania, a sexualidade impulsionou o registro das normas morais, das disciplinas, das técnicas e das regulamentações.

Ora, o romance de Bram Stoker parece incorporar (ou justapor) essa passagem da "sanguidade" para a "sexualidade". De acordo com Stephen King, a narrativa de Stoker se diferencia da de outros romances góticos ao estabelecer o mal como uma força exterior, permitindo-se abordar a perversão sexual, por conseguinte, de modo totalmente alheio à esfera da culpa[18]. King ilustra essa questão com o episódio em que Jonathan Harker, aprisionado no castelo, é atacado pelas irmãs de Drácula: depois de ser seduzido, Harker está prestes a ser atacado pelas vampiras, mas o horror surge apenas quando elas são impedidas pelo Conde — o mal exterior. A ausência de culpa é ainda mais visível em Lucy Westenra, que adquire novos hábitos depois de ser atacada por Drácula: "De dia, uma Lucy cada vez mais pálida, mas perfeitamente linda, conduz um namoro decoroso e dentro dos padrões com aquele a quem está prometida [...] À noite, ela farreia num abandono dionisíaco, com sua sedução sombria e sanguinária".[19]

O enredo de Drácula, com efeito, apresenta um mundo onde amor, desejo, medo e repulsa se confundem e se misturam. Em *A vontade de saber*, Foucault menciona que, no século XVIII, a literatura de Sade já vinculava a simbólica do sangue aos prazeres do sexo. Mas em Sade, que foi um aristocrata libertino, o sexo é inteiramente subsumido à soberania do sangue — "O sangue absorveu o sexo".[20] Já em Drácula essa vinculação é ambígua, chegando a se inverter na adaptação fílmica de Coppola. Nas páginas de Stoker, Drácula representa não apenas o mal, mas antes a própria inadequação aristocrática, com sua índole antiquada e imoral, ao passo que no filme o vampiro é um herói romântico, vítima das circunstâncias, que pratica um mal justificado pela busca do amor. Na obra literária, Drácula ataca Mina Murray três vezes, tal como um estuprador que se alimenta do sangue dela e a obriga a beber o dele. Na película de Coppola, ao contrário, Mina se entrega espontaneamente ao vampiro, e no momento em que ela bebe o seu sangue, Drácula atinge um êxtase semelhante a um orgasmo. Quando Drácula é, na trama de Stoker, finalmente morto, ele se transforma em pó e Mina é libertada do vampirismo — signo do seu trauma sexual. Na versão de Coppola, o que tira a vida do protagonista é o golpe de misericórdia da própria Mina, que o liberta de sua maldição — a perversão é então curada por meio do amor.

18 Ver, a este respeito: King, Stephen. *Dança macabra*: o fenômeno do horror no cinema, na literatura e na televisão dissecado pelo mestre do gênero. São Paulo: Planeta De Agostini, 2004.
19 Ibidem, p. 71.
20 Foucault, Michel. *História da sexualidade I*, op. cit., p. 161.

Assim, passados mais de cem anos de sua publicação, o romance de Bram Stoker seria totalmente distorcido por um drama de amor cortês. Essa breve comparação é útil para delimitar, mais precisamente, a "erótica do sangue" projetada no romance gótico: não se trata de romantismo, mas de uma antinomia moral da sexualidade. Do mesmo modo que, nos dias de hoje, a pornografia exerce a função de "ensinar" de maneira invertida (como no tema do incesto) o que seria o "sexo normal", Drácula é a anomalia aristocrática que prescreve o seu inverso: a normalidade burguesa. Na terceira aula do curso *Os anormais*, Foucault delineia uma breve genealogia da anormalidade a partir da figura do monstro congênito, passando pela do indivíduo a ser corrigido até chegar no onanista[21]. Tais seres grotescos serviam não apenas para reforçar a normalidade, mas também para incitar o exame permanente do indivíduo sobre o seu próprio corpo, sua sexualidade e suas relações interpessoais.

No que se refere à sexualidade, o sexo burguês deveria ser mantido o mais distante possível da dor, do sangue e de tudo o que poderia ser ofensivo ou desagradável. Porque quanto mais o corpo saudável e os processos biológicos normais eram sistematicamente "esclarecidos" (isto é, normalizados), mais as anomalias deveriam ser ocultadas: execuções não podem ser mais conduzidas em público, devendo ser feitas atrás dos portões da prisão; animais não devem ser abatidos pelos açougueiros, mas em abatedouros afastados da cidade; os moribundos não devem passar seus últimos dias em casa junto à família, mas escondidos atrás das paredes brancas do hospital. A vida social, em suma, deve ser aprazível e higiênica. Sob esse pano de fundo, Drácula trazia à tona tudo o que a civilidade burguesa se empenhava em esconder: a doença, a promiscuidade, os distúrbios do corpo, os odores do sexo, o sangue da menstruação etc. O vampiro vitoriano não era temido só por ser aristocrata, mas por se alimentar, feito um bárbaro depravado, de corpos saudáveis e produtivos, expondo o que neles poderia haver de mais imoral: sua deterioração rumo à morte.

UM ROSTO ANÔNIMO REFLETIDO NO ESPELHO

Conde Drácula decide mudar-se para Londres para livrar-se das perseguições e ter acesso a um rebanho de presas fáceis, que desconheciam os folclores campestres. No século XIX, afinal, Londres tornava-se um imenso aglomerado humano no qual a tradicional noção de individualidade

---

21 Ver, a este respeito: Foucault, Michel. *Os anormais*: curso no Collège de France (1974-1975). São Paulo: Martins Fontes. 2001, p. 43-58.

era ameaçada pelos fluxos da multidão — fator que facilitaria o encobrimento dos hábitos predatórios de Drácula. Sua falta de reflexo no espelho pode representar, nesse sentido, o temor do indivíduo burguês de não mais enxergar a si mesmo, uma vez mergulhado em agrupamentos anônimos. Quanto a isso, a análise de Alexandre Sobreira Martins é assertiva:

> Drácula veste a roupagem da multidão. E ele não é apenas o Homem da Multidão, o gênio do crime que se oculta na massa e mergulha nela em busca de vítimas: ele é o próprio imaginário dessa massa, seu espírito frio e voraz. E, como o Homem da Multidão, é também o duplo, a possibilidade de espelhamento do imaginário urbano da grande cidade, impregnado de violência e indiferente ao outro, mas também sedento de identificação com ele. E o poder do vampiro de devorar o outro, sugando-lhe a própria substância vital e transformando-o em algo idêntico a si próprio reflete essa sede de identificação, a intensa necessidade do homem vitoriano de deixar de ser um vulto anônimo na multidão, para se tornar um indivíduo dotado de personalidade.[22]

Se outrora o horror surgia, com frequência, da massa inóspita da natureza, o monstro da era vitoriana nasce de uma ameaça própria do ambiente urbano: a do anonimato. A ideia de um indivíduo "sem nome" fazia alusão imediata ao crime e à pobreza que invadiam as metrópoles. Trata-se da figura do pária social que, desaparecendo na multidão, circulava incólume pelas ruas, frequentando lojas, lares e locais de trabalho sem ter sua natureza à mostra. O perigo do anonimato impulsionou o surgimento de técnicas e saberes orientados à segurança da população, como a criminologia e a fisionomia. Esta última procede de um vínculo estreito entre o olhar médico e a câmera fotográfica: é através da fotografia que uma nova taxonomia do corpo humano poderia ser mapeada, aquela das fisionomias desviantes e delituosas, distinguindo grupos étnicos superiores e inferiores com a meta de rastrear populações inteiras. O retrato fotográfico começa a servir, nas mãos das autoridades, para esclarecer e registrar mesmo o crime mais banal, permitindo finalmente que circule por toda parte as feições da delinquência.

Por conseguinte, a criminologia tornava-se uma ciência indispensável para a polícia, instituindo o conhecimento sistemático da mentalidade criminosa a partir daquilo que se acreditava ver refletido nos traços faciais e anatômicos de cada indivíduo. Nesse ideário, portanto, qualquer patologia mental, debilidade física ou vício moral já habitava visualmente o corpo dos indivíduos suspeitos.

[22] Martins, Alexandre Sobreira. "Drácula: Um flâneur na Londres Vitoriana", op. cit., p. 295.

O estudo da fisionomia é claramente valorizado no romance de Bram Stoker. A descrição detalhada dos rostos, das feições, dos portes e semblantes visa fornecer aos leitores e leitoras o reconhecimento do caráter de cada personagem. Alguns comentários chegam a soar, atualmente, um tanto burlescos: "Doutor, o senhor não sabe o que é duvidar de tudo, até de si mesmo. Não, o senhor não sabe. Não poderia, com *sobrancelhas* como as suas".[23] É na Inglaterra vitoriana, ademais, que florescem os romances policiais, cujo herói é o detetive que, ao desvendar habilmente as pistas, consegue enxergar, na multidão, os passos esquivos do criminoso. Em Drácula, somente o cérebro de Van Helsing está no páreo dos disfarces e subterfúgios do conde Drácula. Mas há algo que tornava Drácula mais temível do que os gênios criminosos retratados por Poe e Conan Doyle, por exemplo, e mesmo em comparação ao incontrolável Mr. Hyde de Stevenson. A condição vampírica é contagiosa: em vez de matar suas vítimas, Drácula as transforma em monstros como ele.

Em *Os anormais*, Foucault explica que, após o desenvolvimento da noção, em 1857, de "degeneração" por Benedict Morel, toda sorte de anomalia é atribuída a uma "fonte orgânica difusa" que perturba constitutivamente as funções mentais ou físicas de certos indivíduos e, de forma cada vez mais grave, de seus herdeiros biológicos. A gravidade consiste no contágio hereditário que, diferente de uma infecção, não pode ser tratado ou mesmo curado, apenas evitado. "De fato, a partir do momento em que a psiquiatria adquire a possibilidade de referir qualquer desvio, anomalia, retardo, a um estado de degeneração, vê-se que ela passa a ter uma possibilidade de ingerência indefinida nos comportamentos humanos".[24] Essa teoria da degeneração é, com efeito, a mãe de todas as teorias eugênicas que irão desenvolver-se no período vitoriano, como a célebre doutrina evolucionista de Herbert Spencer, que se apoiava em Darwin para identificar estigmas físicos da anormalidade como indícios de uma genética criminal. No âmbito do direito penal, a escola italiana de Lombroso defendia que, sendo a criminalidade um traço hereditário, o criminoso não pode responder por seus atos por lhe faltarem forças para lutar contra seus instintos naturais. Nesse sentido, Drácula era a insondável causa "sobrenatural" para uma anomalia que "naturalmente" se prolifera.

---

23 Stoker, Bram. *Drácula*, op. cit., p. 202, grifo meu.
24 Foucault, Michel. *Os anormais*, op. cit., p. 212.

Não será mais simplesmente nessa figura excepcional do monstro que o distúrbio da natureza vai perturbar e questionar o jogo da lei. Será em toda parte, o tempo todo, até nas condutas mais ínfimas, mais comuns, mais cotidianas, no objeto mais familiar da psiquiatria, que esta encarará algo que terá, de um lado, estatuto de irregularidade em relação a uma norma e que deverá ter, ao mesmo tempo, estatuto de disfunção patológica em relação ao normal. Um campo misto se constitui, no qual se enredam, numa trama que é absolutamente densa, as perturbações da ordem e os distúrbios do funcionamento.[25]

Note-se como todo esse mapeamento, cada vez mais denso e detalhado, dos distúrbios sociais gera a necessidade de o indivíduo diferenciar-se desses padrões, bem como da uniformidade nebulosa das multidões urbanas. Era preciso, pois, cultivar uma individualidade[26]. Drácula não possui reflexo no espelho porque ele não é um indivíduo, e sim uma força ininteligível. Ele é a soma de todas as anomalias que ainda não foram detectadas, permanecendo invisível ao "faro" criminalístico. Ora, na sociedade vitoriana todos deveriam ter uma individualidade, inclusive os anormais. Os processos jurídicos, médicos e pedagógicos da modernidade trazem consigo um afã individualizante para que se possa identificar com precisão cada *tipo* de pessoa. O verdadeiro mal, com efeito, não era o mal propriamente, mas tudo o que não era identificável: desde a origem de doenças hereditárias até o indivíduo não individualizado.

Antes do Renascimento, poucos eram as pessoas individualizadas. Ser "alguém" era um privilégio daqueles que tinham um nome a zelar, uma estirpe (um sangue) ou certa autoridade; o resto da sociedade deveria existir, para todos os efeitos, no anonimato — os doentes agrupavam-se sem identidade, os cidadãos eram fontes anônimas de impostos, as crianças não estavam sujeitas à guarda familiar, os soldados apenas executavam ordens. A partir do século XVII, com a introdução dos regimes de gestão sobre a população, os processos de individualização se proliferam: primeiro com a demarcação da família burguesa, que precisava distinguir-se da aristocracia decadente, e depois para a exploração do proletariado nos sistemas de produção. Desde então todos devem ser interrogados a respeito de quem se é. Interroga-se a criança, o doente, o comerciante, o comprador, quem não gosta do sexo oposto etc. Essa prática de discernir os indivíduos circula pela justiça, pela medicina, pela pedagogia, pelas relações familiares e pelas relações afetivas — o que se sobressai, em especial, nos romances epistolares.

Desenvolver uma narrativa por meio de cartas e diários é um recurso eficaz para firmar a individualidade de cada personagem: desde sua escrita peculiar, a maneira como cada qual descreve suas próprias atitudes, até o

[25] Ibidem, p. 205.
[26] A formação da individualidade é também abordada no capítulo 5 deste livro, bem como no livro de Sennett ali referenciado, *O declínio do homem público*.

desvelamento de seus temores, desejos e malícias. Toda a narrativa do livro de Bram Stoker é construída através de testemunhos, epístolas, documentos e recortes de jornais, predominando o uso da primeira pessoa do singular. Dois personagens, todavia, só aparecem na terceira pessoa, graças aos relatos dos narradores: Drácula e o delirante Renfield, que, ao sair do castelo do Conde, diz obedecer somente às suas ordens. A princípio, portanto, ambos emergem como aparições fantasmáticas que carecem de individualidade, pairando nos limites de uma trama que se delineia nas interseções das vozes individuais.

Ocorre que essa penumbra narrativa, esse espectro turvo que escapa às categorias de identificação, não é algo que está além ou aquém dos indivíduos, e sim a condição que os possibilita. É tudo o que a individualidade esconde a fim de manter-se crível e representável: o conglomerado de vísceras embaixo da pele, os impulsos indesejáveis, as substâncias que saem do corpo, o cadáver que todos estamos destinados a ser. Ora, na medida em que nossas distinções (bondade, maldade, retidão, aberração etc.) caem por terra, só então que a presença de Drácula, embora desde sempre presumida, se impõe.

Assim, ao localizar o terror no domínio do inacessível e do irrepresentável, Stoker revela que é o indivíduo que insiste em ser representado e visto o tempo todo, como um constructo ilusório que projeta um duplo indigesto para manter-se coeso. Drácula, então, apesar de não ter um reflexo no espelho, materializa o reflexo *a priori* de uma quimera individualizante que não duvida de si mesma. O que não se deixa detectar, provar e identificar equivale, afinal, àquilo de que não se pode duvidar.

****

Sob uma perspectiva genealógica, o mito de Drácula não inaugurou uma categoria do mal, mas se infiltrou nas já existentes. Enquanto força sobrenatural, ele explicava a natureza da degeneração; enquanto ancião criminoso, ele justificava as novas e minuciosas técnicas de identificação da delinquência; enquanto monstro pervertido, ele esclarecia o que é uma sexualidade saudável; enquanto aristocrata decadente, ele legitimava a hegemonia do espírito burguês; enquanto ser imperecível, ele reforçava a gestão dos corpos sob a métrica do tempo (longevidade, desempenho, anos na prisão etc.); enquanto sombra que se esvanece na multidão, ele possibilitava a individualidade vitoriana. Sobremaneira enquanto morto-vivo, Drácula assinala a relação problemática que é tradicionalmente interposta entre a vida e a morte.

Será que essas imagens já poderiam ser observadas, em retrospecto, como reflexos demasiado distantes para ainda habitarem os nossos espelhos? Ou será que, em afinidade ao destino vampírico, são os nossos espelhos que, independente do que reflitam ou deixem de refletir, permanecem os mesmos? Que tipo de espelho é este que não morre, nem vive, e que sequer fornece um reflexo invertido do que insistimos a projetar nele?

Tudo o que os espelhos podem refletir está destinado a morrer ou a desaparecer. Se Drácula não é refletido, não é porque ele nunca morre, mas porque ele próprio reflete uma morte que nunca termina. A morte em si, enquanto acontecimento, é infinita; diferente da vida, que constitui apenas um reflexo invertido e provisório da prevalência da morte. De modo que o intervalo de uma existência já constitui um lugar "problemático" entre a vida e a morte. Somos muito mais mortos-vivos do que pensamos ser.

Nossa individualidade, nossos valores, nossas condutas e modos de ser passam direta ou indiretamente, explícita ou implicitamente, negativa ou afirmativamente pela consciência da morte. Trata-se de um morrer que podemos somente assimilar no estreito espaço de uma vida. Dito de outro modo, a vida humana constitui-se em função de sua própria finitude. Especular outros modos possíveis e impossíveis de constituição da vida, como no caso do mito de Drácula ou de qualquer outro, apenas reitera esse processo persistente de lidar com a morte, um processo que espelha e orienta a realidade histórica que o circunscreve. Nossa finitude pode, desse modo, remeter ao cosmo, aos céus, ao trabalho, à família etc. Mas o comparecimento inexorável da morte, que faz de toda existência um episódio natimorto e de todo presente um tempo já póstumo, é o aspecto mais imediatamente visível na superfície dos espelhos.

Somos um período limitado de tempo. Mas, ao mesmo tempo, somos um reflexo antecipado de nossa própria inexistência que, esta sim, há de ser eterna.

10   A dissimulação de DFW[1]

> Ninguém entende os motivos de um suicida. Ninguém. A única pessoa talvez capaz de entendê-los é morta pelo ato. — Caetano Galindo [2]

Este capítulo não trata de suicídio enquanto ato intencional de pôr fim à própria vida, e sim do mito literário que o nome David Foster Wallace se tornou após o suicídio do autor. A tal advertência devo acrescentar outra: falar sobre Wallace, "um autor universalmente reconhecido por ter sido expressamente obcecado com a mediação em todas as suas formas paradoxais",[3] implica assumir a impostura de que seu nome será uma vez mais distorcido, duplicado, enviesado, tornado enfim personagem. Mas reitero o primeiro ponto: não resta aqui o menor interesse sobre o que levou Wallace, o autor, o indivíduo, a ter se enforcado há mais de dez anos. Proponho apenas uma reflexão sobre o *personagem* DFW após o suicídio de Wallace — daqui em diante, portanto, a sigla DFW refere-se ao personagem, ao passo que "Wallace" designa o autor.

Mais precisamente, parto da seguinte analogia: se é verdade, como diz Caetano Galindo na epígrafe acima, que ninguém pode entender os motivos de um suicida, talvez

---

1   Este capítulo é uma versão revisada e expandida de: Beccari, Marcos. "Você acaba se tornando você mesmo? O personagem David Foster Wallace". *Criação & Crítica*, n. 23 (Dossiê "Morrer pelas próprias mãos: Literatura e Suicídio"), abr. 2019, p. 121-133.
2   Galindo, Caetano. "Eu e você segundo David Foster Wallace". *Revista Piauí*, n. 98, nov. 2014, s. p. Disponível em: <http://piaui.folha.uol.com.br/materia/eu-e-voce-segundo-david-foster-wallace/>. Acesso em maio de 2020.
3   Cohen, Samuel; Konstantinou, Lee (Eds.). *The Legacy of David Foster Wallace*. Iowa: University of Iowa Press, 2012, p. xi.

seja igualmente inapropriado explicar o que leva, necessariamente, um escritor a escrever. E isso é válido mesmo quando quem o explica é o próprio escritor, posto que em todo caso se abre, ao estilo de Wallace, um ciclo tautológico interminável: por que escrever sobre "por que escrever"? E explicá-lo a si mesmo não implicaria criar (mais) um personagem de si?

Alguém poderia, ainda, escrever sem ter motivo algum, de modo que qualquer justificativa não o impediria de continuar a fazê-lo. Fato é que a escrita se põe em ato *sem garantias* e quase que de maneira injustificável. Digo "quase" porque justificativas não faltam, ao mesmo tempo em que estas também dependem da escrita. A escrita incorpora, com efeito, uma tentativa paradoxal de *expressar a própria possibilidade da escrita*. Inspiro-me aqui na asserção de Jacques Derrida segundo a qual as palavras sempre mostram algo ainda não pensado por quem as escrevem, elas "ensinam o seu pensamento".[4] Talvez por isso Marguerite Duras tenha afirmado que "a escrita é o desconhecido", posto que, "antes de escrever, nada se sabe do que se vai escrever".[5] Mesmo Foucault chega a dizer que, "na escrita, [...] trata-se da abertura de um espaço onde o sujeito que escreve não para de desaparecer".[6]

A obra de Wallace é claramente obcecada por essa lógica paradoxal da escrita, como um gesto perfeitamente absurdo e autojustificado: escrever em pleno conhecimento de causa, entre a lucidez e a contradição permanente. Em uma palavra, escrever para poder escrever. Não será, contudo, diretamente a obra wallaceana o alvo a ser aqui explorado, mas uma versão polêmica do personagem DFW: aquela retratada no filme *O fim da turnê*, de 2015, baseado no *bestseller* de David Lipsky *Although of course you end up becoming yourself*, de 2010.[7] Mais complicado ainda: a questão polêmica não reside no filme de James Ponsoldt ou no livro de Lipsky, mas no fato de que os familiares e colegas próximos de Wallace manifestaram repúdio contra ambos.

Com efeito, o personagem (do latim *persona*, literalmente "pelo som", mas também máscara de ator, personagem teatral) DFW é aqui reconstruído a partir de algumas de suas versões póstumas, em contraposição à querela em torno do filme de Ponsoldt. Não é o caso, obviamente, de decidir sobre qual é a versão verídica ou a mais interessante. O que se coloca em questão são as possibilidades discursivo-visuais que se abrem a partir da relação dissimulada entre quem DFW dizia ser e o possível meta-personagem

4 Derrida, Jacques. *A escritura e a diferença*, op. cit., p. 24.
5 Duras, Marguerite. *Escrever*. Rio de Janeiro: Rocco, 1994, p. 22 e 47.
6 Foucault, Michel. "O que é um autor?". In: _____ . *Ditos e Escritos III — Estética: literatura e pintura, música e cinema*. Rio de Janeiro: Forense Universitária, 2009, p. 268.
7 Ver, respectivamente: *The End of the Tour*, James Ponsoldt (direção), 2015; Lipsky, David. *Although of course you end up becoming yourself*. New York: Broadway Books, 2010.

que ele pintava a partir (ou a despeito) de si mesmo — questão que, uma vez transposta ao cinema, passa a ser indiretamente associada ao suicídio de um outro personagem que não aquele vagamente designado como "autor".

Neste capítulo, ao trazer essas questões à tona, pretendo destacar o papel discursivo da dissimulação na constituição de "si mesmo", diluindo assim o dilema wallaceano entre personificar ou contradizer o que se é. Se levanto tal problemática a partir de DFW, é porque, em primeiro lugar, sua obsessão por um meta-personagem sinaliza o quão abstrata é a noção de um "si mesmo". Apesar disso, todo o esforço de DFW consiste em preservar justamente esta noção. Esse aparente disparate remete ao meu segundo ponto: a visualização de um "eu" não é alheia à de um autor ou personagem; ao contrário, depende dessas figuras para se constituir discursivamente. Essa dependência, no entanto, fica mais clara a partir da correlação que Foucault traçava entre autoria, literatura e morte — certame, pois, que eu contextualizo a seguir.

DA MORTE DO AUTOR AO CEMITÉRIO LITERÁRIO

> Mas não basta, evidentemente, repetir como afirmação vazia que o autor desapareceu. [...] O que seria preciso fazer é localizar o espaço assim deixado vago pela desaparição do autor, seguir atentamente a repartição das lacunas e das falhas e espreitar os locais, as funções livres que essa desaparição faz aparecer.[8]

Como se sabe, aquilo que nós hoje chamamos de "autor", como proprietário de textos originais, não se aplica ao que noutros tempos se designava com o mesmo termo. Ainda no século XVI, por exemplo, via-se com suspeita a possibilidade de qualquer um publicar suas ideias; donde é possível imaginar o furor decorrente das noventa e cinco teses que Lutero imprimiu e fez circular em toda Nuremberg, induzindo assim a Reforma Protestante. Nesse mesmo período, alguém como Shakespeare não se deu ao trabalho de publicar sequer uma página de sua obra, e isso não porque ele se apropriava amiúde de histórias alheias (anônimas ou de outros autores), mas porque o seu objetivo era, em vez de se tornar um cânone, o de produzir peças para o consumo imediato.

Já no século XVIII, após um longo processo de sacralização do gênio e da obra clássica por meio da disseminação de textos canônicos, surgem mecanismos de controle comercial em face à intensa proliferação de livros impressos.

[8] Foucault, Michel. "O que é um autor?", op. cit., p. 271.

O autor, então, alinha-se a funções próprias de uma sociedade burguesa: as da individualidade e da propriedade privada. Mais que isso: segundo Foucault, a formação moderna do autor está diretamente atrelada a uma reconfiguração histórica do "discurso" em geral:

> O discurso, em nossa cultura (e, sem dúvida, em muitas outras), não era originalmente um produto, uma coisa, um bem; era essencialmente um ato — um ato que estava colocado no campo bipolar do sagrado e do profano, do lícito e do ilícito, do religioso e do blasfemo. Ele foi historicamente um gesto carregado de riscos antes de ser um bem extraído de um circuito de propriedades. Quando se instaurou um regime de propriedade para os textos, quando se editoram regras estritas sobre os direitos do autor, sobre as relações autores-editores, sobre os direitos de reprodução etc. — ou seja, no fim do século XVIII e no início do século XIX —, é nesse momento em que a possibilidade de transgressão que pertencia ao ato de escrever adquiriu cada vez mais o aspecto de um imperativo próprio da literatura. Como se o autor, a partir do momento em que foi colocado no sistema de propriedade que caracteriza nossa sociedade, compensasse o status que ele recebia, reencontrando assim o velho campo bipolar do discurso, praticando sistematicamente a transgressão, restaurando o perigo de uma escrita na qual, por outro lado, garantir-se-iam os benefícios da propriedade. Os textos, os livros, os discursos começaram a ter realmente autores (diferentes dos personagens míticos, diferentes das grandes figuras sacralizadas e sacralizantes) na medida em que o autor podia ser punido, ou seja, na medida em que os discursos podiam ser transgressores.[9]

Entretanto, como Foucault observa em *A ordem do discurso*, essa figura do autor não evoluiu nem circulou da mesma maneira por toda parte: se na Idade Média, por exemplo, o valor de um texto científico já remetia ao seu autor, a partir do século XVII essa função não cessa de se enfraquecer; ao passo que na literatura ocorre o inverso, a começar pelo fato de que a maioria das narrativas medievais circulava no anonimato[10]. Além disso, a ideia da autoria nunca pressupõe qualquer uniformidade ou coesão discursiva, pois um mesmo autor que, por exemplo, escreve uma tese de doutorado não coincide exatamente com aquele que apresentará publicamente essa tese; e mesmo no interior da tese vê-se com frequência uma nova voz ao final, relatando as dificuldades encontradas e as lacunas deixada no decorrer do seu trabalho.

Ao pressupor essa não-unidade do autor, Foucault não poderia se alinhar à chamada "morte do autor", contenda que Barthes transformou numa das bandeiras do

[9] Ibidem, p. 275.
[10] Ver, a este respeito: Foucault, Michel. *A ordem do discurso*, op. cit., p. 26-30.

pós-estruturalismo[11]. Embora Foucault também tenha problematizado a noção de autor enquanto capciosa função discursiva, ele nunca endossou a utopia de Barthes em torno do desaparecimento da tirania autoral — não só porque tal "tirania" pressupõe uma unidade autoral impossível, mas também porque "seria puro romantismo imaginar uma cultura em que a ficção circularia em estado absolutamente livre, à disposição de cada um, desenvolver-se-ia sem atribuição a uma figura necessária ou obrigatória".[12] E, ao insistir nesse tema, Foucault não estava somente criticando a primazia do sujeito, mas também refletindo sobre uma possível relação entre a literatura e a morte.

Essa questão aparece em "A linguagem ao infinito", texto de 1963, onde Foucault distingue dois grandes períodos da linguagem escrita: no primeiro, que se estende de Homero a Hölderlin (que opera uma ruptura), as obras existiam em função de uma linguagem divina ou natural a ser infinitamente representada pela escrita; no segundo, a partir do final do século XVIII, as obras se voltam sobre si mesmas num espaço de reduplicação do que já foi escrito, como uma escrita destinada a repetir indefinidamente a própria morte[13]. E seria na obra de Raymond Roussel — único escritor a quem Foucault dedicara um livro, também de 1963 — que se encontraria a expressão máxima da vinculação morte-literatura: "A linguagem de Roussel se abre desde o início ao já dito [...] Em vez de ser uma linguagem que procura começar, é uma figura derivada de palavras já faladas: é a linguagem de sempre trabalhada pela repetição e pela morte".[14]

Não surpreende, pois, que Foucault não venha a comungar, quatro anos depois dessas reflexões, com a "morte do autor" sentenciada por Barthes em 1967: pois a literatura moderna, obrigada a recuar ao cemitério de si mesma, já vive ela própria no murmúrio interminável de autores literalmente mortos. Ao mesmo tempo, porém, essa mesma literatura é o que faz "reviver" não somente os personagens e seus dramas, mas também a figura do autor, isto é, de um indivíduo que reflete sobre si mesmo e expressa uma individualidade. Não é difícil perceber, então, como a figura de um "eu" é discursivamente indissociável da que nos faz reconhecer um autor e um personagem — posto que são estes que, antes, nos levam a conceber um "si mesmo".

---

11 Ver, a este respeito: Barthes, Roland. "A Morte do Autor". In: _____. *O Rumor da Língua*. São Paulo: Martins Fontes, 2004, p. 57-64; Bellei, Sérgio Luiz Prado. "A Morte do Autor: um retorno à cena do crime". *Criação & Crítica*, n. 12, p. 161-171, jun. 2014.

12 Foucault, Michel. "O que é um autor?", op. cit., p. 288.

13 "Talvez o que seja preciso chamar com todo rigor de 'literatura' tenha seu limiar de existência precisamente ali, nesse fim do século XVIII, quando aparece uma linguagem que retoma e consome em sua fulguração outra linguagem diferente, fazendo nascer uma figura obscura mas dominadora na qual atuam a morte, o espelho e o duplo, o ondeado ao infinito das palavras". Foucault, Michel. "A linguagem ao infinito". In: _____. *Ditos e Escritos III*, op. cit., p. 57.

14 Foucault *apud* Machado, Roberto. *Foucault, a filosofia e a literatura*, op. cit., p. 84.

Resta saber, contudo, se essa tríplice imagem do eu-autor-personagem poderia ter alguma relação com função de morte que Foucault atribui à literatura moderna. Nisso reside a pertinência de um personagem como DFW, que toma forma justamente após o suicídio de seu autor. Afinal, se a literatura está fadada a retornar ao túmulo de si mesma, não se trata de morrer propriamente, mas de dissimular uma morte. Analogamente, DFW opera uma dissimulação de si mesmo (e não, que fique claro, do suicídio do autor). Mais precisamente, tal personagem dissimula um autor que, por sua vez, dissimula um "si mesmo" — o que também implica dissimular um leitor. Esse jogo de dissimulação coloca em xeque a individualidade que tradicionalmente ampara o eu-autor-personagem — sugerindo no lugar disso algo como uma ambiguidade subjetivante. Mas antes de explicar o que isso significa, devo me deter um pouco mais em nosso suposto protagonista.

DFW APÓS O SUICÍDIO DE WALLACE

David Foster Wallace nasceu em Ithaca, cidade do estado de Nova Iorque e, por acaso, homônima à ilha natal do protagonista da *Odisseia*. Esse detalhe trivial serve-nos apenas para indicar que, assim como geralmente nos referimos a Homero, o mito DFW interessa-me mais que o autor, a pessoa, o suicida. Tal personagem não aparece diretamente na obra de Wallace (embora esteja inevitavelmente atrelado a ela), e sim no modo como seu nome é enunciado, suscitado, aludido ou vinculado a narrativas diversas.

A este respeito, cumpre mencionar que, em menos de dez anos após o suicídio de Wallace, em 2008, a quantidade de publicações sobre o autor já ultrapassava o número de livros que ele publicara em vida[15]. Ou seja, DFW tornou-se um novo cânone da literatura norte-americana, cujos rótulos póstumos se

---

15 Ver, a este respeito: <http://thehowlingfantods.com/dfw>. Acesso em maio de 2020. Em vida, Wallace publicou apenas nove livros: dois romances, três antologias de contos, duas coletâneas de ensaios (não-ficção) e dois livros teóricos (um sobre a história do conceito matemático de "infinito", e o outro, em coautoria com Mark Costello, sobre a cultura hip hop norte-americana). O arquivo de textos do autor é mantido desde 2010 na Universidade do Texas. A primeira biografia de DFW foi publicada em 2012, por D. T. Max, com o título *Every love story is a ghost story*. Também em 2012 fora lançada *The Legacy of David Foster Wallace*, uma seleção de artigos acadêmicos organizada por Samuel Cohen e Lee Konstantinou. Em 2014, a editora Bloomsbury já havia publicado oito antologias de estudos críticos sobre o trabalho de DFW. Ademais, em 2017 foi inaugurada a *International David Foster Wallace Society*, que passou a publicar o *Journal of David Foster Wallace Studies*, além de promover regularmente cursos e conferências dedicados à DFW.

destacam: "pós-humanismo sentimental", "nova sinceridade" e "crença pós-irônica" em resposta a uma hermenêutica da suspeita[16]. De um lado, a reputação acadêmica da obra wallaceana tem se servido de um revestimento de ortodoxia que tende a amortizar, ou mesmo inverter, a modesta sensibilidade romântica amiúde associada à DFW. De outro, a repercussão do suicídio de Wallace reforçou a ideia de que sua escrita era uma luta permanente contra a solidão e os efeitos incapacitantes da depressão, o que faz prevalecer o hábito de interpretar sua obra como sintoma ou sublimação de suas experiências psíquicas.

Nesse sentido, de acordo com Ana Cecília Carvalho, a escrita de DFW é "marcada por uma tensão potencialmente destrutiva que, no seu caso, era alimentada por dois horrores: o horror de nada dizer e o de tudo dizer".[17] Para Mary K. Holland, entretanto, o projeto de DFW (ficção e não-ficção) deve ser dissociado do autor depressivo, pois sua maior contribuição teria sido a "reversão do pós-estruturalismo de dentro do próprio pós-estruturalismo": em vez de recorrer às fragmentações textuais, formais e psíquicas, que a autora associa à tendência anti-humanista do pós-estruturalismo, DFW teria inaugurado um momento de "empatia direta" entre o leitor e "o autor ressuscitado".[18]

Embora esse debate se estenda para além do escopo aqui delineado, serve-me para enquadrar uma incompreensão que ainda paira em torno do nome DFW: quem era ele, afinal? Um romântico obcecado pela sinceridade autoral, tanto quanto pela revisão e notas de rodapé que preenchem seus textos? E/ou um dos grandes autores da literatura pós-moderna? Nesse caso, de *qual* literatura pós-moderna? Aquela de uma metaficção (ou ficção autobiográfica), tendência que já parecia fatigada em meados dos anos 1990 e que, a partir de então, DFW preferia não assumir? Ou aquela que reaviva a crença romântica da autenticidade individual, a despeito do sofisticado cinismo wallaceano e sua permanente suspeita "de que poderíamos ser nada mais do que discursos ou pretensões ou ironias"?[19]

Mantém-se em aberto, com efeito, a profunda ambivalência (ou desconfiança) de DFW não apenas em relação ao legado pós-moderno, mas antes para consigo mesmo, como explano adiante. E apesar de haver, por um lado, inúmeros depoimentos em que Wallace nos conta sobre sua

---

16   Ver, respectivamente: Giles, Paul. "Sentimental Posthumanism: David Foster Wallace". *Twentieth Century Literature*, v. 53, n. 3, p. 327-344, 2007; Kelly, Adam. "David Foster Wallace and the New Sincerity in American Fiction". In: Hering, David (Ed.). *Consider David Foster Wallace*: Critical Essays. Los Angeles/Austin: Sideshow Media Group Press, 2010, p. 131-146.; Konstantinou, Lee. "No Bull: David Foster Wallace and Postironic Belief". In: Cohen, Samuel; Konstantinou, Lee (Eds.). *The Legacy of David Foster Wallace*, op. cit., p. 83-112.
17   Carvalho, Ana Cecília. "A toxidez da escrita como um destino da sublimação em David Foster Wallace". *Psicologia USP*, jul./set. 2010, v. 21, n. 3, p. 520.
18   Holland, Mary K. *Succeeding Postmodernism*: Language and Humanism in Contemporary American Literature. New York: Bloomsbury, 2013, p. 77-78.
19   Cohen, Samuel; Konstantinou, Lee (Eds.). *The Legacy of David Foster Wallace*, op. cit., p. xvii.

própria escrita, por outro, "tanto as escolas quanto as disposições intelectuais concordaram que o autor não tem nada a nos dizer sobre o que seus textos significam".[20] Nos termos de Paul Ricoeur, ademais, só "o fato de ser escrito faz do discurso o portador de uma história que já não é a de seu autor".[21] Então qual o interesse em deter-se sobre alguém que não tem nada a nos dizer? Ou melhor, por que explicar um autor que, na maior parte do tempo, só escrevia para explicar a si próprio?

Eis a questão do autor enquanto *personagem*: não se trata de assimilá-lo como uma identidade unificada, mas de pensar como ele pode ser reinterpretado, retratado, reconstruído a partir de fragmentos dispersos. Alguns o fazem direcionando-se à biografia de Wallace, enquanto outros debruçam-se sobre sua obra. Outros, ainda, reconstroem DFW a partir dos rabiscos que ele deixava nas margens de cada página que passava por suas mãos, anotações infindáveis que "parecem colocar o autor 'sempre ao nosso ouvido' enquanto ele transmite suas notas de pensamento".[22] Seja como for, toda reconstrução é circunstancial, pois depende de uma configuração pontual no interior de uma determinada situação interpretativa. No caso do foco aqui traçado, importa-me enquadrar DFW a partir do recurso da dissimulação, que elucida o dilema entre quem ele dizia ser e o possível personagem de si mesmo.

A ESCRITA DE UMA LEITURA DISSIMULADA

> Parece que a grande distinção entre a boa arte e a arte ruim reside no desejo que o escritor tem de morrer para emocionar o leitor. Toda a atenção, dedicação e trabalho que precisa obter do leitor não pode ser para benefício próprio; tem de ser em benefício do leitor.[23]

Para evitar a *intentional fallacy*[24] da questão sobre quem DFW de fato acreditava ser, permito-me inferir sobre como ele encarava a noção de autoria. DFW demonstrou conhecimento e interesse nas teorias acadêmicas sobre a autoria literária, conforme John Roache destaca em sua pesquisa das anotações marginais wallaceanas, e conforme o próprio Wallace sinaliza em "Greatly Exaggerated", sua

20 Ibidem, p. xii-xiii.
21 Ricoeur, Paul. *Escritos e Conferências II*: hermenêutica. São Paulo: Loyola, 2011, p. 29.
22 Roache, John. *Marginalia after Modernism*: the case of David Foster Wallace. Tese de Doutorado em Filosofia. Manchester: School of Arts, Languages and Cultures of The University of Manchester, 2015, p. 26.
23 Wallace *apud* Max, D. T. "The unfinished: David Foster Wallace's struggle to surpass Infinite Jest". *The New Yorker*, 9 de março de 2009, s. p. Disponível em: <https://www.newyorker.com/magazine/2009/03/09/the-unfinished>. Acesso em maio de 2020.
24 "Falácia intencional" é um termo cunhado em 1946 pelos críticos norte-americanos W. K. Wimsatt Jr. e M. C. Beardsley, ao postularem que qualquer suposição sobre a intenção do autor deve ser testada contra a evidência do texto. Ver: Wimsatt Jr., William K; Beardsley, Monroe C. "The Intentional Fallacy". *The Sewanee Review*, v. 54, n. 3, p. 468-488, jul./set. 1946.

resenha crítica de *Morte d'Author: An Autopsy* de H. L. Hix[25]. Em síntese, "a noção teórica da morte do autor é uma ideia bastante interessante, Wallace parece dizer, mas não é algo que devamos levar a sério".[26] Isso porque DFW destacava com frequência as dimensões afetiva e comunicacional da escrita, encarando-a como a arte de se comunicar com leitores. Sob esse viés, a ênfase não recai no insondável processo de criação da obra, mas nas técnicas mediante as quais uma obra se torna comunicável.

Tal abordagem aproxima-se parcialmente da proposta de Wayne Booth em *The Rhetoric of Fiction*, cujo conceito de "autor implícito" ou "autor implicado" (*implied author*) distingue-se tanto do autor real quanto do narrador, emergindo somente pela leitura, portanto com base na forma como o texto é estruturado. Disso resulta que o apagamento do autor pode ser encarado como uma técnica retórica entre outras: "Embora o autor possa em certa medida escolher seus disfarces, nunca pode escolher desaparecer de todo".[27] Para Paul Ricoeur, entretanto, "numa perspectiva puramente retórica, o leitor é, no limite, simultaneamente presa e vítima da estratégia fomentada pelo autor implicado, e isso tanto mais quanto mais dissimulada for essa estratégia".[28]

DFW parecia ter consciência de que o trabalho de leitura é não apenas indeterminável, mas igualmente dissimulável, podendo escapar em larga medida da retórica que o torna passivo. Ou seja, apesar de toda leitura pressupor uma busca de coerência, tal coerência não subsiste por trás do texto, à espera de ser decifrada, mas emerge no confronto com as pretensões e retenções de cada leitura. Nesse jogo, os sinais dispersos do autor podem ter sido dissimulados na mesma medida em que os leitores "querem fingir que acreditam", conforme DFW enuncia em uma de suas *Breves entrevistas com homens hediondos*:

---

[25] Ver: Wallace, David Foster. "Greatly Exaggerated". In: _____ . *A supposedly fun thing I'll never do again*: Essays and Arguments. New York: Little, Brown and Co., 1997, p. 138-145.

[26] Roache, John. *Marginalia after Modernism*, op. cit., p. 87.

[27] Booth, Wayne C. *The Rhetoric of Fiction*. Chicago: The University of Chicago Press, 1983, p. 20.

[28] Ricoeur, Paul. *Tempo e narrativa* — Vol. III: o tempo narrado. São Paulo: WMF Martins Fontes, 2010, p. 285.

Você é, infelizmente, um escritor de ficção. Está tentando um ciclo de peças beletristas muito curtas... Difícil descrever como as peças curtas do ciclo devem funcionar... Você tem certeza, porém, de que as peças narrativas são realmente apenas "peças" e nada mais, i. e., que a maneira como elas se encaixam no ciclo maior que as compreende é que é crucial para a "alguma coisa" que você quer "questionar" numa sensação humana e assim por diante. Então você faz um ciclo de oito partes dessas pequenas peças de porca e parafuso. E resulta num fiasco total... Mesmo com a mais caridosa interpretação, isso vai parecer desesperado. Possivelmente patético. De qualquer forma, não vai fazer você parecer sábio, nem seguro, nem dotado, nem qualquer das coisas que os leitores geralmente *querem fingir que acreditam* que o artista literário que escreveu o que estão lendo é, quando sentam para tentar escapar do insolúvel fluxo de si mesmos e entrar em um mundo de significado preestabelecido.[29]

À primeira vista, DFW parece estabelecer certa simetria entre um autor implicado e um leitor implicado, ambos tidos como construções fictícias. Esse modelo, no entanto, não deixa de atuar também como explicação fictícia de como o texto de ficção adquire sentido. Donde é possível presumir que a dimensão comunicacional da escrita é, para DFW, uma luta não necessariamente simétrica entre duas orientações divergentes: de um lado, a ficção evoca a si mesma conforme a ênfase recaia nos personagens, na intriga, na voz narrativa e finalmente nas sucessivas posições atribuídas ao leitor; de outro, contrariando essa tendência autorreferencial, a perspectiva de uma escrita/leitura dissimulada faz da ficção o objeto de uma crença que *suspeita* de si mesma.

O que nisso me interessa é a dissimulação enquanto noção-chave em DFW. É como se, em sua obra, houvesse uma voz implícita nos indagando o tempo inteiro: vocês realmente estão me levando a sério (uma vez que eu mesmo não sei se estou)? Quanto à eficácia retórica desse recurso, o que se ganha é proporcional ao que se perde: quanto mais o autor e o leitor explicitam-se enquanto personagens implicados, menos a ficção sustenta o seu caráter propriamente fictício, assumindo então um aspecto metaficcional. Mas não seria esse aspecto o mais fictício de todos? É o que aparece com maior clareza no conto *Good Old Neon*, parte da coletânea *Oblivion*:

> Tudo bem, não importa o que você pensa. Quero dizer, provavelmente isso importa para você, ou você acha que importa — não é isso o que eu quis dizer por "não importa". O que eu quero dizer é que não importa o que você pensa sobre mim, porque, apesar das aparências, isso nem sequer é sobre mim.[30]

O narrador é Neal, um jovem suicida que nos conta o que o levou a se matar. Mas a questão do "paradoxo da fraude" como causa única do suicídio é declarada logo no primeiro parágrafo, ao passo que no último, enquanto Neal está refletindo sobre as contradições póstumas de ele ainda estar ali conversando conosco, a perspectiva pula e paira sobre DFW diante de um álbum de fotos do ensino médio, olhando fixamente para a foto de Neal. O personagem que só aparece no final está em silên-

[29] Wallace, David Foster. *Breves entrevistas com homens hediondos*. São Paulo: Companhia das Letras, 2005, p. 170-171, grifos meus.
[30] Wallace, David Foster. *Oblivion*: Stories. New York: Little, Brown and Co., 2004, p. 152.

cio, tentando desviar-se de sua própria consciência que, por sua vez, lhe diz que querer imaginar com empatia o que se passa na mente de outra pessoa é não apenas impossível, mas também digno do mais cínico riso. O conto se encerra com "a parte mais real, duradoura e sentimental dele ordenando que a outra parte ficasse em silêncio, como se olhasse nos olhos e dissesse, quase em voz alta, 'nem mais uma palavra'".[31]

Ora, seria uma saída tipicamente metaficcional caso o narrador recuasse para a subjetividade do autor — como é frequente, por exemplo, em Paul Auster. Mas não é isso o que ocorre em *Good Old Neon*. Embora saibamos que Wallace é o autor da história, o narrador o descreve apenas como um personagem bem-sucedido na vida, em contraste com a fraude de Neal. A princípio, portanto, nada indica que a história que acabamos de ler foi "inspirada na vida" de Wallace. Mas, ao mesmo tempo, o "paradoxo da fraude" consiste justamente em simular uma personalidade confiante e autêntica, num esforço equivalente à fraude assim ocultada. Com efeito, entre o narrador que nos adverte que "isso nem sequer é sobre mim" e o personagem secundário que é meramente aludido ao final, o recurso da dissimulação ganha contornos wallaceanos.

Por um lado, *Good Old Neon* ilustra o esforço constante de DFW em revelar as contradições e insuficiências inerentes a noções como "autêntico", "fraude", "identidade" etc. Por outro, vemos ali uma luta entre Neal, o suposto narrador póstumo e niilista, contra o humanismo de DFW (cujos textos de não-ficção reivindicam por relações humanas mais sólidas, empáticas, não alienadas), um autor silenciosamente implicado em sua própria ficção, sentado em uma poltrona reclinável, observando a foto de um suposto colega do ensino médio. Eis a luta entre a função autorreferencial do texto ficcional e a dissimulação co-implicada entre leitor e autor. DFW é simultaneamente o fantasma de um narrador suicida e o personagem vivo de si mesmo.

A DISSIMULAÇÃO REENCENADA

> A literatura está polvilhada de destroços dos homens que se importaram além do razoável com a opinião dos outros.[32]

Wallace tinha apenas 34 anos quando publicou, em 1996, o romance *Graça Infinita*, um sucesso inesperado que lhe rendeu o título de melhor escritor norte-americano de sua geração. Tal oca-

---

31 Ibidem, p. 181.
32 Woolf, Virginia. *Um teto todo seu*. São Paulo: Tordesilhas, 2014, p. 42.

sião é o pano de fundo de *O fim da turnê*, filme dirigido por James Ponsoldt em 2015 e roteirizado por Donald Margulies, que se inspirou no *bestseller* de David Lipsky *Although of course you end up becoming yourself*, cuja premissa reside no dilema entre como DFW era percebido e o que ele dizia ser. Com efeito, o filme propõe/resulta de uma sobreposição interpretativa: Ponsoldt interpretando Margulies interpretando Lipsky interpretando DFW interpretando a si mesmo.

A cena inicial mostra Lipsky recebendo a notícia do suicídio de DFW, o que o leva a recuperar, em suas fitas cassete, o registro em áudio de uma entrevista fracassada que ele havia feito doze anos atrás para a revista *Rolling Stones*. Regredimos então à 1996, quando o jovem jornalista solicitava a seu editor a tarefa de entrevistar DFW, cuja súbita fama era invejada por Lipsky (que acabara de publicar, no mesmo ano, o seu primeiro romance), embora reconhecesse em DFW o gênio que todos os críticos diziam que ele era. O filme se atém, a partir de então, ao conturbado diálogo entre Lipsky e DFW ocorrido durante os cinco dias da última turnê de lançamento de *Graça Infinita*.

No primeiro dia, Lipsky evita a frieza de um inquérito jornalístico; em vez disso, mostra-se interessado em algo como uma iluminação literária. Cauteloso, poucas vezes vai direto ao ponto, tentando antes decifrar o entrevistado. Mas embora Lipsky imaginasse deparar-se com um ser fora do comum, o indivíduo que ele conhece é apenas alguém que gosta de ir ao shopping, apaixonado por seus cachorros e complexado com a fama recente. Ao ser questionado sobre drogas, DFW precisa reiterar que o seu pior vício era o de assistir TV. Demonstrando desconforto, ele também tece poucas palavras sobre sua batalha contra a depressão. Não resta, enfim, nada de glamuroso ou excêntrico em sua vida. O recluso DFW só saía de casa para praticar dança numa igreja batista.

Só que o jornalista insiste em desconfiar de que a insegurança emocional de DFW, associada à sua bandana colorida, é um modo de despistar o gênio escondido. Mas o protagonista se recusa a dar respostas simples, preocupando-se a todo momento em como suas palavras poderiam soar e, pior, em como a percepção de Lipsky sobre suas palavras poderia ser recebida pelo público. Por sua vez, o jornalista acredita que DFW é arguto o suficiente para manter sua genialidade velada. Assim, a desconfiança de Lipsky passa a competir com a de DFW em relação ao seu interrogador. Eles chegam a brigar, o repórter o acusa de mentiroso, e o escritor veta o acesso aos pais e amigos para entrevistas complementares. No último dia, em ato de desespero, Lipsky aproveita a ausência do entrevistado e começa a vasculhar sua casa, registrando em seu gravador tudo o que vê, dos imãs da geladeira à capa de pano do vaso sanitário.

O filme se encerra frustrando qualquer expectativa, como a de Lipsky, por uma genialidade escondida por trás da máscara DFW. Mas a discussão que fica em aberto não é tanto acerca do peso da fama ou das ilusões em torno de um mito literário, mas sobre o quão legítimo era o esforço de DFW em não querer parecer o gênio que todos queriam ver nele. Porque embora seja nítida sua insatisfação para com essa imagem construída sobre ele (veiculada, no caso, por Lipsky), também é evidente sua diligência em parecer ingênuo. Esta é, afinal, a questão que Lipsky levanta em seu livro: ele era um gênio que se disfarça de ingênuo ou um ingênuo tratado como gênio? Não surpreende que essa questão tenha aborrecido alguns dos guardiões da honra de "St. Dave" (apelido dado pelos fãs), como a viúva Karen Green e o editor Michael Pietsch, que repudiaram o filme enquanto este ainda estava em fase de produção.

> David teria odiado a ideia se ele tivesse sido consultado, e o fato de que a produção pôde ser levada adiante porque ele está morto me deixa muito, muito triste. Qualquer um que tenha lido a obra de David sabe o quão atormentado ele se sentia em ser uma figura pública e sua avassaladora ansiedade de estar do lado errado da tela. A existência de uma mitificação dessa breve passagem de sua vida me parece uma afronta a ele e às pessoas que amam a sua escrita.[33]

Em contrapartida, levando em conta os muitos livros póstumos publicados com a assinatura de DFW, a escritora Maria Bustillos questiona: "Por que ainda se especula sobre a insondável questão do que Wallace teria ou não teria consentido se ainda estivesse vivo?".[34] De fato, não parece ser exatamente o consentimento do autor o que está em jogo. Antes de o filme começar a ser filmado, a viúva Karen Green chegou a oferecer a James Ponsoldt os direitos de qualquer livro de DFW, na esperança de que fosse a voz de Wallace, e não o olhar duvidoso de Lipsky, a ser transposta à tela. O advogado do Fundo Literário DFW, por sua vez, acusou o cineasta de estar desfrutando de uma reputação que não lhe pertence. Ao mesmo tempo, o escritor Glenn Kenny, em seu depoimento ao *The Guardian*, critica a caricatura de "um gênio que era simplesmente muito puro e sagrado para este mundo", e argumenta que o cineasta não estava sequer interessado em captar a sutil ambivalência que DFW cultivava em relação a si mesmo[35].

---

[33] Pietsch, Michael *apud* Zeitchik, Steven. "How 'End of the Tour' became a very David Foster Wallace kind of film". *Los Angeles Times*, 22 de julho de 2015. Disponível em: <http://www.latimes.com/entertainment/movies/la-ca-mn-tour-david-foster-wallace-20150726-story.html>. Acesso em maio de 2020.

[34] Bustillos, Maria. "The Dead Cannot Consent". *The Awl*, 24 de abril de 2014. Disponível em: <https://www.theawl.com/2014/04/the-dead-cannot-consent/>. Acesso em maio de 2020.

[35] Kenny, Glenn. "Why The End of the Tour isn't really about my friend David Foster Wallace". *The Guardian*, 29 de julho de 2015. Disponível em: <https://www.theguardian.com/books/2015/jul/29/why-the-end-of-the-tour-isnt-really-about-my-friend-david-foster-wallace>. Acesso em maio de 2020.

O que está em disputa, portanto, é exatamente o mote que sustenta o filme: as diferentes versões de um mesmo personagem — com o acréscimo do suicídio anunciado desde o início, um apelo sem o qual o filme soaria despropositado, como se não tivesse nada a dizer. A mensagem central, a princípio, não deixa de ser esta: quanto à genialidade e ao suicídio, DFW não tinha nada a dizer. Mas tal versão não é de todo plausível, caso contrário ele não se preocuparia tanto com o que diz, com o que ele não deveria ter dito, sobre como ele poderá ser interpretado etc. Logo, mais do que não ter nada a dizer, DFW queria provar que tudo o que se diz sobre ele está errado — como o próprio filme, alvo daqueles que se dizem autorizados a falar em nome de Wallace.

Entre versões e aversões, enfim, DFW mostra-se ora enigmático, ora dissimulado. Ele era um viciado em TV que criticava a corrosiva alienação televisiva. *Graça Infinita* fez dele um cânone literário e, ao mesmo tempo, um ícone pop. Além disso, era um sujeito angustiado, como sublinha Caetano Galindo: "Angustiado para se entender, para entender os outros, para entender como cada um de nós pode tentar entender os outros, como cada um pode entender como os outros tentam entender os outros, e nós e (aaargh!) assim por diante".[36] Mas, ao mesmo tempo, há algo de ambíguo em suas obsessões meticulosamente cultivadas, um mistério análogo à "graça" de Joelle van Dyne, personagem de *Graça Infinita*, cujo rosto, escondido por um véu após um acidente de ácido, é descrito ora como horripilante, ora como insuportavelmente belo.

A graça não reside apenas no que possui graça, pois também parte de quem a glorifica, tanto quanto de quem a renega. No fundo, toda graça não passa de acidente, ainda que o aspecto acidental também possa ser minuciosamente simulado. É como DFW dissimula em *O fim da turnê*: "Os escritores não são mais espertos do que as outras pessoas. Eles são apenas mais atraentes em sua estupidez ou em sua confusão".

****

Pensamos prolongar a vida de um romance com uma adaptação, e na verdade não fazemos outra coisa senão construir um mausoléu onde apenas uma pequena inscrição sobre o mármore lembra o nome de quem já não está mais ali.[37]

---

[36] Galindo, Caetano. "Eu e você segundo David Foster Wallace", op. cit., s. p.

[37] Kundera, Milan. *A cortina*: ensaio em sete partes. São Paulo: Companhia das Letras, 2006, p. 144.

Mais do que gênio ou ingênuo, DFW queria parecer "engenhoso", noção oriunda do latim *ingenium*: disposição inata de engendrar, compor, forjar. Somente a perspectiva romântica poderia cindir essa noção em duas: o gênio, de um lado, e a ingenuidade, de outro. Inversamente, DFW parece recompor um trocadilho mais antigo, algo próximo daquele que Homero estabelece na *Odisseia* entre a palavra *outis* (ninguém) e o termo *mètis* (astúcia)[38]. O célebre ardil de Ulisses em se denominar "ninguém" para enganar o Ciclope não se reduz a um mero disfarce (ele poderia ter adotado qualquer outro nome), mas se sobressai pela ambiguidade. DFW, por sua vez, embora não se faça de "ninguém", procura desvencilhar-se de tudo o que as pessoas atribuem ao seu nome. Mas, tal como Ulisses retornando à Ítaca disfarçado de mendigo, DFW sabe que a dissimulação é também um modo de ser flagrado, reconhecido, identificado.

Logo, compreender a dissimulação a partir daquilo que ela não é, ou seja, em oposição à identidade do autor que teria pleno domínio sobre tal procedimento, seria manter-se no jogo identitário ao qual DFW se furta. A dissimulação não pretende anular a identidade, mas torná-la clandestina, opaca, desconhecida. Trata-se de advogar pelo direito de ser outro, de renunciar aos seus próprios termos, cultivando certo anonimato parcial como estratégia para permanecer não identificável. Não que a manobra seja necessariamente enganadora, pois procede, antes, das condições paradoxais de uma identidade que só consegue constituir-se à medida que simula a si mesma. É uma questão de admitir o aspecto impessoal de dizer-se "eu", reconhecendo-o como um processo desde o início ficcional que torna possível toda forma de subjetividade.

Sob esse prisma, DFW talvez nunca tenha sido quem ele dizia ser. Mas quem ele dizia ser? Quem ele de fato era. Ora, seu esforço era o de evidenciar o disparate inevitável entre o que se diz e o que se é, revelando que aquilo que nos parece mais coeso ou coerente é exatamente o que pode haver de mais enganador. Eis a estranha sinceridade de DFW: ele fingia ser um personagem de si mesmo, descolando-se das expectativas em torno de si e retrocedendo a uma incoerência de fundo que lhe é constitutiva.

No entanto, não há personagem que não responda a um drama que o enreda: as narrativas construídas sobre o mito DFW são simultaneamente a condição e o reflexo de uma retórica dissimulada. Tal retórica, a princípio, parece operar de modo similar a uma anamorfose visual[39]. Nesses termos, a dissimulação wallaceana tende a despertar o inte-

---

38 Conforme vimos no capítulo 8 deste livro. Ver também: Gagnebin, Jeanne Marie. *Lembrar escrever esquecer*, op. cit., p. 35-37.

39 Trata-se de uma deformação óptica em que, "através do deslocamento do observador para um determinado ângulo, a imagem se torna reconhecível". Ferreira, Helena. "Entre a realidade e o engano: as anamorfoses na comunicação visual". *Visualidades*, v. 14, n. 1, p. 150-171, jan./jun. 2016, p. 154.

resse pela decodificação de uma mensagem oculta. Mas, olhando com atenção, nunca houve nada a ser decifrado, nenhuma imagem reconhecível. Em constante deslocamento, DFW está o tempo todo fingindo. Com efeito, considerando que "ficção" (do latim *fictio*) partilha etimologicamente do mesmo radical que "fingimento" (*fingere*), é possível encarar a dissimulação wallaceana como uma potência fabuladora, um modo peculiar de encenar, dramatizar e produzir a ambiguidade entre o inventado e o verossímil, entre o acidental e o intencional, entre a graça e o ardil.

Em *O fim da turnê*, DFW diz que não quer ser um desses *caras* em eventos literários dizendo "Sou escritor! Sou escritor!". Então ele se questiona: "E se eu acabar me tornando uma paródia disso mesmo?". Tarde demais: ao cometer suicídio, Wallace tornou-se imediatamente DFW.

11   Design e a tecnologia sexual

> A metafísica da falta, que certas teologias e certas formas de psicanálise compartilham, gostaria de nos convencer de que falta alguma coisa a todos nós. Dizem-nos que o mundo está em ordem porque às mulheres falta o pênis, porque aos homens falta os úteros/seios, porque aos homens e às mulheres falta o "falo transcendental" — ou o megadildo. Dizem-nos que aos animais falta a alma, e que às máquinas cibernéticas falta a carne e a vontade que as conexões elétricas vêm compensar com um excesso de informação... Não nos falta nada. [...] Não nos falta nem o pênis nem os seios. O corpo já é um território pelo qual órgãos múltiplos e identidades diversas cruzam. — Paul B. Preciado [1]

Em nenhum dos quatro volumes da *História da sexualidade*[2] Foucault aborda a sexualidade como uma questão isolada e autônoma, e sim como resultante de tudo o que historicamente a instituiu *ao seu redor*. A começar pela conjuntura do século XIX: a histerização do corpo feminino, a pedagogização do sexo da criança, a socialização reguladora das condutas de procriação e a psquiatrização do prazer perverso/desviante. No primeiro volume da *História da sexualidade*, tais questões são abordadas à luz de um processo maior que remonta a transformação da sociedade europeia do final do século XVIII, saindo de um regime de poder soberano em direção a um regime de poder disciplinador, até culminar no regime do biopoder — isto é, aquele que planeja e regula a vida a nível da população. Ultrapassando a esfera jurídica e o domínio punitivo, essa nova forma de poder torna-se uma tecnologia política por meio da arquitetura, estatística, demografia, projetos de saúde pública etc. até moldar o

[1] Preciado, Paul B. *Manifesto contrassexual*, op. cit., p. 209.
[2] O quarto volume, intitulado *Confissões da carne*, foi publicado em 2018 pela editora Gallimard.

próprio corpo do indivíduo moderno. Já o que vemos nos volumes posteriores da *História da sexualidade* é, em resumo, um longo recuo histórico à Antiguidade grega e judaico-cristã a partir de um novo interesse de investigação, aquele de um entrelaçamento das práticas de subjetivação com as técnicas de conduta/governo (como o cuidado de si e o poder pastoral).

Teresa de Lauretis reconhece que tais obras, embora centradas na noção de sexualidade, contribuíram para o entendimento do gênero não mais como uma propriedade *à priori* dos corpos, mas como um "conjunto de efeitos produzidos em corpos, comportamentos e relações sociais por meio do desdobramento de uma complexa tecnologia política".[3] No entanto, a autora feminista adverte que o olhar de Foucault é "androcêntrico" por não considerar as assimetrias de gênero, omissão esta que relegaria sua abordagem a um rol de teorias que "negam o gênero".[4] Aqui é necessário indagar: o fato de Foucault nunca ter falado em termos de "gênero" significa que ele de fato o negava? Lauretis parece se referir especificamente à negação da influência das relações sociais de gênero em um processo histórico de opressão sexual das mulheres. E o que Foucault de fato questiona é esse processo, não o gênero — que, sob o prisma foucaultiano, seria um dos elementos da *produção* (e não opressão) da sexualidade, ensejando o que Preciado chama de contrassexualidade:

> O nome contrassexualidade provém indiretamente de Michel Foucault, para quem a forma mais eficaz de resistência à produção disciplinar da sexualidade em nossas sociedades liberais não é a luta contra a proibição (como aquela proposta pelos movimentos de liberação sexual antirrepressivos dos anos setenta), e sim a contraprodutividade, isto é, a produção de formas de prazer-saber alternativas à sexualidade moderna.[5]

Se no primeiro volume da *História da Sexualidade* Foucault critica os discursos pautados na ideia de "opressão", é porque seus estudos apontam que, historicamente, o sexo (enquanto prática, categoria biológica, critério de identidade/diferença etc.) revela-se mais *produzido* do que *reprimido*, sendo este sistema de produção o que, junto às assimetrias de gênero, "autoriza a sujeição das mulheres como força de trabalho sexual e como meio de reprodução".[6] Foucault mostrou, por exemplo, como a histerização da mulher no século XIX decorria da ideia do sexo como, de um lado, propriedade do homem e, de outro, função do corpo da mulher. Significa que "é o dispositivo de sexualidade

[3] Lauretis, Teresa de. "A tecnologia do gênero". In: Hollanda, Heloísa Buarque (org.). *Tendências e impasses*: O feminismo como crítica da cultura. Rio de Janeiro: Rocco, 1994, p. 206-242, p. 208.
[4] Ibidem, p. 223.
[5] Preciado, Paul B. *Manifesto contrassexual*, op. cit., p. 22.
[6] Ibidem, p. 26.

que, em suas diferentes estratégias, instaura essa ideia 'do sexo' [...] É pelo sexo efetivamente [...] que todos devem passar para ter acesso à sua própria inteligibilidade".[7] Conforme sumariza Gayle Rubin,

> Foucault critica a visão tradicional da sexualidade como impulso natural da libido para se liberar da coerção social. Ele argumenta que os desejos não são entidades biológicas preexistentes, mas, em vez disso, são constituídos no decorrer de práticas sociais específicas ao longo da história. Foucault enfatiza mais os aspectos de organização social do sexo que seus elementos repressivos, ressaltando que novas sexualidades são constantemente produzidas.[8]

O panorama abreviado acima serve aqui para delimitar uma perspectiva teórica: o "sexo" não existe apartado de uma verdade e uma visualidade do sexo; por sua vez, "sexualidade" designa um conjunto de discursos e tecnologias de normalização sexual que, para Foucault, constitui o cerne da produção e do governo das subjetividades. O próprio prazer sexual só emerge, desse ponto de vista, enquanto efeito "tecnossomático" de uma dada sexualidade[9]. Donde as categorias de gênero, sexo biológico, identidade etc. são ressituadas como mecanismos, estratégias e usos em um sistema tecnológico mais amplo, aquele dos processos políticos, econômicos, médicos e jurídicos de naturalização do sexo. Em 1868, por exemplo, os termos "heterossexual" e "homossexual" foram pela primeira vez adotados enquanto categorias, precisamente quando Richard Von Krafft-Ebing criou uma enciclopédia das sexualidades normais e desviantes[10]. Essa verdade sexual, uma vez codificada visualmente ao modo de uma taxonomia anatômica, sustentaria as leis de criminalização da sodomia que se espalharam pela Europa no final do século XIX. Quanto à oposição biológica homem-mulher, hoje sua atribuição "poderia ser resumida a uma equação banal: ter ou não ter um pênis de um centímetro e meio no momento do nascimento".[11]

---

7 Foucault, Michel. *História da sexualidade I*, op. cit., p. 144, 145-146.
8 Rubin, Gayle. *Políticas do sexo*. São Paulo: Ubu, 2017, p. 78. Rubin acrescenta que "Foucault deixa bastante claro que não está negando a existência da repressão sexual, mas sim a inscrevendo dentro de uma dinâmica mais ampla" (p. 80).
9 Nos termos de Preciado, "o prazer não vem do corpo, seja masculino ou feminino, e sim da encarnação prostética, da interface, ali onde o natural e o artificial se tocam". Preciado, Paul B. *Manifesto contrassexual*, op. cit., p. 207.
10 Ver, a este respeito: Krafft-Ebing, Richard Von. *Psychopathia Sexualis*: The Classic Study of Deviant Sex. New York: Arcade, 1998.
11 Preciado, Paul B. *Testo Junkie*: Sexo, drogas e biopolítica na era farmacopronográfica. São Paulo: n-1, 2018, p. 77. Claro que, em termos biológicos, trata-se estritamente de cromossomos XY ou XX, mas o fato é que a análise cromossômica quase nunca é empregada para a identificação do sexo de um bebê. Ademais, no caso dos bebês "intersexuais" (outrora qualificados como "hermafroditas"), a configuração genética não implica necessariamente qualquer traço anatômico distintivo. Ver, a este respeito: Preciado, Paul B. *Manifesto contrassexual*, op. cit., p. 130-144.

Parece claro, pois, o quanto a dimensão discursivo-visual simultaneamente orienta e instaura o que entendemos por "sexo". Mas no presente capítulo, inspirado em Paul B. Preciado — que, além de ser foucaultiano, produziu uma filosofia diretamente ligada à vivência de uma sexualidade desviante (como, aliás, também foi o caso de Foucault) —, eu pretendo abordar a dimensão *tecnológica* (mais do que a discursivo-visual) da sexualidade, uma vez que é nessa dimensão que o design parece exercer sua função mais poderosa: a de materializar discursos e valores. Quanto a isso, não é difícil perceber, conforme já assinalei noutro momento[12], o quanto o design logra em consolidar e potencializar toda sorte de estereótipo normativo — a exemplo (óbvio) da sinalização de banheiros "masculino" e "feminino", isso sem falar na história da moda. Ao mesmo tempo, porém, esse mesmo processo pode engendrar, como que num *curto-circuito* (embora nunca imediato), possibilidades inesperadas de subversão dos mesmos valores que ele materializa, deslocando-os, reinterpretando-os e reinscrevendo-os — a exemplo do vibrador, projetado inicialmente com fins médico-terapêuticos para "crises de histeria".[13]

Dito de outro modo, o design é, por um lado, um dos elementos necessários à produção e à manutenção da normatividade sexo/gênero[14], mas também é o que possibilita, por outro, práticas contrassexuais, isto é, formas subversivas de sexualidade. Isso ao menos se considerarmos, com Preciado, que "a falha é constitutiva da máquina heterossexual".[15] E que "design" não se refere, aqui, ao campo disciplinar ou à prática efetiva dos designers, mas ao amplo processo de materialização de discursos e valores por meio de produtos, imagens, corpos e modos de ser. Devo também pontuar, ademais, que a obra de Preciado parece estar diretamente envolvida com tal acepção de design, na esteira do interesse do filósofo pela arquitetura, sua atuação como curador de arte e a depuração da tecnologia fármaco-sexual a partir da transformação de seu próprio corpo[16].

---

12 Ver, a este respeito: Beccari, Marcos N. "Discourse and place of speech in graphic/information design: Some philosophical considerations". *Information Design Journal*, v. 24, n. 1, p. 67-79, 2018.
13 Para uma história visual da histeria, ver: Didi-Huberman, Georges. *Invenção da histeria*: Charcot e a iconografia fotográfica de Salpêtrière. Rio de Janeiro: Contraponto, 2015.
Para uma história das tecnologias do corpo histérico, ver: Maines, Rachel P. *The Technology of Orgasm*: "Hysteria", Vibrators and Women's Sexual Satisfaction. Baltimore: John Hopkins University Press, 2001.
14 A expressão "sistema sexo/gênero" foi cunhada em 1975 por Gayle Rubin para assinalar a vinculação estrutural entre sexo e gênero por meio de dicotomias como homem-mulher, masculino-feminino e hetero-homo. Ver: Rubin, Gayle. "O tráfico de mulheres". In: ____ . *Políticas do sexo*, op. cit., p. 9-61.
15 Preciado, Paul B. *Manifesto contrassexual*, op. cit., p. 29-30.
16 Paul B. Preciado nasceu em 1970, na Espanha, sob o corpo e o nome de Beatriz Preciado. Após concluir o Mestrado em Filosofia pela New School for Social Research, além ▶

O SEXO COMO TECNOLOGIA

> [...] a expressão *techné* (forma abstrata do verbo *tikto*, que significa "engendrar", "gerar") remete ao mesmo tempo, em grego, a formas de produção artificial e de geração natural. A palavra grega para designar os geradores não é outra que *teknotes*, e para designar o germe, *tekton*. Como exemplo paradigmático de contradição cultural, a tecnologia recorre simultaneamente à produção artificial (onde *techné* = *poiesis*) e à reprodução sexual ou "natural" (onde *techné* = geração).[17]

É preciso esclarecer, antes de tudo, a noção de "tecnologia" e o sentido de dizer que o sexo é tecnológico. Note-se, de saída, como a maioria das técnicas associadas ao sexo tem como alvo o corpo das mulheres: os métodos contraceptivos, os medicamentos e tratamentos, a inseminação artificial, os procedimentos de aborto etc.[18] Não surpreende que as feministas foram as primeiras a inquirir essa subordinação tecnológica das mulheres. Sob esse prisma (que era pacífico até a publicação, em 1985, do *Manifesto ciborgue* de Donna Haraway), o *dildo* figura como instrumento emblemático do poder patriarcal: enquanto utensílio sexual que remete à forma-função fálica, o dildo foi interpretado amiúde como sintoma falocêntrico, como um "substituto" do pênis. Mas uma visita rápida a qualquer *sex shop* é o suficiente para notar que os dildos não têm necessariamente um formato fálico. E, de acordo com Preciado,

> A teoria lésbica separatista, que critica a utilização do dildo por sua cumplicidade com os signos de dominação masculina, ainda acredita na realidade do pênis como sexo. Nesse viés erótico hiperfeminilizante, a ausência que estrutura o corpo, fiel a um esquema corporal monocêntrico e totalizador, está de luto pelos resquícios do mesmo sistema falocêntrico que critica.[19]

Na contramão dessa perspectiva, o filósofo elege o dildo como noção central de seu *Manifesto contrassexual*, abrindo-o com o seguinte axioma: "um dildo não é um 'pinto de plástico', e sim, em que pesem as aparências, um pinto é um dildo de carne".[20] Ao estabelecer que o dildo antecede o pênis, sendo mesmo a sua origem e arquétipo ontológico, Preciado enfatiza a função paradoxal de um suplemento que

---

▶ de ter participado, a convite de Derrida, dos seminários da École des Hautes Études de Paris, Preciado doutorou-se em Teoria da Aquitetura pela Universidade de Princeton, sob a orientação de Beatriz Colomina. Hoje ele atua como curador e pesquisador do Museu de Arte Contemporânea de Barcelona e leciona em universidades de Paris, Barcelona e Nova York. Sua obra teórica debruça-se sobre o tema geral da tecnopolítica do sexo a partir de uma escrita autobiográfica — ou melhor, como o filósofo esclarece no início de *Testo Junkie*: "Este livro não é uma autobiografia, mas um protocolo de intoxicação voluntária à base de testosterona". Preciado, Paul B. *Testo Junkie*, op. cit., p. 13.

17 Preciado, Paul B. *Manifesto contrassexual*, op. cit., p. 150.
18 E o fato de ainda não existir, por exemplo, uma versão do Viagra para mulheres corrobora esse ponto.
19 Ibidem, p. 151.
20 Ibidem, p. 19, nota 2.

produz aquilo que supostamente vem a suplantar. Isso considerando, em primeiro lugar, a seguinte constatação de Teresa de Lauretis: se no imaginário heterossexual a "boneca inflável" é o correlato do dildo, é menos por ela imitar o corpo feminino do que por modelá-lo aos costumes masculinos — restando evidente, ademais, a assimetria de um mercado em que homens podem comprar uma cópia da totalidade do corpo feminino, enquanto as mulheres devem se contentar com uma (suposta) réplica do pênis[21]. Nessa constatação, contudo, o dildo mostra-se mais como um significante crítico, e ainda não propositivo. Então Preciado nos indaga: e se o dildo não for apenas a réplica de um único membro? De fato, se suspendermos a distinção entre o orgânico (carne) e o inorgânico (plástico), o dildo se revela como uma tecnologia sexual tanto quanto as mãos, a língua, o chicote, as algemas, a "cinta caralha", os lubrificantes e o próprio pênis.

A questão é que, "se o pênis é para a sexualidade o que Deus é para a natureza, o dildo torna efetiva, no domínio da relação sexual, a morte de Deus anunciada por Nietzsche. [...] Torna-se necessário filosofar não a golpes de martelo, e sim de dildo".[22] Mais do que uma crítica ao patriarcado, trata-se aqui de uma proposição que *dinamita* a heteronormatividade a partir de seu interior, explicitando a arbitrariedade e a artificialidade de um membro privilegiado que se faz passar por matéria-prima do sexo. Pois se o dildo não funciona do modo que se espera, como mero "consolo" ou substituto peniano, é porque o seu uso ocorre à maneira imprevisível de um prazer plástico: "Não há orifício que lhe esteja naturalmente reservado. A vagina não lhe é mais apropriada que o ânus".[23] Longe de encerrar, com efeito, a identidade sexual ou de gênero de quem o utiliza, o dildo é um objeto móvel que, pela reversibilidade de seu uso, dissolve a estabilidade binária das posições passiva e ativa — e, de forma mais concreta e irreversível, ameaça a premissa do corpo orgânico enquanto meio próprio da sexualidade.

Em outras palavras, o dildo nos permite compreender o sexo enquanto *tecnologia* — noção esta que Foucault passa a valorizar no final dos anos 1970, após ter detalhado a ideia de micropoder como fluxo produtivo que circula nos diversos níveis da sociedade, do nível abstrato do Estado ao da corporalidade. A tecnologia é então definida como um complexo de poder-saber que conjuga discursos e dispositivos, corpos e instrumentos, códigos e gestos para a regulação dos regimes de verdade. Tal concepção passa ao largo da compreensão redutora da tecnologia enquanto domínio das máquinas e do progresso científico, assim como

21 Ver, a este respeito: Lauretis, Teresa de. *The Practice of Love*: Lesbian Sexuality and Perverse Desire. Indianapolis: Indiana University Press, 1994, p. 101.
22 Preciado, Paul B. *Manifesto contrassexual*, op. cit., p. 80.
23 Ibidem, p. 83.

excede o conjunto de técnicas aplicadas ao corpo feminino para fins de opressão patriarcal. Mesmo porque Foucault já havia mostrado que o controle mais eficaz da sexualidade não ocorre na forma de repressão, e sim pela produção de diferentes desejos e prazeres que supostamente emanam de predisposições naturais e que são assimilados como "identidades sexuais". Ademais, é cada vez mais difícil localizar onde terminam os "corpos naturais" e onde começam as "tecnologias artificiais", sobretudo em se tratando de implantes, marca-passos, hormônios, transplantes de órgãos, a gestão médico-química do sistema imunológico afetado pelo HIV etc.

Em última análise, nunca foi simples isolar os corpos da tecnologia que os fazem "funcionar". O próprio termo "órgão", afinal, deriva do grego *ergon*: uma parte necessária ao funcionamento de determinado processo ou atividade. Nesse sentido, em que medida um martelo, que prolonga a mão, ou um telescópio, que estende o alcance do olho, não seriam órgãos? Como argumenta Preciado, os órgãos humanos têm sido há muito tempo visualizados como *próteses*, tanto quanto as máquinas foram concebidas como *organismos*. Ao longo do século XX, em especial, as próteses tornam-se cruciais não apenas na cadeia de produção industrial (possibilitando a reintegração dos corpos mutilados nas guerras), como também para explicitar o caráter prostético de um corpo que, podendo ser reconstruído, também pode ser desconstruído, deslocado, incrementado — ao mesmo tempo em que a prótese *excedia* o perímetro corporal:

> Como prótese do ouvido, o telefone permite a dois interlocutores distantes estabelecer comunicação. A televisão é uma prótese do olho e do ouvido que permite a um número indefinido de espectadores compartilharem uma experiência ao mesmo tempo comunitária e desencarnada. O cinema poderia ser pensado retroativamente como uma prótese do sonho. [...] A arquitetura, os automóveis e outros meios de transporte são também próteses complexas com as quais outras próteses-da-sensibilidade, com seus sistemas e redes de comunicação, do telefone ao computador, podem ser conectadas.[24]

Com efeito, toda prótese enseja uma nova atividade que requer, por sua vez, ser tecnologicamente suprida. A máquina de escrever é elucidativa quanto a isso: inventada originalmente para que pessoas cegas pudessem se servir de uma escrita mecânica, logo instauraria a prática de escrever "sem olhar as teclas", conforme ensinavam os cursos de datilografia. Ou seja, projetada num primeiro momento para remediar uma falta, a prótese termina por criar um novo modo de agir (e de ser), ao ponto

[24] Ibidem, p. 164-165.

de nos sentirmos "incompletos" quando nos desconectamos dela. Retomando o domínio sexual, um caso quase análogo ao da máquina de escrever reside na tecnologia da reprodução *in vitro*: inicialmente desenvolvida para compensar uma "deficiência" da chamada "procriação natural", essa tecnologia revelou que o coito heterossexual não é o único meio possível de reprodução. Mediante, pois, esse potencial das próteses em transformar nossas práticas e a própria compreensão do que somos, Preciado propõe que "o sexo e o gênero deveriam ser considerados como formas de incorporação prostética".[25]

Essa proposta é consoante à de Donna Haraway em seu *Manifesto ciborgue*, cuja metáfora central remete a um sistema aberto de próteses elétricas e orgânicas. O ciborgue não é um robô ou um computador, mas um organismo vivo, maleável e passível de reconstruções; por conseguinte, a "política ciborgue" contesta as tradicionais concepções de corpos e modos de vida por meio da explicitação dos inúmeros arranjos possíveis de subjetividade e de organismos[26]. Desta abordagem, o que mais interessa a Preciado é a contundência de Haraway em se desviar do identitarismo, voltando-se aos modos pelos quais o corpo ao mesmo tempo é e pode ser (re/des)construído como "identidade".

Remetendo-se também a Gayle Rubin, em sua ênfase à materialidade da produção corpo-sexual, Preciado empreende uma história *queer* da sexualidade[27], no sentido de "reconstituir o lugar que o dildo ocupa na complexa trama de tecnologias de produção, de poder e, finalmente, de tecnologias do eu", além de insistir que "nenhum instrumento de dominação está a salvo de ser pervertido e reapropriado no interior do que chamarei, seguindo as intuições de Foucault, de distintas 'práticas de resistência'".[28] É por esse caminho que Preciado traçou, ainda enquanto se chamava Beatriz, uma "breve genealogia do orgasmo feminino" a partir de duas tecnologias aparentemente opostas que, do final do século XVIII até meados do século XX, se desenvolveram lado a lado: a da repressão da

---

25 Ibidem, p. 166. Tal asserção implica, diga-se de passagem, uma crítica severa: "Estou sugerindo que, talvez, se as hipóteses do chamado 'construtivismo de gênero' foram aceitas sem produzir transformações políticas significativas, pode ser exatamente porque tal construtivismo não só mantém como depende de uma distinção entre sexo e gênero que torne efetiva a oposição tradicional entre cultura e natureza e, por extensão, entre tecnologia e natureza. A necessidade de lutar contra as formas normativas de essencialismo de gênero de toda espécie teria feito o feminismo e o pós-feminismo dos anos noventa vítimas de suas próprias depurações discursivas". Ibidem, p. 94.
26 Ver, a este respeito: Haraway, Donna. "Manifesto ciborgue: Ciência, tecnologia e feminismo-socialista no final do século XX". In: Tadeu, Tomaz (org.). *Antropologia do ciborgue*: As vertigens do pós-humano. Belo Horizonte: Autêntica, 2009, p. 33-118.
27 Isto é, uma história a partir de um ponto de vista *queer*, o que é diferente de uma história da sexualidade *queer* (enquanto temática).
28 Preciado, Paul B. *Manifesto contrassexual*, op. cit., p. 98.

masturbação e a da cura da histeria. Parece-me pertinente, pois, contextualizar tal genealogia num panorama mais amplo, embora aqui abreviado: aquele da invenção do próprio (hetero)sexo.

A INVENÇÃO DO (HETERO)SEXO

> As teorias aristotélicas da procriação humana falam do esperma como um líquido que contém "homens *in nuce*", "homúnculos" que devem ser depositados no ventre passivo da mulher. Essa teoria, que não foi refutada até a descoberta dos ovários no século XVII, entendia a procriação como uma tecnologia agrícola dos corpos, na qual os homens são os técnicos e as mulheres campos naturais de cultivo.[29]

Em *Making Sex*, o historiador Thomas Laqueur descreve como, no século XVII, a anatomia sexual ainda era concebida em termos de um "sistema de similaridades" com base no corpo masculino: os ovários eram considerados os testículos internos, e a vagina, o receptáculo perfeito para acolher o pênis[30]. Trata-se, portanto, de um modelo "monossexual" que faz do corpo feminino mero arranjo reprodutivo, de sorte que mulheres incapazes de engravidar, ou de amamentar e cuidar de uma criança, eram consideradas "menos" mulheres que as demais. É deste modo que o sexo e a sexualidade (termo que, contudo, não existe antes de 1880) tornam-se tecnologias somatopolíticas, isto é, que se materializam e funcionam no corpo humano. A partir de então, o trabalho e a sexualidade conjugarão progressivamente um mesmo circuito ergo-econômico.

No começo do século XVIII, essa tecnologia passa a funcionar mais como um "sistema de diferenças" do que de similaridades: a anatomia feminina deixa de ser uma sombra suplementar do homem para ser lida exclusivamente em sua função de procriação[31]. Para Laqueur, foi somente nesse novo sistema que o homem e a mulher se tornam propriamente identidades sexuais — antes, afinal, havia apenas o homem e um receptáculo reprodutivo. É também no século XVIII que foram publicados dois tratados clássicos que, para qualificarem a masturbação como patologia e vício moral, criaram a retórica do "abuso de si" e do risco de perda excessiva dos fluidos corporais. Não por acaso, supunha-se que

---

29 Ibidem, p. 150.
30 Laqueur, Thomas. *Making Sex*: Body and Gender from the Greeks to Freud. Cambridge: Harvard University Press, 1992, p. 63-108.
31 Donna Haraway, em sua análise dos tratados de primatologia do século XIX (tributários a esse "sistema de diferenças" que emerge no século XVIII), assinalou como a masculinidade foi frequentemente descrita em função de sua aptidão em fabricar instrumentos e construir coisas, enquanto a feminilidade foi definida em função de sua disponibilidade sexual. Ver, a este respeito: Haraway, Donna. *Primate Visions*: Gender, Race and Nature. New York: Routlegde, 1998, p. 9.

tal risco seria mais agravante no corpo feminino, posto que a mulher já expele sangue regularmente em decorrência de sua natural "função de procriação".

Mas o real "perigo" da masturbação era, claro, o de subtrair os corpos da tecnologia heterossexual, donde a necessidade de se produzir todo um conjunto de técnicas para disciplinar a mão masturbadora. De fato, como Foucault nos relata no curso *O poder psiquiátrico*, houve uma proliferação de instrumentos de punição corporal no final do século XVIII: a camisa de força, as algemas, os colares com espinhos internos etc.[32] Ao mencioná-los, Foucault ressalta as transformações, entre os séculos XVIII e XIX, não desses instrumentos, mas da função atribuída a eles. Antes do século XIX, eles exerciam funções de bloqueio, tortura e marcação de estigmas permanentes, e depois os mesmos instrumentos tornam-se *ortopédicos*, isto é, entendidos como meios de corrigir e adestrar o corpo. Mais precisamente, adquirem três características: são feitos para uso contínuo; precisam continuar surtindo efeito quando retirados; são homeostáticos (quanto mais se resiste a eles, mais fazem efeito).

A passagem para o século XIX, como insistia Foucault, inaugurou um ambiente propício ao disciplinamento populacional: paralelamente à gestão política da sífilis (transformada em signo de prostituição), as diferenças sexuais já estavam cientificamente normatizadas, a ponto de se atribuir traços anatômicos e psicológicos, por exemplo, à homossexualidade, ao sadismo, à sodomia e à pedofilia. O fundamental era tornar visível a diferença entre normalidade e perversão — mesmo porque a burguesia europeia, reciclando um velho hábito aristocrático, buscava a todo custo prevenir-se do contágio sexual e, em especial, da contaminação colonial[33]. Se antes as práticas sexuais não reprodutivas (do onanismo ao sexo oral e anal) eram apenas reprovadas, a partir de então elas são registradas, estudadas, perseguidas e pretensamente "curadas". Afinal, é nesse contexto que emerge a figura que Foucault denominou de "o indivíduo a corrigir", o qual se estende da criança masturbadora ao monstro sexual[34].

No âmbito da visualidade, a imagem do onanismo passou, ao longo do século XIX, do estereótipo da jovem mulher que deveria ser protegida de sua obsessão tátil para o do perverso masturbador homossexual, cujo desinteresse pela procriação ameaçava o futuro da espécie[35]. Já na esfera do design, a fabricação dos aparelhos antionanistas (existentes desde o século XVI)[36] assume uma dimensão inusitada

32 Ver, a este respeito: Foucault, Michel. *O poder psiquiátrico*, op. cit., p. 130-133.
33 Ver, a este respeito: Hardt, Michael; Negri, Antonio. *Império*. Rio de Janeiro: Record, 2001, p. 151-153.
34 Ver, a este respeito: Foucault, Michel. *Os anormais*, op. cit., p. 43-58.
35 Ver, a este respeito: Rosario, Vernon A. *The Erotic Imagination*: French Histories of Perversity. New York: Oxford University Press, 1997.
36 Ao menos em termos formais, tais aparelhos são muito similares aos cintos de castidade (em sua forma de armadura ou ▶

nos Estados Unidos, onde indústrias como a Graham's Flour (de farinha) e a Kellogg's Corn Flakes (de cereais) lideravam a "produção de diversos instrumentos tecnológicos dedicados a regular as práticas domésticas, uma produção da vida comum que vai do café da manhã aos regimes do tato sexual, do Kellogg's Corn Flakes aos cintos antimasturbatórios",[37] sendo estes majoritariamente masculinos. E considerando que tais aparelhos logo incorporaram um sistema de eletrodos para evitar a ereção espontânea, Preciado os relaciona às técnicas de indução do orgasmo feminino por estimulação elétrica:

> Se por um lado a masturbação foi condenada pela Igreja a partir do Renascimento, para depois ser patologizada pela medicina no século XVII e, em seguida, tecnicamente reprimida durante o século XIX e XX mediante o uso de aparelhos mecânicos (e mais tarde elétricos), a histeria, paralelamente, será construída como uma doença feminina e um conjunto igualmente numeroso de aparelhos será posto em funcionamento para permitir a produção técnica da chamada "crise histérica".[38]

Nesse registro, Preciado localiza num tratado clínico de Pierre Briquet, publicado em 1859, a ideia germinal do vibrador a partir do chamado tratamento de "titilação do clitóris", que tinha a desvantagem de demandar sessões muito longas e exaustivas — até os anos 1880, quando o vibrador foi propriamente inventado[39]. E novamente os Estados Unidos estavam na vanguarda tecnológica em virtude do advento, em 1888, do primeiro vibrador manual de uso doméstico. O aparato não fazia alusão alguma ao formato fálico, tornando-se popular graças a um convidativo pôster que trazia a imagem de uma ninfa, no estilo clássico de Botticelli, voando no céu noturno por ocasião do vibrador que ela porta e que a eleva. Seu slogan: "Boas notícias para todos os homens e mulheres. A maior descoberta médica já conhecida. *Dr. John Butler's Electro-Massage Machine*, ou manipulador elétrico para curar doenças em casa".[40]

Não podemos perder de vista que o orgasmo assim obtido continuava a ser visto como resultado de uma "crise histérica" (a própria noção de "orgasmo" sempre denotou uma convulsão abjeta), e que o diagnóstico da histeria indicava, até meados do século XX, um misto de melancolia, neurastenia, frigidez e tendência ao lesbianismo — ou seja, traços de "anomalia" (hetero)sexual. Não havia qualquer

▸ blindagem), embora sua função tenha se transformado a partir do século XVIII: o que antes servia para evitar a relação heterossexual passa a impedir o contato da mão com as genitais.
37   Preciado, Paul B. *Manifesto contrassexual*, op. cit., p. 104-105.
38   Ibidem, p. 110.
39   Os primeiros aparelhos, cabe destacar, eram usados exclusivamente por médicos, tinham o porte de cadeiras vibratórias e contavam com um sistema eletromecânico centrífugo, o chamado *trunk-shaking*, que produzia massagens rítmicas tanto no clitóris quanto nos outros músculos da região pélvica.
40   No original: "Glad tidings for all men e women. The greatest medical discovery ever known. Dr. John Butler's Electro-Massage Machine, or eletric manipulator for curing disease at home". Ver: Maines, Rachel P. *The Technology of Orgasm*, op. cit., p. 14.

lugar, afinal, reservado ao prazer feminino nas teorias biológicas de reprodução da espécie. Com efeito, se os vibradores rapidamente passaram da cadeira clínica para a cama matrimonial, foi justamente para redobrar a submissão das mulheres, sujeitando-as simultaneamente ao diagnóstico de uma doença pressuposta e às "necessidades" de seus maridos.

Segundo Preciado, no entanto, foi também nessa confluência entre o trabalho médico e a pressão matrimonial que, como em "uma espécie de faca de dois gumes", as mulheres puderam descobrir o prazer sexual.[41] O que aí se "descobre", não obstante, não é nenhum impulso natural, e sim a reação mecânica produzida por um sistema elétrico com precisão científica. Essa redução do prazer a um procedimento técnico instaurou um desvio imprevisto na tecnologia heteronormativa: a produção eficaz do prazer sexual fora da relação heterossexual. É por isso que, como Preciado postula assertivamente, tanto o dildo quanto o vibrador nunca funcionaram como substitutos do pênis, mas como próteses da mão masturbadora. De fato, o pênis jamais foi capaz de "vibrar", tampouco de manter-se à disposição por tempo indeterminado; por sua vez, a masturbação foi eletricamente potencializada justamente pela tecnologia que visava reprimi-la. Mesmo a chamada "cinta peniana", apesar do nome e da aparência, também se afasta do pênis ao funcionar, a um só tempo, como "mão enxertada no tronco e extensão plástica do clitóris".[42] É nessa lógica que, de modo geral, uma série de artifícios inicialmente projetados para fins de repressão médica, doméstica, religiosa etc. será apropriada e ressignificada, desde o início do século passado, pelas subculturas gay, lésbica e sadomasoquista.

Ao insistir nesse tipo de inflexão tecnopolítica, Preciado quer evidenciar não apenas que as técnicas e os instrumentos não determinam nem são determinados por seus usos e funções, mas sobretudo que, *pari passu*, as identidades de sexo/gênero não são inerentes aos corpos. Tais identidades funcionam como próteses na medida em que são sempre *incorporadas* e, por conseguinte, podem ser desmontadas, remanejadas e reconstruídas[43]. Mas tal sorte de manobra — ou, mais precisamente, "design" —, por mais que possa efetivamente atravancar a máquina heteronormativa, não emerge por fora ou de maneira completamente estranha a essa máquina, e sim como uma espécie de *efeito colateral* que traz consigo usos e resultados imprevistos em torno daquilo que permanece uma mesma técnica, um mesmo corpo, uma mesma materialidade[44].

41 Preciado, Paul B. *Manifesto contrassexual*, op. cit., p. 113.
42 Ibidem, p. 121.
43 "A prótese pertence por um tempo ao corpo vivo, mas resiste a uma incorporação definitiva. É separável, desenganchável, descartável, substituível". Ibidem, p. 163.
44 Tanto é que, por exemplo, os "cintos antimasturbatórios desenhados para evitar o acesso da mão às genitais surpreendem por sua semelhança com as cintas penianas contemporâneas". Ibidem, p. 109.

Se, como vimos, a invenção e a manutenção da heterossexualidade sempre dependeram da negação das diversas formas de "perversão" sexual, as tecnologias heteronormativas carregam desde o início o germe (*tekton*) das sexualidades alternativas, a exemplo das "perversões" que protagonizam o universo pornográfico. Mas não é somente nesse lucrativo e inesgotável complexo industrial (universalmente visível e acessível, mas sobre o qual não se pode falar) que residem os curtos-circuitos em potencial. Se olharmos com atenção, veremos a artificialidade e o lado estranho da heterossexualidade em toda parte onde ela se faz presente, desde os contos de fada infantis, passando pelo matrimônio, pelas instituições religiosas, até chegar no discurso médico — conforme demonstra Preciado em sua análise detalhada das controvérsias implicadas nos procedimentos médicos para se verificar se um bebê é macho ou fêmea[45]. Significa, em suma, que o sexo foi inventado, desenhado e materializado ao mesmo tempo como prática, como categoria biológica e, sobretudo, como motor próprio de uma sociedade heterocentrada. De sorte que a heterossexualidade talvez seja o design mais bem-sucedido da história, dada sua persistência ao longo do tempo; desde o século passado, no entanto, ela tem se revelado um modelo frágil e oneroso para a (re)construção de corpos-sexuais.

O DESIGN PROSTÉTICO-SEXUAL

> Essa maquinaria sexo-prostética é relativamente recente e, de fato, contemporânea da invenção da máquina capitalista e da produção industrial do objeto.[46]

O período em que desponta a fabricação de vibradores, no início do século XX, precede em poucas décadas o momento no qual a medicina começa a desenvolver numerosas próteses em decorrência da Primeira Guerra Mundial. Com isso, e como que a contragosto, a noção de "masculinidade" se tornará (ou se revelará) progressivamente prostética. As primeiras próteses masculinas, à diferença do vibrador, não tinham fins terapêuticos. Elas foram projetadas precisamente para transformar um ex-combatente amputado em um trabalhador industrial. Jules Amar, pioneiro do campo da ergonomia, publicou em 1916 o tratado *La Prothèse et le travail des mutiles* ("A prótese e o trabalho dos mutilados"), que apresenta o design inovador das chamadas "próteses funcionais", cuja falta de semelhança com a anatomia humana se justificava pela otimização da interação

---

45   Ver: ibidem, p. 123-144.
46   Ibidem, p. 30.

homem-máquina. Essas próteses, ademais, não contemplavam órgãos sexuais, focando-se em pernas-pedaladoras, braços-alavancas e mãos-pinças. Ora, não incluir nessa reabilitação "funcional" os soldados que perderam o pênis implica considerá-los, ainda que noutra dimensão do trabalho, "disfuncionais".

Mas detenhamo-nos no fato de que, embora hoje prevaleçam as chamadas "próteses plásticas" (de finalidade estética), sobretudo aquelas associadas à feminilidade (como os seios de silicone), historicamente foi o corpo masculino o primeiro a ter sido reconstruído prosteticamente. Já na Segunda Guerra Mundial, como se sabe, as mulheres norte-americanas foram incumbidas de trabalhar nas fábricas, além de continuar cuidando dos filhos e das "tarefas do lar". O bom desempenho dessas trabalhadoras revelou não só que elas sempre tiveram a mesma capacidade "braçal" dos homens, como também que era possível viver muito bem sem eles. Assim se iniciou uma guinada irreversível: quando os soldados retornaram aos lares, era como se ninguém mais estivesse os esperando. Suas esposas já estavam "munidas" com a mesma comida enlatada que os alimentava na guerra, e os divórcios cresciam no mesmo passo em que afloravam as comunidades gays, de São Francisco a Nova York, preparando terreno para a revolução da pílula contraceptiva.

É preciso lembrar que, nesse contexto, a tecnologia bélica foi transformada em tecnologia de consumo com a mesma velocidade que a TV passou a transmitir imagens coloridas. Não surpreende, por exemplo, que os designers Charles e Ray Eames tenham obtido notoriedade a partir dos anos 1950: após terem produzido as macas do exército norte-americano, eles projetaram um amplo leque de mobiliário doméstico a partir da mesma técnica/processo que eles adotavam durante a guerra (moldagem de madeira acoplada a peças de aço pré-fabricadas). De forma análoga, a fabricação a baixo custo do plástico moldado, processo que já abrangia praticamente todos os objetos de consumo, serviu-se do ritmo acelerado de produção que outrora as indústrias empregavam nas metralhadoras e nos mísseis. E se o plástico também pôde se infiltrar na carne das(os) transexuais, é porque ele já estava "encarnado", como ironiza Preciado, na esfera do entretenimento: "os novos protótipos hollywoodianos de masculinidade e feminilidade já eram tão artificiais que ninguém teria sido capaz de apostar um dólar para demonstrar que Elvis não era um *drag king* ou Marilyn uma transexual siliconada".[47]

Com efeito, desde quando Jules Amar explicitou, com seus operários prostéticos, que a masculinidade é tecnologicamente construída, a máquina capitalista teve que se ajus-

[47] Ibidem, p. 203. O termo *"drag king"* designa a prática feminina que corresponde à *"drag queen"* (prática de performar e se travestir como mulher).

tar para pôr a plasticidade dos corpos a serviço de uma nova forma de consumo — o que coincide, por exemplo, com a fundação da revista *Playboy* em 1953, cujo conteúdo não se reduzia a entretenimento erótico, abarcando antes uma nova pedagogia orientada ao homem solteiro (ainda que seu público seja desde o início composto majoritariamente por homens casados). Em sua tese de doutorado acerca da *Mansão Playboy*, Preciado mostra como o hedonismo extremo de Hugh Hefner (fundador e editor-chefe da revista durante quatro décadas) era indissociável de um regime "farmacopornográfico" regado a pílulas contraceptivas (para as *Playmates* que habitavam a mansão) e anfetamina (dentre outras drogas nas quais Hefner era densamente viciado).[48]

É nesse mesmo período que, por outro lado, Preciado localiza a emergência da "lésbica *butch*", isto é, a mulher homossexual assimilada, a princípio, como posição ativo-masculina em contraste com a chamada "lésbica *femme*" — mas, como salienta o autor, essa dicotomia heteronormativa se diluirá progressivamente sob a forma de práticas *queer*. A *butch* nasce, segundo Preciado, diretamente do ambiente industrial em que, durante a guerra, as mulheres descobriram não apenas uma habilidade inesperada de se acoplar com a máquina, como também o fato de que os modos de produção não estão naturalmente vinculados aos homens. A partir de então, "como uma espiã indiscreta, [a *butch*] irrompe na fria sala na qual o casal heterossexual assiste televisão e cria seus filhos", e sai em busca não só da *femme*, como também de novos órgãos prostéticos: "primeiro o dildo, depois os hormônios, a própria carne".[49]

Apesar das aparências, a *butch* nunca foi algo como uma masculinidade alternativa. Pois, como relata Preciado, é sempre a *femme* quem carrega o dildo na bolsa, de modo que "a *butch* come a *femme* com o dildo que esta lhe deu"[50] — e se, como vimos, o dildo é uma prótese da mão masturbadora, e não do pênis, a mão experiente da *butch* vem a servir de força motriz a uma prótese momentaneamente partilhada. Assim, a *butch* descobriu que é possível obter/fornecer prazer sexual a partir de um órgão que não lhe pertence. Não demoraria muito para descobrir, por conseguinte, que todos os gêneros são prostéticos, à medida que podem ser casualmente incorporados. E por mais que essa dinâmica possa parecer pós-humana ou pós-evolutiva, a *butch* logo soube que ela não é nenhuma "exceção" da natureza; está apenas consciente do caráter ciborgue de todo corpo e identidade: o macho halterofilista não é menos prostético que um(a) travesti, que por sua vez não é menos artificial do que o corpo santo de uma freira.

---

48 Ver, a este respeito: Preciado, Paul B. *Pornotopia*: an essay on Playboy's architecture and biopolitics. New York: Zone Books, 2014.
49 Preciado, Paul B. *Manifesto contrassexual*, op. cit., p. 206.
50 Ibidem, p. 208.

Dito de outro modo, a *butch* talvez tenha sido a primeira a praticar deliberadamente um design prostético de corpos e sexualidades. Mas, conscientes ou não, todos nós também o praticamos, em variados níveis, quando ingerimos um antibiótico, cortamos o cabelo, fazemos um transplante de medula óssea ou uma mera tatuagem. E isso implica "liberdade" na mesma medida em que nos sujeita, precisamente, a um regime biopolítico de produção e regulação dos modos de vida. Em todo caso, parece-me que tanto Foucault quanto Preciado interessam-se mais pelas fissuras, pelas brechas da ordem, pelo ponto em que as coisas começam a deixar de ser ou parecer aquilo que supostamente sempre foram. O que culmina em certo princípio de design: não existe natureza por trás das coisas, das técnicas e das práticas. O humano é fruto do fazer humano.

O design se dá por meio de normas e identidades que atribuem autoridade a certos discursos e modos de viver. Mas toda normalidade é definida pelas margens: os corpos desajustados, os não-adaptados, os desviantes e os invisíveis. O design que os marginaliza é o mesmo que, geralmente sem o saber, viabiliza o gesto marginal. Foi nesse sentido que, nos anos 1980, Robert Venturi afirmou que a arquitetura devia aprender com Las Vegas. E que, nos anos 2000, Preciado postulou que a filosofia deveria aprender com o dildo. Hoje, já está mais do que na hora de, no design, aprendermos com as próteses.

Coordenadas para além dos arredores

Há um otimismo que consiste em dizer: de todo modo, isso não pode ser melhor. Meu otimismo consiste mais em dizer: tantas coisas podem ser mudadas, frágeis como são, ligadas a mais contingências do que necessidades, a mais arbitrariedades do que evidências, mais a contingências históricas complexas mas passageiras do que a constantes antropológicas inevitáveis... você sabe dizer: somos muito mais recentes do que cremos, isto não é uma maneira de abater sobre nossas costas todo o peso de nossa história, é mais colocar à disposição do trabalho que podemos fazer sobre nós a maior parte possível do que nos é apresentado como inacessível.   — Michel Foucault [1]

Como dito na Introdução, o meu objetivo com este trabalho foi traçar algumas coordenadas para a investigação do discurso e da visualidade a partir de Foucault. Isso considerando, em primeiro lugar, que ele próprio gostava de encarar a sua obra como uma "caixa de ferramentas" ou um "arsenal conceitual" [2] — e, como defende Jeffrey Nealon, levar a sério essa ideia significa pensar para além do que Foucault pensou, levando sua filosofia "a domínios que ele nunca poderia ter analisado".[3] No caso do presente trabalho, até o momento eu procurei preservar, em vez de tentar esquematizar, a dispersão que caracteriza o legado de Foucault (manifesta no enorme *corpus* de textos esparsos que foram reunidos sob o título de *Ditos e escritos*), uma vez que o seu ferramental é avesso a um uso sistemático ou programático. Ao contrário, pois, do que se costuma entender por "ferra-

---

[1] Foucault, Michel. "É importante pensar?". In: _____ . *Ditos e Escritos VI*: Repensar a política. Rio de Janeiro: Forense Universitária, 2010, p. 358.
[2] "Eu fabrico instrumentos, utensílios e armas. Eu gostaria que meus livros fossem algo como uma caixa de ferramentas, na qual os outros pudessem procurar e aí encontrar uma ferramenta com a qual pudessem fazer o que lhes parecesse melhor em seus próprios delírios. Eu não escrevo para um público, eu escrevo para usuários, não para leitores". Foucault, Michel. *Ditos e Escritos VII*, op. cit., p. 344.
[3] Nealon, Jeffrey T. *Foucault Beyond Foucault*: Power and Its Intensifications since 1984. Stanford: Stanford University Press, 2008, p. 7.

menta", o pensamento foucaultiano opõe-se à busca metódica por "solução" e, no lugar, insiste na tarefa de *problematizar*. Significa não querer resolver nem reformar nada, mas restituir a crítica enquanto princípio radical — no sentido de voltar-se, inclusive, contra si — nos jogos da produção do saber.

É preciso igualmente sublinhar, em segundo lugar, que tal abordagem se forja e se modela a partir daquilo sobre o que, pontualmente, se debruça. Daí porque Foucault era movido por reviravoltas sucessivas e superpostas; como destaca Judith Revel, seus conceitos são "produzidos, fixados, depois reexaminados e abandonados, modificados ou ampliados num movimento contínuo de retomada e deslocamento".[4] Penso, nesse sentido, que um estudo do discurso e da visualidade a partir de Foucault não deve se furtar dessa complexa trama a partir da qual o olhar foucaultiano problematizava e torcia a si próprio. Os capítulos deste livro, com efeito, foram escritos e ordenados de maneira a não estancar esse movimento de inflexão e, ao mesmo tempo, tentando tornar visível a coerência que, ainda assim, pode ser depreendida do arsenal foucaultiano.

Conduzindo-me de maneira transdisciplinar ou, melhor, *não-disciplinar*, o que me instiga a estudar a conjugação entre discurso e visualidade (considerando-os enquanto esferas indissociáveis) são as correlações entre o olhar e o fazer ver, os efeitos de um sobre o outro e sobre as demais práticas políticas (isto é, todas). Se a filosofia de Foucault pode funcionar como um "arsenal" para esse tipo de estudo, é porque nos ensina que nossas armas conceituais só servem conforme cada situação — metaforicamente, uma arma de fogo poderia não funcionar numa ocasião em que a luta corpo-corpo seria mais eficaz, ou quando uma simples esquiva poderia ser o mais vantajoso. Não existem receitas prontas, e os conceitos importam menos que as táticas, as manobras, os modos pelos quais nos posicionamos na arena discursivo-visual em que nos encontramos.

Para concluir este trabalho, delineio finalmente algumas coordenadas que, nos capítulos precedentes, foram dispostas de maneira deliberadamente dispersa e orientada ao fluxo das problematizações. São quatro as coordenadas ou nortes conceituais que, acredito, sintetizam e esclarecem o percurso investigativo ora traçado: (1) relações de poder, (2) regimes de verdade, (3) discurso e visualidade e (4) arte e design.

Antes, um breve adendo: o fato de tais coordenadas aparecerem aqui, ao final do livro, diz muito sobre a ideia que eu tenho do que é uma coordenada. A princípio, como se sabe, "coordenadas" são pontos de referência que servem para nos situarmos em algum lugar. Ademais, é preciso não perder de vista que, nos termos de

[4] Revel, Judith. *Michel Foucault*: conceitos essenciais. São Carlos: Claraluz, 2005, p. 8.

Donna Haraway, "o único modo de encontrar uma visão mais ampla é estando em algum lugar em particular".[5] Não seria mais conveniente, então, fixar tais coordenadas logo de início? Sim, seria mais conveniente. Mas esconderia o fato de que, como creio, toda coordenada é ela própria enviesada, no sentido de derivar de uma série de pressupostos tácitos de como as coisas devem ser ou se organizar. Assim, pareceu-me mais interessante primeiro trazer à tona minhas problematizações e reflexões, e depois expor meus pressupostos — até porque estes só foram se definindo, para mim mesmo, no decorrer deste trabalho, demorando até assumirem, enfim, a forma de coordenadas. Vamos a elas.

RELAÇÕES DE PODER

Embora Foucault seja mais conhecido como um "filósofo do poder", ele não desenvolveu propriamente nenhuma teoria do poder — se por teoria entendermos uma organização de conceitos concatenados sistematicamente entre si —, e sim uma *analítica do poder*. Porque a pergunta de Foucault não é o que é o poder, mas como ele funciona; por conseguinte, o poder não é tido como uma substância ou uma qualidade, algo que se possui ou se atribui, mas antes como uma forma de relação. E à diferença da Escola de Frankfurt, por exemplo, também não se trata de pensar o poder como efeito de um processo coordenado de racionalização e esclarecimento; em vez disso, Foucault se debruça em racionalidades específicas, a racionalidade de determinadas práticas.

> Creio que é possível deduzir qualquer coisa do fenômeno geral da classe burguesa. O que faço é o inverso: examinar historicamente, partindo de baixo, a maneira como os mecanismos de controle puderam funcionar [...] e como esses mecanismos de poder, em dado momento, em uma conjuntura precisa e por meio de um determinado número de transformações começaram a se tornar economicamente vantajosos e politicamente úteis.[6]

A especificidade dessa abordagem foucaultiana, embora não apareça desde as suas primeiras obras, forma-se a partir delas: os resultados de trabalhos como *História da loucura*, *As palavras e as coisas* e *Nascimento da clínica*, que se situam nas antípodas da filosofia da história, criticam a inadequação de conceituações totalizantes (a exemplo das categorias de repressão e soberania) para dar conta das relações de poder. Mostram, em contrapartida, a eficácia de

---

[5] Haraway, Donna. "Situated Knowledges", op. cit., p. 590.
[6] Foucault, Michel. *Microfísica do poder*, op. cit., p. 286-287.

deter-se no entrelaçamento de práticas aparentemente distintas entre si, como as de exclusão (louco/são, saudável/doente) e as que transformam um indivíduo em sujeito (a sexualidade, a confissão). Assim, a problemática do poder aparece na década de 1970 como uma conclusão de estudos precedentes, qual seja, a de que o saber e o poder se apoiam e se reforçam mutuamente numa combinação complexa de técnicas de individualização, exclusão e normalização.

> O poder, acho eu, deve ser analisado como uma coisa que circula, ou melhor, como uma coisa que só funciona em cadeia. Jamais ele está localizado aqui ou ali, jamais está entre as mãos de alguns, jamais é apossado como uma riqueza ou um bem. *O poder funciona*. O poder se exerce em rede e, nessa rede, não só os indivíduos circulam, mas estão sempre em posição de ser submetidos a esse poder e também de exercê-lo. Jamais eles são o alvo inerte ou consentidor do poder, são sempre seus intermediários. Em outras palavras, o poder transita pelos indivíduos, não se aplica a eles.[7]

No curso *Em defesa da sociedade*, Foucault pensa as relações de poder por meio da "hipótese Nietzsche" em oposição às concepções de Hobbes, Marx e Freud, que encaram o poder, respectivamente, em termos de soberania, exploração e repressão. Para Foucault, essas são concepções *liberais* do poder à medida que buscam evitá-lo[8], ao passo que na "hipótese Nietzsche" o poder é não apenas inevitável, como também *produtivo*, posto que enseja saberes, instituições e o próprio indivíduo[9]. Aqui, o indivíduo ainda é considerado um *efeito* das relações de poder (concepção que será reformulada), na contramão da noção humanística de uma individualidade dada de antemão e sobre a qual o poder se aplica. Posteriormente, Foucault dirá que suas primeiras investigações lidavam com os modos de *objetivação* do indivíduo — como trabalhador, louco, cidadão, delinquente etc. —, e que depois seus estudos se debruçam sobre os modos de *subjetivação*, isto é, os modos pelos quais o indivíduo torna-se, por si mesmo, um sujeito.[10]

Esta última ênfase permitiu, de um lado, certo "arremate" teórico quanto ao funcionamento entrelaçado do saber e do poder, uma vez que as práticas de subjetivação os

---

7 Foucault, Michel. *Em defesa da sociedade*, op. cit., p. 35, grifos meus.
8 Como assinala Edgardo Castro, "Na realidade, tanto a concepção jurídica liberal quanto a marxista, bem como a freudiana acerca do poder, podem ser vistas como diferentes versões do ideal revolucionário; cada uma, a seu modo, foi a promessa de uma liberação. [...] Por isso, a partir do conceito de governo, Foucault opõe as lutas e a resistência como práticas de liberdade à luta contra o poder na forma de revolução ou liberação". Castro, Edgardo. *Vocabulário de Foucault*: Um percurso pelos seus temas, conceitos e autores. Belo Horizonte: Autêntica, 2016, p. 326.
9 "O que faz com que o poder se mantenha e que seja aceito é simplesmente que ele não pesa só como uma força que diz não, mas que de fato ele permeia, produz coisas, induz ao prazer, forma saber, produz discurso. Deve-se considerá-lo como uma rede produtiva que atravessa todo o corpo social muito mais do que uma instância negativa que tem por função reprimir". Foucault, Michel. *Microfísica do poder*, op. cit., p. 45.
10 Refiro-me aqui ao texto "O sujeito e o poder" (op. cit.), que Foucault escreveu em 1984.

entrelaçam; e também possibilitou, de outro, o estudo de práticas de resistência, isto é, das lutas não apenas contra as formas de submissão, mas antes contra as objetivações que vinculam o indivíduo a si mesmo. Para tanto, Foucault parte de uma operação-chave que consiste em considerar indissociáveis os dois sentidos de "sujeito": como indivíduo que é subordinado a outrem, e como indivíduo que conhece e elabora a si mesmo. Se tais definições são como dois lados da mesma moeda, então as formas de sujeição não se separam das relações do indivíduo consigo mesmo — o que significa, por conseguinte, que as formas de insubmissão, resistência e liberdade são, mais do que obstáculos às relações de poder, a sua própria condição de existência:

> O poder só se exerce sobre "sujeitos livres", enquanto "livres" — entendendo-se por isto sujeitos individuais ou coletivos que têm diante de si um campo de possibilidades onde diversas condutas, diversas reações e diversos modos de comportamento podem acontecer. Não há relação de poder onde as determinações estão saturadas — a escravidão não é uma relação de poder, pois o homem está acorrentado (trata-se então de uma relação física de coação) — mas apenas quando ele pode se deslocar e, no limite, escapar. Não há, portanto, um confronto entre poder e liberdade, numa relação de exclusão (onde o poder se exerce, a liberdade desaparece); mas um jogo muito mais complexo: neste jogo, a liberdade aparecerá como condição de existência do poder [...].[11]

No texto "O sujeito e o poder", Foucault sugere que "conduta" é o termo que melhor permite captar a especificidade das relações de poder, pois remete tanto a uma orientação individual quanto ao ato de dispor e conduzir as ações possíveis, sendo esta segunda acepção o sentido originário de "governo". Com isso, compreende-se por que o interesse de Foucault pelos modos de subjetivação aparece junto, e de maneira encadeada, ao seu interesse pela governamentalidade. Quanto ao último conceito, é preciso ter claro que ele não se reduz ao funcionamento de um governo ou do chamado Estado de Direito — donde o biopoder, por exemplo, não designa um tipo de governo considerado institucionalmente, e sim uma racionalidade que entrelaça o saber-poder em determinadas sociedades. Mais precisamente, a integração de todos os saberes e práticas de poder à governamentalidade é um traço próprio do Estado moderno.

Para chegar a tal definição, Foucault precisou antes analisar a formação do poder pastoral, isto é, das formas de poder que surgem com o cristianismo e, em especial, com o monasticismo. "Isto se deve ao fato de que o Estado

---

11 Foucault, Michel. "O sujeito e o poder", op. cit., p. 244.

moderno ocidental integrou, numa nova forma política, uma antiga tecnologia de poder, originada nas instituições cristãs".[12] No domínio da governamentalidade, pois, Foucault buscou mostrar — na contramão da narrativa histórica mais recorrente, que localiza o Estado como advento próprio do iluminismo — como foi possível a *integração* do poder pastoral na forma jurídica do Estado moderno e, em geral, nas formas modernas de poder.

Mas, com o intuito de redefinir a governamentalidade disciplinar e a biopolítica enquanto *reelaborações* do poder pastoral, Foucault teve de recuar para a Antiguidade grega e judaico-cristã onde emergem, respectivamente, as figuras do *político* e do *pastor*. De maneira abreviada, enquanto o político exerce seu poder sobre um território, o pastor exerce seu poder sobre um rebanho. Se na tradição judaica, estritamente, só pode haver um único pastor (Deus), o poder pastoral só desponta no cristianismo[13] medieval sob a forma, primeiramente, de técnica de individualização, muito antes de constituir uma doutrina de renúncia e submissão. Embora esse modelo não tenha prevalecido na Idade Média, restringindo-se a algumas ordens religiosas, a tese de Foucault é que as formas de racionalidade que possibilitam o Estado moderno são uma reativação secular do poder pastoral, que assim se torna um modelo jurídico-político.

> Não acredito que devêssemos considerar o "Estado moderno" como uma entidade e que se tenha desenvolvido acima dos indivíduos, ignorando o que eles são e até mesmo sua própria existência, mas, ao contrário, como uma estrutura muito sofisticada, na qual os indivíduos podem ser integrados sob uma condição: que esta individualidade fosse moldada numa nova forma e submetida a um conjunto de modelos muito específicos. De certa forma, podemos considerar o Estado como a matriz moderna da individualização ou uma nova forma do poder pastoral.[14]

A partir do século XVIII, paralelamente a essa nova institucionalização do poder pastoral sob a forma de Estado, ganha espaço outra racionalidade fundamental para o funcionamento do poder nas sociedades modernas. Trata-se do liberalismo enquanto estratégia (não ainda como ideologia) que visa limitar e regular o poder do Estado. Disso procedem modelos teóricos como o utilitarismo, que se pauta na fórmula econômica dos máximos efeitos ao menor custo possível. Para Foucault, embora essa racionalidade liberal seja primeiramente uma crítica ao Estado, ela veio a *aprimorar* a administração do poder pastoral por meio de uma

12 Ibidem, p. 236.
13 A partir, mais precisamente, da tradição hebraica e de algumas vertentes da tradição grega (como a pitagórica, a estoica e a epicurista), tradições que se conjugam nos monastérios como uma primeira versão do poder pastoral, conforme Foucault depreende da literatura cristã dos primeiros séculos. Ver, a este respeito: Foucault, Michel. *História da sexualidade III*: O cuidado de si. São Paulo: Paz e Terra, 2014.
14 Foucault, Michel. "O sujeito e o poder", op. cit., p. 237.

nova tecnologia de individualização: o poder pastoral passa a ser exercido não apenas pelo Estado, mas também pela família, pela polícia e pela instituição médica. Esse inédito alcance do poder pastoral permitiu o desenvolvimento das ciências humanas, que o aperfeiçoam, bem como o advento da *disciplina* enquanto governo dos corpos e da *biopolítica* enquanto governo das populações.

Uma das bases que possibilitaram tais desdobramentos é a função da *norma*, que se difere do funcionamento das leis e, por conseguinte, estende a governamentalidade para além da esfera jurídica. Ao delimitar o âmbito da "normalidade", a norma conecta todos os atos e condutas individuais a algo que não é simplesmente da ordem do permitido-proibido, mas antes da ordem da comparação e da diferenciação: o normal, o saudável, o bem-sucedido. Ademais, foi tomando por base tal sorte de mecanismo que, no curso *Em defesa da sociedade*, Foucault sustentou que o racismo moderno foi a condição de aceitabilidade do direito de fazer-morrer, direito este à princípio inadequado ao biopoder, mas que se normaliza a partir do imperativo "em defesa da sociedade".

Em suma, a governamentalidade moderna enraíza-se no poder pastoral, passa pelo poder de Estado e assume a extensão de toda forma de normalidade. O poder moderno, portanto, tem como efeitos simultâneos a individualização e a totalização das condutas. A partir desse horizonte, a investigação das relações de poder sob um prisma foucaultiano requer o mapeamento de questões como: que sistemas de normalidade sustentam formalmente as relações de poder (sistemas jurídicos, científicos, tradicionais etc.); que finalidades são visadas (manter um privilégio, exercer influência, obter reconhecimento etc.); quais os meios e instrumentos são adotados (as palavras, a violência física, os registros, a segregação etc.); que formas institucionais estão implicadas (os costumes, as hierarquias, a burocracia etc.); que tipo específico de racionalidade está em jogo (disciplinar, colonial, neoliberal etc.). O principal é compreender que tais instâncias remetem a "um modo de ação que não age direta e imediatamente sobre os outros, mas que age sobre sua própria ação".[15] Em outras palavras, as relações de poder operam de maneira a *conduzir* condutas e a *dispor* as possibilidades de ação, induzindo-as ou impedindo-as, limitando-as ou facilitando-as. É também preciso ter em vista que, diante de uma dada relação de poder, inevitavelmente se abre todo um campo imprevisto de respostas, reações e efeitos, como um jogo agonístico de injunção e enfrentamento recíprocos por meio do qual se instaura a *materialidade* do mundo.

---

15 Ibidem, p. 243.

REGIMES DE VERDADE

> Teria sido possível, e talvez mais honesto, citar apenas um nome, o de Nietzsche, pois o que digo aqui só tem sentido se relacionado à obra de Nietzsche que me parece ser, entre os modelos de que podemos lançar mão para as pesquisas que proponho, o melhor, o mais eficaz e o mais atual. Em Nietzsche, parece-me, encontramos efetivamente um tipo de discurso em que se faz a análise histórica da própria formação do sujeito, a análise histórica do nascimento de um certo tipo de saber, sem nunca admitir a preexistência de um sujeito de conhecimento.[16]

A problemática que atravessa a obra de Foucault do início ao fim diz respeito à verdade — variando entre flexões como vontade de verdade, políticas de verdade, regimes de verdade e jogos de verdade —, sendo nesse sentido que sua inspiração nietzscheana se dá a ver com maior clareza. Nietzsche, afinal, operou uma ruptura com a tradição do pensamento ocidental ao conceber a filosofia não mais como a busca de uma verdade atemporal, mas como história crítica da verdade. Para delimitar tal perspectiva, Foucault dedica a primeira conferência do curso *A verdade e as formas jurídicas* para comentar o texto *Sobre a verdade e a mentira*, onde Nietzsche postula que todo conhecimento resulta de um duelo, "como uma centelha entre duas espadas".[17] Por conseguinte,

> A verdade não é aquilo que é, mas aquilo que se dá: acontecimento. Ela não é encontrada, mas suscitada: produção em vez de apofântica. Ela não se dá por mediação de instrumentos, mas sim provocada por rituais, atraída por meio de ardis, apanhada segundo ocasiões: estratégia e não método.[18]

De um lado, portanto, a verdade é sempre produzida a partir do choque entre forças, de modo que não existe verdade isenta ou à parte do poder; de outro, a verdade também produz efeitos regulamentados de poder — as maneiras de ver e de falar a verdade, os critérios e as instâncias que permitem distinguir o verdadeiro do falso, as técnicas e os procedimentos para a "obtenção" da verdade, os mecanismos para se verificar ou informar a verdade etc. É desse modo que se forma um *regime de verdade*: "O que está em questão é o que *rege* os enunciados e a forma como eles se *regem* entre si para constituir um conjunto de proposições aceitáveis".[19] Com efeito, a ideia de uma "genealogia" designa

---

16 Foucaul, Michel. *A verdade e as formas jurídicas*, op. cit., p. 22.
17 Nietzsche, Friedrich. Sobre a verdade e a mentira, op. cit. Ver também: Foucault, Michel. "Nietzsche, a genealogia e a história". In: _____ . *Microfísica do poder*, op. cit., p. 55-86.
18 Foucault, Michel. *Microfísica do poder*, op. cit., p. 192.
19 Ibidem, p. 39, grifos no original.

a investigação histórica das condições de possibilidade da verdade a partir da inteligibilidade das relações de poder que, a um só tempo, sustentam e decorrem de um regime de verdade[20]. O fundamental é a premissa de que

> Há um combate "pela verdade" ou, ao menos, "em torno da verdade" — entendendo-se, mais uma vez, que por verdade não quero dizer "o conjunto das coisas verdadeiras a descobrir ou a fazer aceitar", mas o "conjunto das regras segundo as quais se distingue o verdadeiro do falso e se atribui ao verdadeiro efeitos específicos de poder"; entendendo-se também que não se trata de um combate "em favor" da verdade, mas em torno do estatuo da verdade e do papel econômico-político que ela desempenha.[21]

Essa premissa nos leva a questionar por que a verdade é tão crucial em nossas sociedades. Por sua vez, tal questão sugere que a verdade *poderia* não ser crucial. E que, se o é, deve haver todo um trabalho de tornar a verdade propriamente verdadeira — retorna-se assim à premissa do trecho supracitado. É esse laborioso processo de produção e manutenção da verdade que, sob diferentes ênfases e conceitos, Foucault buscou mapear historicamente. Nesses termos, Daniele Lorenzini propõe acuradamente uma divisão da obra foucaultiana em duas grandes fases, a de uma (1) história da verdade e a da (2) genealogia do sujeito, e o autor pontua que a passagem entre elas se dá precisamente no ano de 1980, nos cursos *A hermenêutica do sujeito* e *Do governo dos vivos*.[22] Na primeira fase, trata-se de uma história das respostas que foram dadas à pergunta "o que é a verdade?", e isso por meio da chave saber-poder. Na segunda, Foucault passa a se interessar pela pergunta "Quem sou eu (de verdade)?", formulação que estaria no âmago do que ele então chamava de "tecnologias", isto é, os meios de vincular os sujeitos à verdade.

A princípio, tais fases parecem ser bem distintas, e mesmo contraditórias, entre si. Se antes, afinal, Foucault insistia na necessidade de livrar-se do "sujeito fundador", depois ele dirá que é "o sujeito o que constitui o tema geral

---

20 Para demarcar a especificidade dessa abordagem, Foucault afirma que "nem a dialética (como lógica da contradição) nem a semiótica (como estrutura da comunicação) poderiam dar conta do que é a inteligibilidade intrínseca dos confrontos". Ibidem, p. 41. Do mesmo modo, o filósofo descarta a noção de "ideologia": primeiro, porque "ela está sempre em oposição virtual a alguma coisa que seria a verdade"; segundo, porque "refere-se necessariamente a alguma coisa como o sujeito"; por fim, "a ideologia está em posição secundária com relação a alguma coisa que deve funcionar para ela como infraestrutura ou determinação econômica, material etc.". Ibidem, p. 44.

21 Ibidem, p. 53.

22 Ver: Lorenzini, Daniele. "Foucault, Regimes of Truth and the Making of the Subject", op. cit.

de minhas investigações".[23] Mas, no primeiro caso, Foucault não se referia ao sujeito em geral, e sim ao "homem" do humanismo e das ciências humanas (e, mais especificamente, à subjetividade cartesiana, kantiana e da tradição fenomenológica). Na segunda ocasião, por mais que Foucault tenha operado de fato um deslocamento significativo em suas investigações (da sujeição para os modos de subjetivação, além de um recuo até os gregos), isso não deixa de dar continuidade a um dos eixos iniciais de seu trabalho: o da constituição do sujeito na trama histórica[24]. Mas o que de fato permanece constante é a problemática da verdade, de modo que a diferença entre as duas fases consiste menos no sujeito em si do que no lugar que este ocupa mediante a verdade — o que implica reconhecer que "não é a verdade que [...] administra seu próprio império, que julga e sanciona aqueles que a obedecem ou desobedecem. Não é verdade que a verdade constrange apenas pela verdade".[25]

Ou seja, se antes Foucault se perguntava como, na história das sociedades ocidentais, a verdade foi *inscrita* nos indivíduos (bem como nas instituições, nos saberes, nas práticas punitivas etc.), a partir dos anos 1980 o filósofo passa a se indagar (e, portanto, a considerar) como os indivíduos *se inscrevem* na verdade. Assim, no curso *Do governo dos vivos*, por exemplo, Foucault reelabora a noção de regime de verdade de maneira a contemplar a implicação mútua entre o governo dos indivíduos, de um lado, e os "atos da verdade" que estes devem performar, de outro.

O principal resultado desse *framework* é certamente a concepção que Foucault desenvolve acerca das práticas de resistência (ou de "contra-conduta", como ele as descreve em *Segurança, Território, População*). Parte-se da constatação de que os governos modernos, sob um regime liberal da verdade, pressupõem e dependem de um "livre consentimento" dos indivíduos para com seus governantes. Para que esse sistema funcione, é preciso que os próprios indivíduos reiterem a "verdade" segundo a qual a sujeição voluntária — não somente a determinado tipo de governo, como também a certo ideal de cidadão, a um modelo de vida etc. — é o único caminho possível a que eles têm acesso caso queiram alcançar a felicidade, o bem-estar e a própria liberdade. Por conseguinte, a possibilidade do não-consentimento preci-

23 Ver, respectivamente: Foucault, Michel. *Microfísica do poder*, op. cit., p. 43; Foucault, Michel. "O sujeito e o poder", op. cit., p. 232. No segundo caso, penso que Foucault enaltece a questão do sujeito por dois motivos: primeiro, porque ele sabia de sua fama (que se mantém até hoje) como um "filósofo do poder", e segundo porque, naquela época, ninguém entendia direito por que ele começou a se debruçar sobre o sujeito (isso parecia estranho até para os alunos e leitores próximos a Foucault). Assim, o texto "O sujeito e o poder" serve como uma tentativa de esclarecimento quanto a isso.
24 Como ele dizia, por exemplo, em 1973, "seria interessante tentar ver como se dá, através da história, a constituição de um sujeito que não é dado definitivamente, que não é aquilo a partir do que a verdade se dá na história, mas de um sujeito que se constitui no interior mesmo da história". Foucault, Michel. *A verdade e as formas jurídicas*, op. cit., p. 20.
25 Foucault, Michel. *Do governo dos vivos*, op. cit., p. 81.

sa ser construída como algo essencialmente indesejável, perigoso, indigno. E é justamente por meio dessa construção negativa que um regime de verdade produz, inesperada e inevitavelmente, práticas de resistência.

Significa que, primeiro, não há como "escapar" do regime de verdade que nos sujeita e que, afinal, nos torna sujeitos. Mas isso não equivale a dizer que somos mecanicamente *determinados* por tal regime, tampouco que este é o único regime possível. Ao considerar, em seus últimos trabalhos, o papel ativo que os indivíduos desempenham não diretamente em um regime de verdade, mas na constituição de si mesmos como sujeitos em tal regime, Foucault se debruçou sobre as pequenas variações das práticas de subjetivação, cujo efeito material se dá sob a forma de ações inesperadas que inauguram novas experiências e sujeitos. Um exemplo particularmente caro a Foucault, como vimos no último capítulo, são as identidades sexuais que subvertem a tecnologia heterossexual da qual, no entanto, elas derivam. Desse modo, à diferença da noção de "revolução", a resistência transcorre como um resultado não previsto do próprio regime contra o qual ela se insurge. Exercer a resistência implica compreender, com Nietzsche e Foucault, a verdade enquanto campo de batalha e praticar, como bem formulou Maite Larrauri, uma *anarqueologia*: a reinvenção permanente de nós mesmos como maneira de resistir, antes de tudo, ao que "deveríamos" ser.[26]

DISCURSO E VISUALIDADE

De maneira concisa e abrangente, a noção de discurso designa todas as condições necessárias para que algo tenha algum valor/significado, o que implica considerar que valores e significados não preexistem aos discursos; são os discursos que produzem um objeto significativo, situando-o em relação a outros objetos, valores e significados. Como dinâmica própria de um regime de verdade, portanto também indissociável das relações de poder, o discurso compreende menos um dado enunciado (oral/escrito/visual) do que uma *lógica* que concatena enunciados dispersos, dentre outras coisas que circunscrevem as possibilidades de assimilar, interpretar e interferir no que se passa.

A arqueologia do saber fornece um tratamento mais extenso ao conceito de discurso, posto que "arqueologia" se define como uma análise discursiva; ao mesmo tempo, porém, seu foco é ali restrito ao domínio dos saberes. Na conferência *A ordem do discurso*, Foucault redimensiona o

---

[26] Ver, a este respeito: Larrauri, Maite. *Anarqueología*: Foucault y la verdad como campo de batalla. Madrid: Enclave de Libros, 2018.

discurso ao perceber que, para "analisá-lo em suas condições, seu jogo e seus efeitos, é preciso, creio, optar por três decisões [...]: questionar nossa vontade de verdade; restituir ao discurso seu caráter de acontecimento; suspender, enfim, a soberania do significante".[27] Disso derivam quatro princípios de análise: (1) *inversão*, que consiste em considerar os saberes não mais como fontes do discurso, mas como instâncias reguladoras; (2) *descontinuidade*, que implica tratar os discursos como práticas que se cruzam, se complementam ou se excluem sem serem regidas por nenhuma ordem definitiva; (3) *especificidade*, considerando que é apenas enquanto acontecimento, em dado contexto e circunstâncias, que o discurso pode ter alguma regularidade; (4) *exterioridade*, no sentido de atentar às condições externas que possibilitam um discurso, isto é, o modo que ele se organiza a partir do que está ao seu redor. Na sequência, Foucault delineia uma distinção entre as abordagens arqueológica e genealógica:

> [...] as análises que me proponho fazer se dispõem segundo dois conjuntos. De uma parte, o conjunto "crítico" [arqueológico], que põe em prática o princípio da inversão: procurar cercar as formas da exclusão, da limitação, da apropriação de que falava há pouco; mostrar como se formaram, para responder a que necessidades, como se modificaram e se deslocaram, que força exerceram efetivamente, em que medida foram contornadas. De outra parte, o conjunto "genealógico" que põe em prática os três outros princípios: como se formaram, através, apesar, ou com o apoio desses sistemas de coerção, séries de discursos; qual foi a norma específica de cada uma e quais foram suas condições de aparição, de crescimento, de variação.[28]

Noutros termos, a análise arqueológica detém-se nos processos de formação das regularidades discursivas através das quais a verdade se institui — como a separação entre razão e desrazão na época clássica, ou a constituição de saberes científicos (médico, psiquiátrico, antropológico etc.) e sua correlação com práticas de exclusão (como as do sistema penal). Por sua vez, a análise genealógica mira mais amplamente nas forças a partir das quais emergem as práticas em geral, e isso não à procura de uma origem intocável — "como se o olho tivesse aparecido, desde o fundo dos tempos, para a contemplação, como se o castigo tivesse sempre sido destinado a dar o exemplo"[29] —, mas de modo a "descobrir que na raiz daquilo que nós conhecemos e daquilo que nós somos não existem a verdade e

---

27 Foucault, Michel. *A ordem do discurso*, op. cit., p. 51. Na primeira conferência de *A verdade e as formas jurídicas*, ademais, Foucault elenca dentre os eixos de sua investigação a "análise de discurso como jogo estratégico e polêmico". Foucault, Michel. *A verdade e as formas jurídicas*, op. cit., p. 19.
28 Foucault, Michel. *A ordem do discurso*, op. cit., p. 60-61.
29 Foucault, Michel. *Microfísica do poder*, op. cit., p. 66.

o ser, mas a exterioridade do acidente".[30] E será esse trabalho genealógico que, nas investigações que sucedem *A ordem do discurso*, levaria Foucault a reconsiderar a centralidade da noção de "discurso":

> Eu penso, nessa *Ordem do discurso*, ter misturado duas concepções, ou, antes, a uma questão que julgo legítima (a articulação dos fatos de discurso sobre os mecanismos de poder) eu propus uma resposta inadequada. [...] O caso da penalidade me convenceu de que não era tanto em termos [do discurso] de direito, mas em termos de tecnologia e de estratégia, e foi essa substituição de uma grade técnica e estratégica em vez de uma grade jurídica e negativa que eu tentei estabelecer em *Vigiar e punir*, depois, utilizar na *História da sexualidade*.[31]

Não significa um abandono do conceito, pois Foucault continuou a investigar "as diferentes maneiras pelas quais o discurso desempenha um papel no interior de um sistema estratégico [...] já que o próprio discurso é um elemento em um dispositivo estratégico de relações de poder".[32] No curso *A hermenêutica do sujeito*, por exemplo, Foucault se debruça sobre uma função discursiva nos processos de subjetivação: a de ligar o sujeito à verdade. Enquanto a ascese greco-romana era um modo de *tornar-se* sujeito pela enunciação da verdade, a partir do cristianismo essa função se inverte: o discurso torna-se um meio de *acessar* a verdade do sujeito, na esteira das técnicas da confissão (que culminam na *scientia sexualis*) e do exame (que possibilitam as ciências humanas).[33]

De todo modo, o que particularmente me interessa na concepção foucaultiana de discurso é sua definição enquanto *prática*, para além dos signos linguísticos. De sorte que, embora a problemática do discurso tenha se tornado secundária para Foucault, pode-se dizer que ele nunca deixou de investigar as condições de possibilidade de determinadas práticas. É nesse sentido que, na introdução de *O uso dos prazeres*, por exemplo, ele esclarece que sua história da sexualidade não é uma história nem dos comportamentos nem das representações, mas de uma experiência — "se entendemos por experiência a correlação, numa cultura, entre campos de saber, tipos de normatividade e formas de subjetividade".[34] No caso das práticas discursivas, o que elas expõem de imediato é o caráter relacional dos valores e conceitos (as relações entre razão e loucura, doença e saúde, crime e lei etc.), numa recorrência que não procede de uma vinculação natural, e sim de uma prática historicamente articulada. Se

---

30 Ibidem, p. 63.
31 Foucault, Michel. "As Relações de Poder Passam para o Interior dos Corpos". In: _____. *Ditos e Escritos IX*, op. cit., p. 35-36.
32 Foucault, Michel. "Diálogo sobre o poder". In: _____. *Ditos e Escritos IV*, op. cit., p. 253.
33 Ver, respectivamente, quanto à confissão e ao exame: Foucault, Michel. *História da sexualidade I*, op. cit., p. 58-69; Foucault, Michel. *Vigiar e punir*, op. cit., p. 154-161.
34 Foucault, Michel. *História da sexualidade II*, op. cit., p. 10.

"positividade" designava, nos primeiros trabalhos de Foucault, esse aspecto de recorrência relacional, a partir dos anos 1980 tal aspecto já era pensado em termos de tecnologia e estratégia:

> Trata-se de tomar como domínio homogêneo de referência não as representações que os homens se dão deles mesmos, não as condições que os determinam sem que eles o saibam, mas o que eles fazem e a maneira pela qual o fazem. Ou seja, as formas de racionalidade que organizam as maneiras de fazer (o que poderíamos chamar de seu aspecto tecnológico), e a liberdade com a qual eles agem nesses sistemas práticos, reagindo ao que os outros fazem, modificando até certo ponto as regras do jogo (é o que poderíamos chamar de versão estratégica dessas práticas). A homogeneidade dessas análises histórico-críticas é assegurada, portanto, por esse domínio das práticas, com sua versão tecnológica e sua versão estratégica.[35]

Com efeito, podemos entender por práticas discursivas aquelas que se organizam como uma racionalidade não necessariamente lógica e coerente, mas sempre regular e estratégica, constituindo algo como uma "experiência" ou um "pensamento". Mas por que, então, insistir na palavra "discurso"? Porque ela enaltece a exterioridade relacional que constitui toda experiência ou pensamento — isso considerando a etimologia de *discursus* que, no latim, é a flexão substantiva do verbo *discurrere*, literalmente "correr ao redor" (*dis-*, "fora", *currere*, "correr") ou, convencionalmente, o ato de *correlacionar*. Significa que nenhum significante (palavras, imagens, artefatos) possui significado por si mesmo, do mesmo modo que nenhuma ação faz sentido por si mesma; tudo está circunscrito, localizado e possibilitado pelo que ocorre (ou *discorre*) "ao redor".

É por isso que a esfera discursiva me parece indissociável (o que não significa "equivalente") da esfera da visualidade: vemos não "isto", mas isto relacionado àquilo e àquilo outro — vemos as relações. Mas seria equivocado deduzir que a visualidade se reduz a uma prática discursiva, ou ainda que o discurso está por trás de tudo. Pensemos, por exemplo, na exploração capitalista: é uma prática constatável por toda parte, mas não se pode dizer que o seu desenvolvimento histórico tenha ocorrido à guisa de um discurso, como se certa racionalidade fosse o suficiente para instaurá-la. A exploração capitalista é um processo que, dentre outras coisas, produz e faz circular discursos (donde podemos constatar sua lógica e seus efeitos), mas que depende, antes de tudo, de um *modo de olhar* a vida das pessoas, seus corpos, sua "utilidade" etc. Seria simplista dizer que esse modo

[35] Foucault, Michel. *Ditos e Escritos II*, op. cit., p. 349-350.

de olhar é a mera projeção de determinados conceitos e valores, posto que, ao longo do tempo, estes variam muito mais do que a exploração capitalista em si.

A visualidade condiciona os discursos. É o olhar, afinal, que os correlaciona entre si e ao registro concreto do que somos, do que fazemos e do que se passa ao redor. Por "olhar", claro, não me refiro literalmente ao ato da visão, mesmo porque a visualidade não se reduz ao que é visível, dependendo muito mais daquilo que não se dá a ver. O olhar se pauta em um regime de verdade (ou, mais precisamente, de visualidade) cuja construção histórica e cujos jogos de poder não se deixam ver justamente por pautarem o que se vê — da mesma forma que, como insistia Flusser, o que "desaparece" em toda fotografia é a máquina fotográfica. Isso não se confunde com "alienação", como se houvesse um véu ideológico a solapar um olhar transparente e neutro. O que não se dá a ver nesse olhar pretensamente neutro é o fato de que, nos termos de Foucault, "foi preciso toda uma rede de instituições, de práticas, para chegar ao que constitui essa espécie de ponto ideal, de lugar, a partir do qual os homens deveriam pousar sobre o mundo um olhar de pura observação".[36]

Não há olhar que preceda um modo de olhar, não há visão apartada de visualidade. Um exemplo que me parece didático quanto a isso reside na literatura de Franz Kafka. Sua obra foi amiúde interpretada — sobretudo na chave da mística judaica, mas passando também por Brecht, Adorno, Arendt, Steiner e Flusser — como uma descrição, senão profética, ao menos "premonitória" dos totalitarismos modernos, em particular do nazismo. Ocorre que Kafka não anteviu literalmente os valores e ideais que vieram a compor o discurso nazista, por mais que, lida em retrospecto, sua obra pareça detalhar o poder burocrático-administrativo que marcaria a máquina nazista.

A obra de Kafka assinala, antes, a visualidade de um olhar anônimo tipicamente moderno, sob o qual o extermínio humano logo se tornaria uma mera operação técnica. Em "Experiência e pobreza", Benjamin nos fornece alguns traços dessa visualidade: em meados do século XX, a importância dada, por parte da arquitetura e das vanguardas, ao ferro e ao vidro, à transparência e à aspereza maquinal, se opunha ao veludo dos interiores privados, repletos de tons pastéis e de *chiaroscuro*, nos quais a família burguesa ainda procurava um refúgio contra o anonimato cruel do ambiente urbano e industrial.[37] É nesse âmbito da visualidade que a narrativa kafkiana ganha contornos, e não tanto no registro dos discursos. Pois se considerarmos que, doravante, o fascismo italiano enaltecerá a abstração da estética

---

36 Foucault, Michel. *A verdade e as formas jurídicas*, op. cit., p. 134.
37 Ver: Benjamin, Walter. "Experiência e pobreza". In: _____. *Obras escolhidas I*: magia, técnica, arte e política. São Paulo: Brasiliense, 2012, p. 114-119.

futurista, ao passo que o nazismo exaltaria justamente o oposto, um neoclassicismo aristocrático, notaremos que os discursos que se formam mediante uma mesma visualidade são mais dispersos, e com frequência mais contraditórios, do que os modos de olhar que os ensejam. Ou melhor: a lógica e a racionalidade são elementos próprios da dimensão discursiva, de sorte que os modos de olhar que emergem na esfera da visualidade são como uma "matéria bruta" a ser discursivamente informada, organizada e traduzida de diferentes maneiras.

Na colônia penal talvez seja o texto de Kafka mais ilustrativo nesse sentido. Narra a história de um explorador francês encarregado de visitar uma ilha colonial francesa para avaliar o sistema penal ali empregado. Nessa visita, ele deveria presenciar a execução, por meio de um complexo aparelho de tortura, de um soldado acusado de insubordinação. O diálogo entre o explorador e o oficial que conduz o aparelho compõe a trama principal da narrativa. Eles falam em francês, que na época de Kafka ainda era a língua da burguesia culta, ao passo que o condenado, por ser "nativo", não compreende a conversa dos dois. Quanto à máquina referida no texto como "rastelo", trata-se de um sistema sofisticado de agulhas (algumas furam o corpo e outras despejam água para limpar o sangue) que "escreve" nas costas do condenado, deitado e amarrado na cama, a sua sentença — em francês. O processo dura doze horas, tempo necessário, segundo o oficial, para a sentença se inscrever definitivamente no corpo da vítima e provocar sua morte. Na exaltada descrição do oficial, a função principal da máquina é pedagógica:

> [Fala do Oficial] O entendimento ilumina até o mais estúpido. Começa em volta dos olhos. A partir daí se espalha. Uma visão que poderia seduzir alguém a se deitar junto embaixo do rastelo. Mas nada acontece, o homem simplesmente começa a decifrar a escrita, faz bico com a boca como se estivesse escutando. O senhor viu como não é fácil decifrar a escrita com os olhos; mas o nosso homem a decifra com seus ferimentos. [...] Mas aí o rastelo o atravessa de lado a lado e o atira no fosso, onde cai de estalo sobre o sangue misturado à água e ao algodão. A sentença está então cumprida e nós, eu e o soldado, o enterramos.
>
> O explorador tinha inclinado o ouvido para o oficial e, as mãos no bolso da jaqueta, observava o trabalho da máquina. O condenado também olhava, mas sem entender.[38]

Quando se inicia o processo maquinal de suplício, ocorre uma pequena interrupção por ocasião de uma correia que, gasta demais, arrebenta. É somente nesse interva-

[38] Kafka, Franz. *O veredicto / Na colônia penal*. Trad. Modesto Carone. São Paulo: Companhia das Letras, 2011, p. 44-45.

lo que o explorador começa a se perguntar se deve ou não intervir no procedimento que assistia. Antes disso, ele não interveio quando soube da condenação sem julgamento, embora a considere injusta; não interveio quando entendeu se tratar de uma prática de tortura; e não interveio quando a tortura teve início. Note-se também que a interrupção da máquina se deu por acaso, como uma falha técnica. Depois de ainda uma segunda interrupção, dessa vez para limpar o aparelho após o condenado ter vomitado, o explorador, ainda decidido a não tomar posição nem se comprometer, é diretamente interpelado pelo oficial, a quem finalmente diz reprovar seu método punitivo.

Seu interlocutor não discute e, logo após libertar o condenado, despe-se totalmente e deita-se na cama da máquina. Quando esta se põe a funcionar, ela subitamente se acelera ao ponto de estilhaçar tanto o oficial quanto a si mesma. Se, para o alívio do(a) leitor(a), a narrativa terminasse aqui, não seria uma obra de Kafka (que jamais concederia espaço a um desenlace do tipo "o bem vence o mal"). Pulemos então para o final da história: o viajante decide ir embora da ilha o mais rápido possível e, ao se aproximar do porto, percebe que o ex-condenado e um soldado corriam atrás dele, como se quisessem embarcar junto. Quando quase o alcançam, "o explorador já estava no barco e o barqueiro acabava de soltá-lo da margem. Ainda teriam podido saltar dentro da embarcação, mas o explorador ergueu do fundo do barco uma pesada amarra, ameaçou-os com ela e desse modo impediu que eles saltassem" [39] — são as últimas frases.

Pois bem, a emblemática máquina de tortura visualizada por Kafka não só remete *avant la lettre* às tatuagens que seriam inscritas nos judeus em Auschwitz, como também faz alusão à conexão denunciada por Nietzsche, na *Genealogia da Moral*, entre escritura e memória, dor e aprendizado, bem como às várias técnicas de disciplinamento corporal estudadas por Foucault. Mas todas as remissões possíveis implicam traduções discursivas do olhar kafkiano que, por sua vez, não se deixa traduzir facilmente. Em termos de visualidade, então, é preciso se deter em aspectos mais imediatos do texto, a começar pelo fato de que nenhuma das personagens possui nome: o explorador, o oficial, o condenado, a própria máquina. Em segundo lugar, a língua francesa serve ali não apenas para separar os "cultos" dos "nativos", mas sobretudo para marcar tal distância, sob a forma de sentença "pedagógica", na carne do condenado. Por fim, se o explorador resistiu a tomar uma posição, é porque, em última instância, a máquina diante dele materializa o corte colonialista que o separa da "barbárie". É essa fenda inconciliável que, como bem assinala Jeanne Marie Gagnebin, se explicita no fim da história:

[39] Ibidem, p. 70.

> [Os nativos] são seres humanos descritos como animais e percebidos como tais pelo viajante, esse representante dos "direitos humanos". Com a morte do oficial e a destruição da máquina, essa separação não diminui, mas continua inalterada. Aliás, o próprio viajante se esforça, com irritação e violência, em conservá-la: ameaça os dois comparsas com uma "pesada amarra" quando querem alcançá-lo e embarcar no mesmo navio: isto é, quando quase conseguem deixar a ilha. Com todas as luzes, o viajante só deseja fugir desse lugar sombrio e, também, impedir algo realmente decisivo: que outros homens, esses "homens-animais" como diz Nietzsche, possam dar o *salto* ("*Sprung*") para fora da colônia penal.[40]

Vê-se assim que, mais do que delinear-se como um discurso premonitório, *Na colônia penal* realça um modo de olhar silencioso e anônimo que já estava à espreita muito antes de irromper no aparato nazista. Com isso eu retomo meu argumento quanto ao discurso e à visualidade: se as práticas discursivas, como vimos, operam enquanto racionalidades ou pensamentos[41], a esfera da visualidade pode ser definida como um "horizonte de inquietação", portanto enquanto matéria de experiências possíveis. Pois não há experiência que não esteja impregnada de uma maneira de olhar, de modo que o estudo da visualidade é a investigação das diferentes correlações, discursivas ou não, que habitam e são organizadas pelo "olhar" amplamente entendido (isto é, para além da visão). E no trânsito contínuo entre os discursos e os olhares, transcorrem todas as atividades humanas, mas é particularmente na arte e no design que ambos os polos parecem convergir.

ARTE E DESIGN

Compreendo arte e design a partir da premissa *cética* segundo a qual, de um lado, todos os valores, discursos e olhares são o resultado de uma produção, uma elaboração; de outro, toda obra fabrica uma realidade à medida que os valores, discursos e olhares nos afetam e se materializam. A arte e o design são nomes diferentes para um mesmo processo de materialização dos valores, discursos e olhares.

Se me refiro a uma "premissa cética", devo esclarecer o que entendo por "ceticismo". Não se trata da dúvida pela dúvida (relativismo), tampouco da dúvida que supera a dúvida (Descartes, Kant, Husserl) e muito menos da dúvida

---

40 Gagnebin, Jeanne Marie. "Escrituras do corpo". In: _____ . *Lembrar escrever esquecer*, op. cit., p. 119-143.

41 "Nesse sentido, o pensamento é considerado a forma mesma da ação, como a ação na medida em que ela implica o jogo do verdadeiro e do falso, a aceitação ou o rechaço da regra, a relação consigo mesmo e com os outros". Foucault, Michel. *Ditos e Escritos IX*, op. cit., p. 209.

que nega tudo (niilismo). A dúvida cética dirige-se tão somente às condições de possibilidade do que se diz "verdadeiro". O que também não implica perguntar qual seria a "verdade da verdade" — uma contradição por petição de princípio. Trata-se de perguntar apenas "o que está em jogo", pois o que existe são jogos, relações de força. Esses jogos *mapeiam* o mundo, mas também são mapeáveis. E tal mapeamento implica necessariamente uma reelaboração do mundo mapeado, isto é: materializar um olhar por meio da arte e do design.

Flusser localizou o design "por trás" dos valores que emanam da arte e da técnica[42], mas também gostava de repetir o adágio nietzschiano segundo o qual a arte é melhor do que a verdade. Ao ler Nietzsche em alemão, Flusser certamente sabia que, na sentença "*Kunst mehr werth ist als die Wahrheit*" ("A arte é mais valiosa que a verdade"),[43] o termo *kunst* deriva do verbo *koennen*, que significa "poder", no sentido de ser capaz ou saber fazer. Arte é, então, o produto da capacidade ou do poder de criar algo, ao passo que a verdade é algo que se supõe já verdadeiro (*warh*, "verdadeiro" + *heit*, "unidade") e que, portanto, não pode ser criado. Se na lógica platônica, por exemplo, a verdade é a correspondência entre o mundo das aparências e o mundo das ideias, para Flusser e para Nietzsche o mundo das ideias é nada, e Platão, um niilista (por crer em nada); logo, a verdade só pode surgir da e pela arte, tornando-se obra ou então nada.

Dito de outro modo, sendo a arte uma elaboração assumida da verdade, e esta um constructo já dado, a arte é melhor do que a verdade na medida em que "tem a boa consciência a seu favor",[44] isto é, a consciência de ser elaborada. Mais do que isso, como aponta Flusser, trata-se de "admitir que o nosso interesse pelas coisas [...] *as torna* coisas".[45] Lógica esta que é bem similar à de Latour, ao afirmar, na conferência "Um Prometeu cauteloso?", que as "questões de fato agora claramente se tornaram questões de interesse".[46] No original em inglês, o autor utiliza o termo *matter*, que pode significar tanto "questão" quanto "matéria". As expressões "*matters of fact*" e "*matters of concern*" brincam com tais acepções, uma vez que a matéria enquanto "questão de fato" remete a algo objetivo, ao passo que a matéria enquanto "questão de interesse" diz respeito a valores igualmente objetivos. Segundo Latour, "design" é o termo que melhor traduz esse elo indissociável entre o fazer/olhar interessado e as coisas ditas "objetivas".

Podemos dizer então que, se arte implica a elaboração assumida de uma verdade, o design é a reelaboração

---

42 Ver a epígrafe que abre o capítulo 5 deste livro.
43 Localizada em um dos fragmentos póstumos da primavera de 1888. Ver o fragmento n. 21 do grupo 14 do ano de 1888 no arquivo completo de obras e cartas de Nietzsche: <http://www.nietzschesource.org/eKGWB/index>. Acesso em maio de 2020.
44 Nietzsche, Friedrich. *Genealogia da moral*, op. cit., III, § 25.
45 Flusser, Vilém. *Natural:mente*: vários acessos ao significado de natureza. São Paulo: Annablume, 2011, p. 158, grifos meus.
46 Latour, Bruno. "Um Prometeu cauteloso? [...]", op. cit., p. 3.

do mundo material e de nossas relações com esse mundo — reelaboração esta que, à diferença da arte, não é necessariamente assumida como tal. Isso se evidencia na máxima modernista de que "a forma segue a função", mas não é somente nessa já antiquada lógica de padronização que o design escamoteia a sua prática de (re)elaboração. Quando a costura de roupas, por exemplo, se diferencia conforme o "público-alvo" (definido em termos de classe, peso, sexualidade etc.), ou quando aos chamados "usuários" é dada a possibilidade de customizarem determinado produto ou serviço, é o design que, atrelado a discursos e valores, orienta o indivíduo a se reconhecer em uma "identidade" que supostamente lhe seria natural e inerente (mas que foi em larga medida elaborada pelo design). É dessa maneira não assumida, com efeito, que o design exerce a manutenção e o reforço de determinados modos de ver e de viver, sob a égide de uma racionalidade que se pretende neutra, objetiva, universal.

Não digo que a arte, por sua vez, seja menos excludente, menos essencialista ou, ainda, menos pragmática que o design. Digo apenas que, não importa o que a arte faça, o resultado é geralmente apresentado como "arte" (independente do que se queira dizer com isso), enquanto o design ainda insiste em "descobrir" as soluções mais eficazes para cada problema, cada necessidade, cada usuário etc. Mas tal tendência "não assumida" do design tem, às vezes, certa "vantagem" de gerar efeitos imprevistos, uma vez que toda resistência emerge no interior daquilo contra o qual ela se insurge. O efeito não previsto do design ocorre quando percebemos de algum modo que não há identidades, funções, normas etc. que não tenham sido elaboradas e que, portanto, não possam ser desconstruídas e reelaboradas. O imprevisto do design é quando ele se revela enquanto arte.

Seja como for, a arte e o design assim entendidos ultrapassam seus respectivos campos profissionais e disciplinares, podendo ser depreendidos de todas as maneiras de pensar, de fazer e de conduzir a si mesmo e aos outros. Claro que definir arte e design dessa forma arrisca incorrer em redução nominalista (tudo é arte/design), quando o que está em questão, ou o que eu quero pôr em questão, é o campo no qual a formação, a circulação, a manutenção e a transformação dos discursos/valores/olhares se dão à luz da arte e do design. Desse ponto de vista, afinal, mais do que "produzirem" coisas, a arte e o design organizam todo o campo de nossa experiência no mundo ao fornecerem meios passíveis de serem articulados em função de tal experiência.

Evidentemente, tal aspecto em comum da arte e do design tende a soar vago ou mesmo irrelevante à medida que não assinala as diversas configurações e variações que dão especificidade a uma determinada arte e a um determinado design — como a aparente incompatibilidade entre uma performance artística e um projeto de design automotivo. Mas se eu me interesso até por esse tipo de correlação (a performance incidindo, eventualmente, nos valores que o carro materializa), é porque o meu propósito consiste em investigar justamente as correlações que se formam entre valores, discursos e olhares: como estes se materializam, se difundem e se ligam, em conformidade ou divergência, a certas práticas, lógicas, tecnologias etc. Não penso, cumpre dizer, que a arte e o design forneçam um ângulo privilegiado a esse tipo de investigação, mas é surpreendente que ainda sejam raros os estudos que os encaram sob tal prisma, e que o próprio Foucault nunca tenha se debruçado detidamente sobre arte e design.

****

Apesar disso, espero ter mostrado o quanto sua obra nos oferece coordenadas, exemplos e ferramentas cruciais para a abordagem aqui levada a cabo. Como Foucault sugeriu tantas vezes, o uso mais fecundo de sua filosofia se dá menos pela exegese filosófica (que se ocupa de investigar, na obra de um autor, os temas centrais, as camadas de sentido, a cronologia etc.) do que pela "aplicação" de seu pensamento noutros temas e contextos.

Isso requer, é claro, uma leitura bastante atenta aos princípios e procedimentos ali empregados. Sua crítica ao "sujeito fundador", por exemplo, implica considerar, em se tratando de arte e design, que o valor e o significado de determinado artefato ou imagem não emergem de uma consciência individual (seja de quem projeta ou de quem consome/utiliza), tampouco podem ser remetidos aos desígnios de superestruturas como o "Capitalismo", o *Zeitgeist* ou a "Natureza Humana". É preciso, em vez disso, analisar como determinados horizontes discursivo-visuais abrem possibilidades específicas de valoração, significação, consumo etc. Quanto aos procedimentos, o que me parece fundamental em Foucault é sua ênfase na singularidade das correlações, conforme ele esclarece no trecho abaixo, referindo-se à *História da sexualidade*:

> Meu propósito era de analisá-la [a sexualidade] como uma forma de experiência historicamente singular. [...] É querer tratá-la como a correlação de um domínio de saber, de um tipo de normatividade, de um modo de relação consigo; é tentar decifrar como se constituiu nas sociedades ocidentais modernas, a partir e a propósito de certos comportamentos, uma experiência complexa em que se liga um campo de conhecimento (com conceitos, teorias, disciplinas diversas),

um conjunto de regras (que distinguem o permitido e o proibido, o natural e o monstruoso, o normal e o patológico, o decente e o que não é etc.), um modo de relação do indivíduo consigo mesmo (pelo qual ele pode reconhecer-se como sujeito sexual no meio dos outros).[47]

Cabe ainda ressaltar, por fim, que a abordagem ora delineada acerca Das coisas ao redor (isto é, que toma por objeto as correlações discursivo-visuais) aponta para certa recorrência do passado no presente, mostrando como a forma que algo assume atualmente depende de uma compreensão prévia que o conformou dessa maneira específica e não de outras[48]. Nos campos da arte e do design, tal visada poderia insinuar certo desafio historiográfico: em vez de insistir no "resgate" de fontes históricas acerca de movimentos, estilos ou ideários, a história da arte/design poderia partir do horizonte discursivo-visual contemporâneo (materializado em obras, artefatos e imagens recentes) como meio de acesso a um passado que, por sua vez, se encontra ainda sedimentado nas maneiras pelas quais nós vivemos, pensamos e habitamos o presente.[49]

Trata-se de compreender os discursos e visualidades não como significados abstratos, mas como horizontes de experiências que se abrem para nós. Tais horizontes engendram os valores e modos de olhar que estão em jogo no processo de nossa constituição como sujeitos, nas tecnologias pelas quais nos relacionamos uns com os outros e, enfim, no processo constante de (re)elaboração do mundo. Nossa experiência de mundo não ocorre nem no interior nem no exterior do que somos, mas se forma em nossa intrincada relação com as coisas ao redor. A graça está em perceber como essas correlações que nos constituem é o que também nos permite reelaborá-las, do mesmo modo que um livro sempre tem algo a ensinar não tanto a quem o lê, mas sobretudo a quem o escreve. Eis, ao menos, o horizonte que conduziu Foucault "para onde ele não havia previsto", permitindo-lhe "estabelecer para ele próprio uma estranha e nova relação".[50]

---

47 Foucault, Michel. Ditos e Escritos IX, op. cit., p. 207-208.
48 Daniel B. Portugal e Wandyr Hagge propõem, nesse sentido, uma Hermenêutica do Design.
49 Parece-me algo próximo daquilo que Tony Fry chamou de uma Genealogia do Design: "O caráter histórico do design precisa ser reconhecido como uma instância específica da dinâmica de ser e vir-a-ser de sujeitos e objetos por meio da qual 'nós' entramos na historicidade de um mundo projetado, adquirimos uma agência projetual historicamente atribuída e, gradualmente, produzimos efeitos históricos por meio de práticas de design que criam 'coisas' que transformam as condições de ser nas quais outros efeitos nascerão". Fry, Tony. "Whither Design / Whether History". In: Fry, Tony; Dilnot, Clive; Stewart, Susan C. (eds.). Design and the question of History. London: Bloomsbury, 2015, p. 42.
50 Foucault, Michel. Ditos e Escritos IX, op. cit., p. 213.